D1620744

COLLECTION
ROLF HEYNE

David Schwarzwälder

DIE WEINE SPANIENS

Rioja, Ribera del Duero, Rías Baixas, Navarra

Mit Fotos von Bodo A. Schieren

COLLECTION ROLF HEYNE
MÜNCHEN

DER AUTOR:
David Schwarzwälder studierte in Salamanca und blieb auch nach seinem Abschluß in Spanien. Von dort aus berichtet er regelmäßig für deutschsprachige Weinzeitungen und -zeitschriften über Neuentwicklungen auf dem spanischen Weinmarkt. 1999 gewann er als erster Ausländer die »Goldene Nase«, den wichtigsten Verkosterpreis, der in Spanien vergeben wird.

3. Auflage 2002, aktualisiert und überarbeitet

BILDNACHWEIS:
Faber und Partner, Düsseldorf 9 – 14, 21, 23 – 25, 28, 29
Illustrationen: Lucia Obi, München
Alle anderen Fotos: Bodo A. Schieren, München

Copyright © 1998 by Collection Rolf Heyne GmbH & Co. KG, München
Umschlaggestaltung: Christian Diener
Karte: Huber Kartographie, München
Redaktion: Christiane Wagner
Graphische Gestaltung: Manfred Manke
Herstellung: Karlheinz Rau
Druck und Bindung: RMO Druck, München

Printed in Germany

ISBN 3-89910-041-7

Inhalt

Vorwort zur dritten Auflage

Spanien ist nicht nur das größte Weinland der Welt, was die Rebfläche angeht; inzwischen muß die Vielfalt und Qualität der Weine ebenfalls zur Weltspitze gezählt werden. Selbst Kennern der spanischen Weinszene fällt es zunehmend schwerer, dem rasch wachsenden Angebot an Premiumgewächsen zu folgen. Dieser Führer versteht sich als Leitfaden, der einen repräsentativen Einblick in die Weinwelt des Landes gewährt. Eine komplette Bestenliste zu erstellen ist schon deshalb nicht möglich, weil viele der erfolgreichen Weinmacher Spaniens immer mehr edle Boutiqueweine limitierter Produktion kreieren, die ohne ein dazugehöriges Weingut entstehen. Die Mobilität der modernen Zeit hat auch die Weinwelt erreicht. Sie schafft Qualität, die natürlich auf Kosten der Überschaubarkeit geht. Dennoch glaube ich, dass die hier vorgestellten 100 Kurzporträts den realen Qualitätsverhältnissen des spanischen Weinbaus durchaus nahe kommen.

Obwohl natürlich das Augenmerk den Vorzügen des jeweiligen Erzeugers gilt, habe ich mich nicht gescheut, dort, wo es nötig war, Kritik anzubringen. Es versteht sich von selbst, daß von Gebiet zu Gebiet erhebliche Qualitätsgefälle vorhanden sind. Auch wenn die Spitzenbetriebe aus einer wenig spektakulären Denominación de Origen nicht zur absoluten Elite des Landes gehören, verdienen sie es doch, ob ihrer Typizität und ihres unverwechselbaren Charakters hier vorgestellt zu werden.

Am Schluß dieses Buches findet sich eine Liste empfehlenswerter Erzeuger, die aus Platzgründen nicht ausführlich besprochen werden konnten. Die Spitzenmarke der Bodegas bietet den Freunden spanischer Weine jedoch stets zuverlässige Qualität.

Zum Abschluß bedarf es noch einer Erklärung: Die Welt der Weine aus Jerez, Huelva, Montilla-Moriles und Málaga verlangt besondere Beachtung. Für sie bedarf es eines eigenständigen Führers. Für die nicht auf ein Gebiet festgelegte Denominación Cava, die kontrollierte Herkunftsbezeichnung für Qualitätsschaumweine, gilt ähnliches. Ich habe es daher vorgezogen, sie nicht aufzunehmen. Es wäre ein Jammer gewesen, diese so wichtigen und vielseitigen Weinfamilien auf zu knappem Raum abhandeln zu müssen. Trotzdem hoffe ich, daß dieser Führer dem Weinliebhaber beim Entdecken der spanischen Weine von großem Nutzen sein wird.

DAVID SCHWARZWÄLDER

Wichtige Begriffe in diesem Buch

Übersetzung der spanischen Begriffe, die in diesem Buch vorkommen und die man häufig auf spanischen Etiketten liest:

año	Jahr
clarificación	das Entfernen der Trübstoffe im Wein, »schönen« genannt
cooperativa	Genossenschaft
cosecha	Ernte, auch Jahrgang
cosechero	kleiner, selbst vinifizierender Winzer; auch traditioneller Jungwein in der Rioja, der meist nach der Methode der Kohlensäuremaischung vergoren wird
dulce	süß
embotellado	abgefüllt
enólogo	Önologe, Weintechniker mit (Universitäts-) Diplom
fermentación	Gärung
fermentado	vergoren
finca	(Land-)Gut; es kann sich aber auch nur um ein Stück Land oder eine Parzelle handeln, deshalb oft mit Lage gleichzusetzen
joven	junger, neuer Wein
lágrima	Wein aus Traubenmost, der ohne mechanische Pressung abläuft
maceracíon	Maischegärung
malolactica	zweite Gärung, bei der die aggressive Apfelsäure in Milchsäure umgewandelt wird
pago	Kleinlage
señorío	Land- oder Rittergut (meist ist das Recht auf diesen Titel vom Abfüller erworben worden)
trasiego	Abziehen bzw. Umfüllen des Weines in ein anderes Faß
variedad	Rebsorte
varietal	reinsortig
vendimia	Lese
viña, viñedo	Weinberg
vino de guarda	lagerfähiger Wein
vino de la tierra	Landwein aus bestimmten Gebieten; üblich ist die Angabe des Jahrgangs und der genauen Herkunft
vino de mesa	Tafelwein

Einführung

Das Weinland Spanien

Spanien wurde in den Werken der klassischen Weinautoren meist stiefmütterlich behandelt, und dies durchaus zu Recht. Die in ihrer Art einzigen Weine aus den berühmten Gebieten Jerez, Sanlúcar de Barrameda und Málaga in Südandalusien fanden zwar immer angemessene Anerkennung, doch ihr besonderer Charakter verlieh ihnen einen Aperitif- bzw. Digestifstatus, der ihren Genuß insbesondere im Ausland von vornherein festlegte.

Bis heute beschränkt sich die Gepflogenheit, ein ganzes Essen mit den wundervollen trockenen Sherrys und Manzanillas oder duftigen Amontillados zu begleiten, auf ihre Heimat. Die Zahl guter Tischweine war begrenzt, und so pflegte die Literatur den Rest des Landes meist kurz abzuhandeln. Allein in der Rioja wurde ein Weinstil gepflegt, der sich eines gewissen Interesses außerhalb der Landesgrenzen erfreute.

In einem jedoch waren sich alle Weinkommentatoren einig: Schlecht waren die spanischen Weine nicht, vor allem wenn man den in fast allen Gebieten vorherrschenden rudimentären Stand der Technik berücksichtigte. Kurz gesagt: Das Potential war enorm, es blieb abzuwarten, was die Zukunft bringen würde. Spanien war ein Anwärter auf höhere Weinweihen, der ewige Prinz, der auf seine Krone wartete.

Der interessierte Weintrinker bringt immer wieder sein Erstaunen zum Ausdruck, wenn die Sprache auf die rasante Entwicklung kommt, welche die spanische Weinwirtschaft in den letzten 15 Jahren vollzogen hat. Denn von wenigen Ausnahmen abgesehen, sind die ersten sechs Jahrzehnte dieses Jahrhunderts von einer eher apathischen Einstellung zu den eigenen Weinqualitäten geprägt gewesen. Wein galt als Lebensmittel und war das Opfer eines allgemeinen Trends, ausländische Produkte insgeheim als qualitativ überlegen anzusehen, obwohl kaum ein Spanier

Arbeit im Weinberg der Ribera del Duero

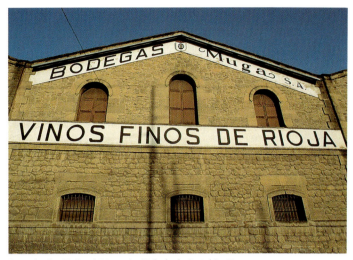

Fassade der Kellerei Muga im Bahnhofsviertel in Haro

je Gelegenheit hatte, etwas Fremdes zu probieren. Über einen langen Zeitraum beherrschte eine antichauvinistische Grundhaltung das Trinkbewußtsein, die der Weinqualität im Lande damals keinen Dienst tat.

Hinzu kam, daß mit den Getreideplänen, die die Nation in Sachen Basislebensmittel autark machen sollten, in der Landwirtschaft eindeutige Prioritäten gesetzt wurden. Unzählige Bauern wanderten in die Städte und ins Ausland ab. Individuelle Landwirtschaft war ein miserables Geschäft. Man könnte diese Zeit als die Ära der Genossenschaften bezeichnen. Die Arbeit der Winzer erfuhr eine immer stärkere Abwertung, was schließlich zu einer investitionsfeindlichen Stimmung im Sektor führte, der sich nicht

einmal die großen Namen der Rioja entziehen konnten. Der spanische Weinkoloß befand sich in einem Dämmerzustand, der sich zu einem Dauerzustand auszuweiten drohte.

Der Stimmungsumschwung bahnte sich schließlich mit dem Ende der Diktatur und der Liberalisierung der Wirtschaft an. Das erstarkende Exportgeschäft verlangte bessere Qualitäten, und im Lande selbst saß im Zuge des – zunächst noch bescheidenen – Wohlstandes das Geld für Genuß lockerer als je zuvor. Und was lag näher, als es für die eigenen Produkte auszugeben? Der zunehmende Erfolg spanischer Kultur im Ausland tat ein übriges. Der eigene, im Unterbewußtsein verankerte Zweifel gegenüber den Landesprodukten nahm rasch ab; es wurde Mode,

10

Ehemaliger Sitz der navarrischen Könige in Olite

Spanisches mit Anspruch zu genießen.

Ob die spanischen Weinmacher ihre Landsleute zu bewußterem Genießen erzogen haben, oder ob vielmehr die Anforderungen der Konsumenten auf die Entwicklung Einfluß nahmen, ist müßig zu diskutieren. Wichtig ist, daß kein Land in so kurzer Zeit eine vergleichbare dynamische und lebendige Weinszene geschaffen hat.

Die explosionsartige Entwicklung des Weingeschehens hat freilich auch seine Nebeneffekte. Das immer breiter werdende Angebot an guten Gewächsen macht es den Weinliebhabern zunehmend schwerer, den Überblick zu behalten. Diesbezüglich soll dieses Buch als Ratgeber für die Weinauswahl hierzulande wie in Spanien Abhilfe schaffen.

Ein kurzer Abriß der spanischen Weingeschichte

Die spanische Weingeschichte nimmt etwa um 1000 v. Chr. mit den Phöniziern und Griechen ihren Anfang, die Handelsplätze am Mittelmeer gründeten und Reben aus dem Osten mit sich führten. 700 Jahre später fanden die Karthager schon einen regen Weinhandel im Osten und Süden des Landes vor.

Die systematische Ausdehnung der Rebpflanzungen über die gesamte Halbinsel und die ersten fortschrittlichen Keltertechniken gehen jedoch auf die Römer zurück. Sie preßten die Trauben in offenen, in den Boden eingelassenen Gärbecken und ließen die Weine in großen Amphoren reifen. Das Symbol der traditionellen Weinberei-

11

tung in der Mancha, die »Tinaja«, ein großes amphorenähnliches Gär- und Lagergefäß aus Ton, das heute meist nur noch Dekorationszwecken dient, entstammt natürlich dem römischen Erbe.

Unter der arabischen bzw. maurischen Herrschaft ab dem 8. Jahrhundert wurde der Weinbau eingedämmt; alte Schriftquellen bezeugen jedoch, daß er auf arabischer Seite von der christlichen Bevölkerung weiterbetrieben wurde. Der Weinbau war zudem die einzige Bewirtschaftungsform, welche in Zeiten kriegerischer Auseinandersetzungen die Brandschatzungen und Verwüstungen leidlich überstand. Die wegen des trockenen Klimas weit auseinandergesetzten Stöcke waren nur schwer zu vernichten.

Spanientypische Einzelstock-Erziehung

Als erste Weingebiete von Bedeutung entwickelten Jerez und Málaga im 16. Jahrhundert einen wichtigen Markt über die Grenzen des Landes hinaus. Angelockt durch Steuerprivilegien, siedelten sich die ersten ausländischen Kaufleute in der heutigen Manzanilla-Hauptstadt Sanlúcar de Barrameda an. Der »sack« oder saca (der spanische Begriff für »Exportware«) war damals das bevorzugte Getränk am englischen Hof.

Nach einem kurzen Niedergang, bedingt durch die kriegerischen Auseinandersetzungen zwischen den beiden Weltmächten Spanien und England, kam es Ende des 18. Jahrhunderts zu einem erneuten Boom. Die Entstehung so berühmter Häuser wie Osborne und Garvey fällt in diese Zeit. Auch dieser Aufschwung erfuhr eine kurze Unterbrechung durch den Unabhängigkeitskrieg, nur um gegen Mitte des 19. Jahrhunderts erneut aufzuleben.

In Kastilien waren indes Weingebiete, zum Beispiel um Medina del Campo (entspricht heute in etwa der D.O. Rueda), erstarkt. Die Stadt zählte zeitweise fast 500 Bodegas. Diese außerordentlich kräftigen Weine favorisierte man bis zum Ende des 17. Jahrhunderts am spanischen Hof. Sie wurden später von den Weinen aus Valdepeñas abgelöst. Auch der glutvolle rote Toro war sehr begehrt.

Im 16. Jahrhundert waren die Bestimmungen für die Weinqualität und den Handel

Blick auf die Rioja Alavesa

vielerorts schon so streng, daß sie – wie Hugh Johnson in seiner Weingeschichte schreibt – beispielsweise für die Ribadavia-Weine aus Galicien »beinahe einer Denominación de Origen für ein bestimmtes Gebiet gleichkamen«.

Mitte des vergangenen Jahrhunderts wurde in der Rioja die Grundlage für den modernen spanischen Weinbau geschaffen. Schon ein Jahrzehnt, bevor die Reblaus die französischen Nachbargebiete verwüstete und die Rioja sich anschickte, große Mengen Wein über die Grenze zu liefern, experimentierten Weinmacher nach dem Bordeauxvorbild mit dem Ausbau in Eichenfässern. 1850 brachte der spätere Marqués Luciano de Murrieta den ersten »modernen

Rioja« hervor und legte damit den Grundstein für eine beeindruckende Erfolgsgeschichte. Bis zur Jahrhundertwende entstanden viele der klassischen Rioja-Bodegas.

1872 gründete José Raventos die Schaumweinkellerei Codorníu, womit nun auch in Katalonien die Ära der Moderne anbrach.

In den dreißiger Jahren unseres Jahrhunderts entstanden schließlich die ersten D.O.-Gebiete: 1935 Jerez, 1937 Málaga und 1945 Montilla-Moriles. Die Rioja bekam zwar schon in den Zwanzigern ein erstes provisorisches Regelwerk. Denominación de Origen im heutigen Sinne wurde sie zusammen mit Tarragona jedoch erst im Jahre 1947.

Die Folgen des Bürgerkrieges, der 1939 mit dem Sieg der Franco-Truppen endete, lähmten die spanische Weinwirtschaft. Durch eine Welle von Genossenschaftsneugründungen versuchte man den Sektor in den Griff zu bekommen sowie die riesigen Traubenmengen wirtschaftlicher zu verarbeiten. Nur langsam erreichte man einen gewissen Qualitätsstandard, der, zunächst zögerlich, als Faßware auch auf den Exportmärkten Fuß faßte.

Doch erst die umfassenden Investitionsprogramme, welche das spanische Weinwirtschaftswunder von 1978 bis 1988 prägten, sowie die energischen Anstrengungen einer neuen, umtriebigen Generation von Weinerzeugern haben dem spanischen Weinbau den Weg in die Moderne ermöglicht.

Kleine spanische Weinkunde

Geographie, Klima und Böden

Spanien ist nach der Schweiz und Österreich das Land mit den meisten Gebirgen auf dem europäischen Kontinent. Ein Großteil der zentralen Landschaften erstreckt sich über Hochebenen, die sich im Durchschnitt 600 m über dem Meeresspiegel befinden.

Diese geographischen Gegebenheiten und der spärliche Bewuchs, der nur nach und nach durch Aufforstungsmaßnahmen etwas dichter wird, erklären die extremen Witterungsverhältnisse des kontinentalen Klimas mit geringem Niederschlag, heißen Sommern, aber auch kurzen, emp-

Weingärten im Ebrotal

14

findlich kalten Wintern, die im Landesinneren herrschen. Die Trauben so wichtiger Großgebiete wie Aragonien, Kastilien und La Mancha wachsen unter entsprechenden Bedingungen.

Im Osten des Landes zieht sich dagegen ein schmaler Küstenstreifen nach Süden, der ebenso wie die Südextremadura und große Teile Andalusiens von sehr gemäßigten mediterranen Temperaturen beherrscht wird.

Ganz anders sieht es an der gesamten nördlichen Atlantikküste aus. Die sogenannte grüne Küste, vom Landesinneren durch die Kantabrische Gebirgskette getrennt, erfreut sich einer milden, vom Golfstrom beeinflußten Witterung mit Niederschlägen, die in ihrer Ergiebigkeit verblüffen. Nur wenige zentraleuropäische Gebiete können mit so viel Regen aufwarten.

Die Sonneneinstrahlung ist auf der gesamten Iberischen Halbinsel mit Ausnahme des feuchten Nordens sehr hoch. Die wichtigste Tugend der spanischen Weine ist deshalb zweifelsohne ihre vollkommene Reife.

Dennoch garantieren die äußeren Beschaffenheiten nicht überall so perfekte Bedingungen für den Weinbau, wie es zu erwarten wäre. In Teilen Navarras, aber auch in Kastilien stößt die Rebe wegen des rauhen Klimas an ihre Wachstumsgrenze. In vielen anderen Gebieten wird die Rebpflanze durch Trockenheit gestreßt.

Wie man sieht, ist der Weinbau auch in Spanien nicht frei von Hindernissen.

Die Bodenstrukturen sind den geographischen Verhältnissen des Landes entsprechend sehr unterschiedlich. Wein wird jedoch vornehmlich auf Kalk- und Lehmböden, auf Schwemmland, Sand sowie in geringerem Maße auf Kreide und Schiefer angebaut. Die kahlen Gebirgszüge der imposanten Sierras haben überall Verwitterungsmaterial abgelagert, die vielen Flüsse haben das Ihrige dazu beigetragen. Von daher sind die meisten Böden mit Geröll und Schutt durchsetzt und folglich sehr durchlässig.

Rebsorten und Anbau

Nach wie vor hat Spanien die größte Rebfläche der Welt vorzuweisen. Knapp 1,1 Millionen Hektar erstrecken sich über das gesamte Hoheitsgebiet, die Inseln eingeschlossen. Nur in den beiden autonomen Gebieten Asturien und Kantabrien, beide an der Atlantikküste im hohen Norden gelegen, ist kein Weinbau zu finden. Dafür stehen diese schon seit Jahrhunderten an der Spitze des nationalen Pro-Kopf-Konsums, was den Weinverbrauch betrifft.

Wie viele Rebsorten in Spanien tatsächlich existieren, wird wohl immer umstritten bleiben. Nicht wenige Arten ähneln sich zu stark, um sie wirklich als eigenständige Gewächse einzustufen. Deshalb mag die Zahl von 600 Sorten,

REBSORTEN WEISS

Airén

Spätreifende, autochthone Weißweintraube aus La Mancha, im 15. Jahrhundert schon als Lairén bekannt. Die Beere ist groß, von grüngelber Farbe und sehr resistent gegen heiße Witterung und Wassermangel. Sie bringt leichte, säurearme Weine hervor.

Godello

Ebenfalls in Galicien heimische, noble weiße Sorte, die sehr ausgewogene Weine mit gutem Körper und bemerkenswerter Säure erzeugt. Bei den sortenreinen Godellos dominieren florale Aromen sowie reife Zitrus- und Grapefruitnoten.

Albariño

Edelste weiße Traubensorte Galiciens, mit mittelgroßer Beere, die im feuchtwarmen Klima hohe Erträge bringt. Die Weine sind elegant, mit vielschichtigen Aromen von exotischen Früchten, Birne und Apfel.

Macabeo (Viura)

In ganz Nordspanien zu findende Traube mit guter Säure. Sie bringt Weine mit eher zurückhaltender Frucht hervor. Typisch sind Zitrusaromen und Eindrücke von Heu. Ein kurzer Holzausbau, der fehlende Struktur zuträgt, tut den Weinen gut.

Moscatel

Weiße Muskatellertraube. Zwei
Hauptsorten sind in Spanien
vertreten. Die kleinbeerige
Grano Menudo gibt feinner-
vigere Süßweine, die Moscatel
de Alejandria steht dagegen
für den opulenteren, im Mittel-
meerraum stark verbreiteten
Typ.

Verdejo

Eine der weißen Traubenper-
sönlichkeiten Spaniens, in
Rueda (Kastilien) heimisch.
Dickschalig und widerstands-
fähig. Auf den armen Böden
Zentralkastiliens bringt sie
nur einen geringen Ertrag.
Sie ergibt konzentrierte Weine
mit leicht erdigem Charakter,
Anisnoten, delikater Frucht
und kräftiger Präsenz im Mund.
Charakteristisch ist zudem
ein elegant-feiner Bitterton
im Abgang, der den Verdejo-
Weinen Lebendigkeit verleiht.
Versuche, Weine dieser Traube
in Holz auszubauen, haben
nur teilweise befriedigende
Ergebnisse gebracht.

Palomino Fino

Außer im Sherrygebiet überall
im Rückschritt begriffen. Fade
Traube für die Produktion von
Tischweinen, läuft sie unter Einfluß des Hefeflors, der sich bei
der Sherryherstellung auf der
Oberfläche des Weines bildet,
zu großer Form auf.

REBSORTEN ROT

Bobal

Im Hochland von Valencia heimische, unterschätzte rote Traube. Aus Angst vor Herbstfrösten wird diese Traube in der Regel zu früh gelesen. Bisher kaum in Holz ausgebaut, obwohl alle Anlagen dafür vorhanden sind: kräftige Tannine, ungewöhnlich hohe Säure und feine Frucht.

Graciano

Dunkelrote Traube mit kräftiger Säure und robusten Tanninen; wird in vielen Rioja-Coupagen verwendet, um den Weinen Struktur zu verleihen. Im 18. Jahrhundert eine der Hauptsorten in Nordspanien, heute bis auf wenige hundert Hektar zurückgegangen.

Garnacha Tinta

Meistangebaute Rotweinrebe mit vielen Synonymen. Gilt als autochthon und wird reinsortig fast nur als Jungwein ausgebaut, leistet aber unschätzbare Dienste im Verschnitt mit anderen Sorten. Sie hat Extrakt, Körper, weiche überreife Frucht, ist ertragreich und genügsam.

Mazuelo (Cariñena)

Äußerst ertragreiche Sorte, die reinsortig so gut wie nie ausgebaut wird. Sie ist ideal für Coupagen, da sie Farbe und Säure aufweist und nicht oxidationsanfällig ist, ansonsten jedoch recht grobschlächtig wirkt. Klassische Verschnittsorte in der Rioja.

Mencía

Verwandt mit der im Bordelais heimischen Cabernet Franc. In ihrer spanischen Heimat Galicien und León ergibt sie feine, aber leichte Rotweine, die wenig oder überhaupt kein Holzlager vertragen.

Tempranillo

Tinta del País, Tinto Fino, Cencibel, aber auch Ull de Llebre genannt. Sie gilt in Spanien als Königin der roten Sorten. Die Beere ist dunkelrot, kompakt im Strunk und reift, wie der Name schon andeutet, früh. Typisch ist der duftige, fruchtbetonte Charakter der Weine sowie ihr großes Reifepotential im Holz. Die Tannine zeichnen sich durch eine elegante Weichheit und Süße aus. So können reine Tempranillos, im Gegensatz zur Cabernet Sauvignon, schon als Jungweine mit höchstem Genuß getrunken werden, obwohl ihre Stärke zweifellos im Barriqueausbau erst richtig zur Geltung kommt. Traditionell wurde sie im Verschnitt durch andere Sorten abgerundet. Momentan setzt sich hingegen immer mehr der Stil der reinsortigen Tempranillos durch.

Monastrell

Sehr fruchtige rote Sorte, die vor allem in der südlichen Levante weit verbreitet ist. Ihr volles Potential kommt erst ab 13% vol. zum Tragen. Aufgrund ihrer Neigung zu schneller Oxidation wird sie hauptsächlich zur Herstellung von Rosados und jungen Rotweinen verwendet.

19

an der einige Wissenschaftler beharrlich festhalten, zu hoch gegriffen sein. Offiziell anerkannt sind dennoch 146 Sorten, die das Land zu einer der facettenreichsten Weinbaukulturen der Erde machen.

Die einheimische Garnacha ist vor der renommierten Tempranillo die meistangebaute rote Traube – in Spanien steht mehr davon als in allen anderen Weinbaunationen zusammen; unter den weißen Rebsorten sind die in der Mancha beheimatete Airén und die Macabeo (Viura) am weitesten verbreitet.

Beherrscht wird die riesige Anbaufläche vor allem von einer Anbauform – der landesüblichen Einzelstockerziehung. Hier wird meist ohne jegliche Stützhilfe ein Stämmchen gezogen, von dem die Ruten seitlich herunterhängen, und die so die Traubenstrünke schützen. Unter der Blattwand sammelt sich nachts Kondenswasser, das der Pflanze in den trockenen Monaten zugute kommt.

Bei dieser Ziehart fallen immer wieder die großen Abstände zwischen den einzelnen Stöcken auf. Die trockenen und kargen Böden können nur eine begrenzte Anzahl an Pflanzen pro Hektar ernähren.

Ein beträchtlicher Teil der Pflanzungen neueren Datums sind jedoch auf Drahtrahmen gezogen, die eine bessere Belüftung der Frucht garantieren und im gewünschten Fall eine Lese per Vollernter erlauben.

Das Land der großen Kellereien

Auf spanienunerfahrene Weingenießer wird die eine oder andere Großkellerei erschreckend wirken. Bodegas mit mehr als 10 000 Barriques im Keller sind keine Seltenheit. Man könnte leicht auf den Gedanken kommen, daß sich die Größe des Erzeugers umgekehrt proportional zu seiner Qualität verhält. Doch trifft dies eigentlich nur in Ausnahmefällen zu.

Generell sahen sich die spanischen Winzer als reine Weinbauern an. Sie pflanzten und ernteten die Frucht und kelterten etwas Wein für den Eigengebrauch. Solange sie keiner Genossenschaft angehörten, ging der Rest an die großen Bodegas, die in der Lage waren, in ihren riesigen unterirdischen Kellerhallen die Weine reifen zu lassen.

Es gab so gut wie keine kleinen Selbstvermarkter, wie sie im Priorato erst in jüngster Zeit entstanden sind. Einzig Katalonien konnte mit einer halbwegs homogenen Erzeugermittelschicht aufwarten.

So groß die Bodegas auch sind, ein vielseitiges Weinsortiment bieten sie kaum an. 15 bis 20 verschiedene Weine zu erzeugen, wie dies in Deutschland gang und gäbe ist, halten die Weinmacher wie die Marketingleute für Unsinn.

In den letzten Jahren bemerkt man jedoch ein Aufweichen der alten Strukturen. Immer mehr Familien und Unternehmer investieren in kleine Betriebe, die ihre eigenen Marken herstellen. Als klein, dies sei zum besseren Verständnis der spanischen Kellereistrukturen angemerkt, gelten Betriebe unter 30 Hektar Rebfläche.

Die Denominaciónes de Origen, die spanischen Qualitätsweingebiete

Der Bogen der spanischen Qualitätsweingebiete ist inzwischen weit gespannt, zu weit, so behaupten Kritiker, die in einigen der neugegründeten Denominaciónes de Origen nicht die Qualität der Weine finden, die einen D.O.-Status rechtfertigen würde. Diese Haltung mag berechtigt sein, doch sollte man die kontrollierten Herkunftsbezeichnungen, von denen es 56 an der Zahl gibt, nicht eingerechnet die Denominación Cava, die nicht auf ein festes Gebiet begrenzt ist, nicht unterschätzen. Die jeweilige D.O. ist auf den Flaschen samt der Kontrollnummer immer auf dem Rückenetikett oder auf der Halsbanderole vermerkt.

Den spanischen D.O.-Weinbaugebieten steht ein Consejo Regulador, ein Kontrollausschuß, vor. Er ist eine Art Vorstand des Weinbauverbandes und

regelt weinbauliche Grundfragen. So bestimmt er die geographischen Grenzen der Region und die Flächen, auf denen D.O.-Weinbau betrieben werden darf. Er legt Rebsorten, Ernte-Höchstmengen, Normen für Anbau und Kellertechnik fest und überprüft die Weinqualitäten. Zudem werden beim Consejo verschiedene Register geführt, die eine zusätzliche Grundlage für die Qualitätskontrolle bieten, wie das Weinbergregister und die Register für Lager-, Crianza- und Abfüllkellereien sowie alle weinerzeugenden Betriebe.

Wie kommt es zu der Anerkennung einer D.O.? Irrtümlicherweise wird oft angenommen, daß die Initiative von seiten der regionalen Behörden ausgehe und die oberste staatliche Institution die wichtigste Instanz für die Erlangung einer kontrollierten Herkunftsbezeichnung sei. Weit gefehlt,

Faßkeller in der Rioja

denn es muß zuallererst im Interesse des Produzenten liegen, die zuständige Bürokratie zu überzeugen, den mitunter recht kostspieligen Weg (für die Erzeugerseite, versteht sich) in Richtung einer D.O. einzuschlagen.

Grundbedingung ist das Erarbeiten eines Reglements, das normalerweise von einer aus Winzern, Önologen und lokalen Beamten bestehenden Gruppe erstellt wird. Hat das Regelwerk Hand und Fuß, so wird es dem Landwirtschaftsministerium der zuständigen autonomen Region vorgelegt und dort verabschiedet. Damit ist die größte Hürde genommen, denn im allgemeinen – immer vorausgesetzt, die technische Infrastruktur des angehenden Qualitätsweingebietes weist keine groben Mängel auf – wird der Vorschlag der Landwirtschaftsämter vom Ministerium für Landwirtschaft, Fischfang und Ernährung in Madrid ohne Probleme angenommen.

Seit 1991 trägt das Qualitätsweingebiet Rioja den Sonderstatus einer Denominación de Origen Calificada, kurz D.O.Ca., die Gebiete mit einem besonders hohen Qualitätsniveau und bedeutender Tradition auszeichnet.

Als einziges Gebiet Spaniens untersteht die D.O.Ca. Rioja besonders strikten gesetzlichen Vorschriften, die den Faßweinverkauf an Händler oder Gebietsfremde Abfüller verbieten sowie eine totale Ernteüberwachung vorsehen.

Theoretisch wären auch Gebiete wie die D.O. Jerez und die Ribera del Duero in den Stand gesetzt, diesen Status zu beanspruchen. Viele Erzeuger stehen jedoch der D.O.Ca. ob ihres engen Gesetzeskorsetts mit Mißtrauen gegenüber.

Ein kurzes Wort zur spanischen Barriquekultur

Das kleine Holzfaß ist der Dreh- und Angelpunkt der spanischen Weinerzeugung. Traditionell setzten die Kellermeister amerikanische Eiche ein, die aber in den letzten Jahren zugunsten der französischen Hölzer etwas an Boden verloren hat.

Der typische spanische Rotwein-Gout mit trockenem, wenig parfümiertem und meistens zurückhaltendem Holztannin ist auf die lange Lagerung in teilweise altem amerikanischem Holz zurückzuführen. Amerikanische Eiche verursacht einen trockeneren, holzigeren Geschmack als das französische Holz, das süßer und intensiver wirkt. Der Vorteil der amerikanischen Eiche ist, daß sie länger und gleichmäßiger ihre Tannine an den Wein abgibt. Dafür ist die Wirkung der französischen Eiche in den ersten drei Jahren wesentlich ausgeprägter.

Auf die Frage, welche Eiche sich nun besser eigne, gibt es keine rationale Antwort. Allein der Geschmack des Weinmachers entscheidet hier – und manchmal auch der Geldbeu-

Große Gärgebinde aus Eichenholz

tel. Für den Preis eines französischen Barriques kann man zwei amerikanische erstehen.

Traditionelle Weinbereitung und der Ausbau im Faß

Einer der ersten in Spanien gekelterten Weine dürfte wohl eine primitive Version der Halbkohlensäuremaischung gewesen sein, wie sie die Winzer im baskischen Teil der Rioja unter der Bezeichnung »Cosechero« nach wie vor herstellen. Das Lesegut wird mit den Rappen in ein offenes Becken gekippt – von den Römern in den Fels geschlagene Gärbecken mit Ablaufkanälen findet man unter anderem in der Rioja –, unter dem Eigengewicht der Trauben läuft Most aus, der zu gären beginnt und eine Kohlensäuredecke bildet, unter der die noch ganzen Beeren von innen heraus fermentieren und schließlich aufplatzen.

Dieses System, natürlich wesentlich verfeinert, bildet die Basis für die französischen Primeurs. In Spanien hat diese Gärform mehrere tausend Jahre Geschichte.

Darüber hinaus erfolgt die Weinbereitung der klassischen Weine im großen und ganzen konventionell. Vergoren wird in zunehmendem Maße in Edelstahl. In fast jeder Region trifft man jedoch auch Weinmacher, die mit großen Holzgebinden, sogenannten »Tinos«, arbeiten. Von einer wirklich authentisch spanischen Eigenart kann erst beim Ausbau gesprochen werden, der den traditionellen Weinen seinen unverwechselbaren Stempel aufgedrückt hat und letztendlich dafür verantwortlich ist, daß der spanische Wein in seiner heutigen Vielfalt weltweit als eigenständiger Charakter anerkannt ist.

Charakter durch Reife

Faßausbau allein macht natürlich noch keinen eigenen Stil und eine Region noch keine Weinbaunation. Und doch – wenn man vom spanischen Stil spricht, kommt man nicht umhin, sich mit der D.O.Ca. Rioja auseinanderzusetzen. Hier liegt zwar nicht die Wiege der Weinreifung in Holz, diese Ehre gebührt der Gegend um Jerez.

Die ersten barriquegereiften Rotweine des Landes stammen jedoch aus den Kellereien am oberen Ebro. Der Barriqueboom setzte erst um die Jahrhundertwende spürbar ein, als eine Welle von Kellereineugründungen das Land ergriff, die das ursprünglich aus Frankreich stammende Reifesystem im kleinen Eichengebinde von den spanischen Pionieren Murrieta und Riscal übernahmen.

Es ist anzunehmen, daß die Weine zunächst zögerlich dem Holz anvertraut und nur bestimmte Partien ausgebaut wurden. Doch nach und nach sammelte man Erfahrung und legte damit den Grundstein für ein Qualitätsstufensystem, das sich auf gesetzlich festgelegte Mindestlagerzeiten im Barrique und in der Flasche stützt.

Nicht der Faßausbau an sich macht hier das Besondere aus. Es ist vielmehr die Dauer der Reifezeiten in den verschiedenen Qualitätsstufen, die für den Weintrinker entscheidende Konsequenzen hat. Spanische Weine kommen allgemein trinkfertig auf den Markt!

An dieser Stelle ist es angezeigt, kurz auf die gesetzlich vorgegebenen Reifezeiten einzugehen, die allerdings nur für Qualitätsweine einer Denominación de Origen obligatorisch sind. Was heute für ganz Spanien gilt, wurde in den siebziger Jahren vom Consejo Regulador der damaligen D.O. Rioja angeregt und vom Landwirtschaftsministerium schließlich für alle anderen Weinbauregionen des Landes übernommen.

Ein mit Sackleinen und einem Holzstopfen verschlossener Faßspund

Umfüllen von Eichenfaß zu Eichenfaß

CRIANZA: Ein Wein, der mindestens zwei Jahre gelagert hat, davon mindestens sechs Monate in Eichenfässern. In bestimmten D.O.-Gebieten beträgt der Faßausbau ein Jahr.

RESERVA: Rotweine müssen mindestens drei Jahre altern, davon ein Jahr in Eichengebinden. Für Rosé- und Weißweine ist eine Lagerzeit von mindestens 24 Monaten vorgeschrieben, davon sechs Monate in Eichenfässern.

GRAN RESERVA: Diese Bezeichnung steht für Rotweine, die mindestens fünf Jahre gelagert haben, davon 24 Monate in Eichenfässern. Für Rosé- und Weißweine gilt eine Mindestreifezeit von vier Jahren, von denen der Wein wenigstens sechs Monate in Eichenholz gelagert werden muß.

Alle Weine, die unter den für Crianzas festgelegten Lagerzeiten liegen, laufen in den Qualitätsweingebieten unter der Bezeichnung »joven« (Jungwein).

Trinkreife Rotweine zu erzeugen, gilt also schon seit vielen Jahrzehnten für die spanischen Weinmacher als Selbstverständlichkeit. Viele Bodegas überschreiten die vorgeschriebene Mindestreifezeit im Holz und entscheiden Jahrgang für Jahrgang, wie viele Monate Barriquelager ihr Wein benötigt, um die gewünschte Weichheit und Eleganz zu entwickeln.

In der Regel wird ein Rotwein alle drei bis sechs Monate umgefüllt, um die Sedimente zu entfernen und meist von jungem Holz in ältere Gebinde zu wechseln. Jeder Erzeuger hat dabei seine eigene Philosophie.

25

Der Aufwand ist enorm, vor allem bei Bodegas mit mehreren tausend Fässern, wie dies bei vielen legendären Weingütern der Fall ist.

Dieses klassische Reifesystem ist heutzutage nahezu auf rote Gewächse beschränkt. Rosados und Weißweine, die lange Reifezeiten durchlaufen, gibt es zwar noch, sie werden jedoch immer mehr von den zeitgemäßeren jungen und fruchtigen Gewächsen verdrängt. Dennoch sollte man die Gelegenheit nutzen, solche Weine zu probieren. Sie können ein kräftiges Essen wunderbar ergänzen.

Ein Weinstil im Umbruch

Keine Frage, daß diese traditionelle Art der langen Holzreife den spanischen Weinen zum internationalen Durchbruch verholfen hat. Tatsache ist jedoch auch, daß zahlreiche Bodegas sich im Zuge einer qualitätsschädigenden Routine angewöhnt hatten, zu dünne Weine einem viel zu langen Holzausbau auszusetzen, und so Gefahr liefen, dem spanischen Wein mit oxidierten, kraftlosen Abfüllungen dauerhaft zu schaden.

Dieses Thema ist heute so gut wie vom Tisch. Fast alle Weinmacher, die sich entschieden haben, der klassischen Linie treu zu bleiben und feine, geschmeidige, von langem Holzlager geprägte Weine zu produzieren, achten wieder auf die Reintönigkeit der Fruchtaromen und auf die Sauberkeit

der Reifenote. Gleichzeitig liebäugeln sie mit dem Trend, mehr Konzentration in ihre Weine zu bekommen.

Die Erneuerer hingegen setzen auf kürzeres Holzlager, konzentriertere Farbe, kräftigere Frucht und Struktur sowie ein massiveres Tanningerüst. Dieser international ausgerichtete Stil findet immer mehr Anhänger, die in allen D.O.-Gebieten auf dem Vormarsch sind.

Die gesamte Weinbauszene des Landes ist in Bewegung. Viele Betriebe beginnen, am starren System der Crianza – Reserva – Gran-Reserva zu rütteln, indem sie alle ihre Weine ungeachtet ihres oftmals langen Barriqueausbaus nur als Crianza vermarkten. Andere weisen sie einfach nur noch als Qualitätswein aus. Längst beschränkt sich Spitzenqualität nicht mehr nur auf die Qualitätsweingebiete. Eine ganze Riege von Tafelweinen hat sich in die vordersten Qualitätslinien geschoben. Viele der Tafelweinwinzer praktizieren, was die Reformer in den D.O.s mühsam vorantreiben: beliebige, dem jeweiligen Jahrgang angepaßte Reifezeit und freie Wahl bei den Rebsorten.

Wie sollten spanische Weine getrunken werden?

Spaniens Winzer rebellieren seit Jahren vergebens gegen die festgefahrenen Vorstellungen des Gros der Konsumenten im eigenen Lande, die Weinstein in der Flasche nach wie vor als

Fehler empfinden. Die Folge ist, daß es selbst bei Weinen modernen Zuschnitts selten zu Ablagerungen kommt. Ein spanischer Rotwein wird also nicht wegen des möglichen Depots dekantiert, sondern um ihn zu lüften. Bei einem klassischen Rioja braucht es kaum eine Stunde, bis er seine Duftigkeit in der Karaffe entwickelt.

Viele spanische Sommeliers ebenso wie die meisten eingefleischten Rioja-Trinker öffnen die Weine zwar vor dem Genuß, dekantieren aber nicht. Ähnliches gilt für die meisten Roten aus dem Penedés, Navarra, der südlichen Levante und der Mancha. Anders verhält es sich jedoch im kastilischen Riberagebiet und im Priorato. Hier liegt man bei den Topqualitäten nie falsch, wenn man sie mehrere Stunden vorher umfüllt und dabei auch auf Trubstoffe achtet.

Was die Trinktemperatur für Rotweine angeht, kann man sich an die üblichen Temperaturwerte halten. Faßgereifte Rotweine sollten bei 18 Grad getrunken werden, junge Qualitäten ohne Holz oder mit nur wenigen Monaten Barriqueausbau zwei Grad kühler. Doch aufgepaßt! Die Aromen vollreifer Frucht, die so typisch sind für das Bukett der spanischen Spitzenweine, vertragen keine Temperaturexzesse. Deshalb gilt die Regel: eher ein Grad zu kühl als drei Grad zu warm!

Einem fruchtigen, jungen Weißwein aus Rueda oder Südgalicien stehen Temperaturen von 8 bis maximal 11 Grad gut, einem im Eichenfaß vergorenen Penedés oder Rioja sollten 12 Grad gegönnt werden.

Welches Glas zu welchem Wein?

Die Glaskultur in Spanien entwickelt sich nur langsam. Die Spanier zelebrieren weniger, trinken aber dafür mehr. Weder die Rioja noch die Ribera del Duero oder Navarra, ganz zu schweigen vom Priorato, haben je eine offizielle Empfehlung abgegeben, die den Liebhabern ihrer Weine Hinweise darauf gegeben hätte, welche Form denn nun den größtmöglichen Trinkgenuß garantiert. Allein Riedel hat ein Tempranillo-Glas entwickelt, welches sich für alle Tempranillo-Weine, aber auch im Zweifelsfall für alle Cuvées, die Tempranillo enthalten, eignet. Ansonsten gelten folgende Empfehlungen:

KLASSISCH GEREIFTER RIOJA, GROSSE PENEDÉS UND NAVARRAS: Entgegen der immer noch vorherrschenden Meinung, rote Riojas seien wuchtige, feurige Weine, eben »echte Spanier«, zeigt sich der klassische Rioja-Wein mit viel Faßlager von eher feinrassigem, ja fast schlankem Körper. Ein bauchiges Glas mit nicht zu großem Volumen, eine Mischung aus einem breiten Burgunder- und dem voluminösen, aber hohen Bordeaux-Glas eignet sich am besten. Hier kommt die feine, so vielschich-

Alter Felsenkeller in der Ribera del Duero

tige Fruchtkomponente mit den edlen Holznoten am besten zur Geltung. Man darf nicht vergessen, daß ein Rioja wesentlich durch sein Bukett lebt. Der Rand sollte nicht ausgestülpt sein, so daß die merkliche Säure des Weines mit der feinen Würze des Holzlagers gleichmäßig in die Mundhöhle einfließt und sich auf diese Weise sofort verteilen kann.

REIFE, KONZENTRIERTE RIBERA-DEL-DUERO-WEINE, TOP-WEINE AUS TORO, MODERNE RIOJAS MIT TIEFER FARBE UND WUCHTIGER STATUR SOWIE FASSGEREIFTE CABERNET-SAUVIGNON- / MERLOT-QUALITÄTEN: Da es sich hier um Gewächse handelt, die gleichermaßen konzentriert in der Nase wie auf der Zunge wirken und meist massives Tannin aufweisen, eignet sich ein großvolumiges Glas im Bordeaux- oder vergrößerten Chianti-Stil. Der Rand sollte, wenn möglich, nicht ausgestülpt sein. Es kommt darauf an, daß der Wein dank einer großen Oberfläche die notwendige Luft bekommt.

Bodegas Vega Sicilia verfügt seit einigen Jahren über zwei eigene Riedel-Schöpfungen: das Modell Vega Sicilia Unico und das Modell Valbuena. Das Unico-Glas hat ein Fassungsvermögen von fast einem Liter und entspricht einem großen Chianti-Modell – also ohne Tulpenform und ausgestülptem Rand. Das Valbuena-Glas hat dieselbe Form mit kleinerem Fassungsvermögen. Bei diesem Glas wird

28

die üppige, vollreife Frucht erst ganz eingefangen und dann wohldosiert nach außen gegeben. Die unendlich vielen Nuancen vollkommen reifer Weine kommen hier am besten zur Geltung.

PRIORATO: Die komplexen Prioratos der neuen Generation mit ihrer Würze und Tiefe verlangen ebenfalls ein Glas mit viel Volumen, aber keinem zu offenen Rand. Der große Anteil der Garnacha-Trauben in den Cuvées gibt diesen Weinen neben der Frucht Noten von Gebäck, die in einem Glas mit breitem Rand zu schnell verfliegen. Ideal wäre ein bauchiger, aber hoher Glastyp, wie er beispielsweise für große Hermitage-Weine benutzt wird. Jedes andere große, sich nach oben verjüngende Glas ist aber ebenso willkommen.

HOLZGEREIFTE WEINE AUS LA MANCHA, VALDEPEÑAS, DER SÜDLICHEN LEVANTE UND GUTE ROTE JAHRGANGSWEINE: In der Regel brauchen die Rotweine aus dem Südosten weniger Zeit, um sich zu entfalten. Ihr Charme liegt in ihrer Reife und Harmonie. Von daher bieten sich mittelgroße Gläser an. Die Weine gelangen sofort breitflächig auf die Zunge und entfalten dort Frucht und samtige Tannine. Ähnliches gilt für das breite Angebot an erstklassigen spanischen Jungweinen, die man nicht lange im Mund rollt, sondern recht schnell hinunter-

schluckt. Ein schlankes, unkompliziertes Rotweinglas mit halbhohem Kelch ist hier zu empfehlen.

WEISSWEINE: RÍAS BAIXAS, RUEDAS UND IM HOLZ VERGORENE GEWÄCHSE: Für die blumigen, fruchtigen Weine aus Südgalicien mit ihrem üppigen Bukett sind Weißburgunder-Gläser am ehesten geeignet.

Bei den Rueda-Superior-Weinen ist im Grunde nur wichtig, sich nicht für ein weit auskragendes Modell zu entscheiden. Diese angenehm körperreichen Weine haben nur eine diskrete, recht eindimensionale Frucht zu bieten, die hier potenziert werden soll. Die Rueda-Sauvignons kommen dagegen in jedem feinwandigen Weißweinglas zur Geltung. Den gehaltvolleren Weinen steht das voluminösere Chardonnay-Glas am besten.

Trennung des Eiweißes für die Schönung

29

Die Weine
und Bodegas
Spaniens

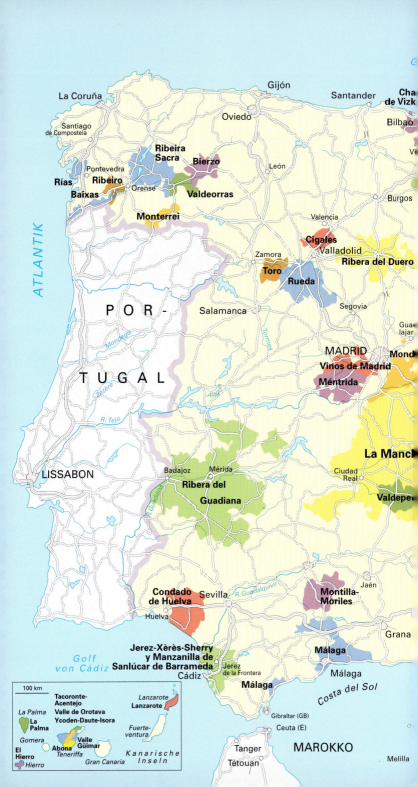

Die Weinbaugebiete Spaniens

D.O.Ca. Rioja

Trotz zunehmender Konkurrenz ist die Rioja, im Norden Spaniens gelegen, nach wie vor das wichtigste Qualitätsweingebiet des Landes. Auf rund 50 000 Hektar Rebland werden sieben Hauptsorten angebaut. Nur etwa ein Siebtel entfällt auf weiße Trauben. Traditionelle Rotweine der Rioja sind in der Regel Coupagen, die von Spaniens renommiertester roter Sorte, der Tempranillo, dominiert werden.

Drei verschiedene Klimaeinflüsse prallen in dem Gebiet, das sich auf einem etwa 120 Kilometer langen Streifen entlang des Ebros erstreckt, aufeinander und ringen um die Vorherrschaft. Je nach Teilgebiet – die Rioja umfaßt drei Unterzonen – herrschen atlantische, kontinentale oder mediterrane Strömungen vor. Das spezielle Klima und die eher kargen Böden, sieht man einmal vom tiefen Schwemmland in der Rioja Baja ab, bringen feine Weine mit guter Struktur und eleganter Frucht hervor.

Charakteristisch für die roten Riojas ist der Ausbau im kleinen Eichenfaß, der den Weinen ihre typische reife Note gibt. Wie kein anderes Gebiet steht die D.O.Ca. für das spanische Prinzip der Vermarktung von trinkreifen Weinen. Rote Riojas aus guten Jahrgängen besitzen ein erstaunliches Lagerungspotential und weisen im hohen Alter eine charakteristische Säure auf, die sie von allen anderen großen Rotweinen der Welt unterscheidet.

In den letzten Jahren wandelte sich der Stil der Rotweine von der feinen traditionellen Art hin zu einem mächtigeren, konzentrierteren und tanninlastigeren Weintyp. Kleine wie große Erzeuger haben damit begonnen, Gewächse aus Einzellagen auszubauen, eine für das Gebiet völlig neue Entwicklung, denn die Bodegas pflegen Trauben aus allen drei Teilgebieten zu kaufen, um die vergorenen Weine später jeweils zu einem individuellen Verschnitt zu vermählen.

Aber selbst viele der alteingesessenen Erzeuger vinifizieren heute sortenreine Tempranillos, reduzieren den Ausbau im Faß und erzeugen so dunklere, fruchtbetontere Weine, die saftiger wirken als die klassischen Riojas.

Wenig traditionell, aber sehr verbreitet sind die faßvergorenen Weißweine, die fest wirken, aber nur eine beschränkte Frucht zeigen. Sie sollten zum Essen genossen werden. Nur ganz wenige Bodegas bauen noch Weißweine über lange Zeit im Holz aus. Diese können jedoch einen beinahe einzigartigen filigranen Charakter von Vanille und feiner Säure entwickeln.

Bodegas Bilbaínas

Estación, 3. 26200 Haro (La Rioja)
Tel.: 941 31 01 47 Fax: 941 31 07 06
Besitzer: Gruppe Codorníu zu 83%
Eigene Weinberge: 286 Hektar
Rebsorten: Tempranillo 55%, Graciano 8%, Garnacha 6%, Mazuelo 5%,
Viura 14%, Malvasía 12%
Produktion: 2 400 000 Flaschen
Weine gemäßigter bis mittlerer Preisklasse

Das Weingut liegt im Bahnhofsviertel von Haro, dem
Zentrum der Rioja Alta.

Die Spitzenweine

**La Vicalanda
Tinto Reserva**

**Viña Pomal
Tinto Gran Reserva**

Die Reserva La Vicalanda, ein
reinsortiger Tempranillo, präsentiert sich mit dunkler, rubinroter Farbe. Elegante Fruchtnase nach Kirsche und Himbeer, bei der Freistellung in
seinem vierten Jahr noch recht
zugedeckt von Leder- und Röstaromen.

Im Mund weinig, mit guter
Präsenz, die weich erscheint,
dann jedoch schnell in kräftiges Tannin mündet. Nicht vollkommen ausbalanciert, jedoch
gutes Potential, nicht ganz so
schnell zugänglich wie andere
Beispiele des modernen Rioja.
Hat jedoch eine gehaltvolle
und weiche Art, wenn das Tannin sich abrundet.

Die Gran Reserva Viña Pomal
entspricht dem traditionellen
Stil. Reife marmeladige Frucht
und eine feine Pralinée-Note
in der Nase. Im Mund etwas
mager, mit sehr feinem Tannin,
hervorragende Länge.

Weitere Weine und Cavas

Brillante Blanco
Brillante Rosado
Viña Paceta Blanco Malvasía
Viña Paceta Blanco Crianza
Viña Paceta Rosado
Ederra Tinto Crianza
Viña Pomal Tinto Reserva
Viña Zaco Tinto Reserva

Zeit für Reformen

Dieses aus der spanischen Weingeschichte nicht wegzudenkende Weingut gehört wie einige andere Betriebe der D.O.Ca. zu den Bodegas, die ihres überalterten Weinstiles wegen dringend die belebende Hand eines modern denkenden Önologen benötigten.

Sie erschien hier in Gestalt des Reformers José Hidalgo. Die Bedingungen, die er vorfand, waren gut.

Das Weingut verfügt über mehrere erstklassige Einzellagen wie Viña Pomal, die jahrzehntelang den gleichnamigen, heute beinahe schon legendären Viña Pomal Tinto hervorbrachte.

Das Weingut trägt seit 1901 den Namen Bilbaínas, ist aber einige Jahrzehnte älter. In seinen endlosen unterirdischen Gewölben, die auf der Rückseite des Hügels einen Austritt zum Ebro haben, birgt es über 14 000 Barriques.

Weinbereitung und Ausbau

Der erste Schritt des neuen Önologen war, einen neuen Wein zu schaffen, der nach alter Tradition ebenfalls den Namen einer 12 Hektar großen Lage trägt: La Vicalanda.

Der »Neue« wird aus selektioniertem Lesegut bei einer langen Maischestandzeit von 20 bis 30 Tagen vinifiziert, um mehr Extrakt zu bekommen. Danach reift er lediglich zwölf Monate im neuen oder einmal belegten Barrique, und noch dazu in französischer Eiche; ein geradezu revolutionärer Akt für eine Bodega, die mit alten Fässern aus amerikanischer Eiche arbeitet und beispielsweise ihren Viña Zaco für drei Jahre in das Barrique verbannt.

Beim Pomal hat Don José ebenso Hand angelegt. Die neue Reserva 94 zeigt sich inzwischen mit mehr Konzentration. Derselbe Jahrgang wird auch den 82er Gran Reserva ablösen.

Das ungeschriebene Gesetz der Bodega sieht vor, immer eine Gran Reserva aus einem sehr guten Jahr auf dem Markt und gleichzeitig eine weitere aus einem exzellenten Jahrgang im Verkauf zu haben – eben die besagte 82er, die jetzt vom Jahrhundertjahrgang 94 abgelöst wird.

Bodegas Bretón

Av. Lope de Vega, 20. 26006 Logroño (La Rioja)
Tel.: 941 21 22 25 Fax: 941 21 10 98
Besitzer: Aktiengesellschaft
Eigene Weinberge: 106 Hektar
Rebsorten: Tempranillo 78%, Mazuelo 5%, Garnacha 5%, Graciano 10%,
Viura und Malvasía 2%
Produktion: 1 100 000 Flaschen
Weine gemäßigter bis mittlerer Preisklasse

Das Weingut liegt an der östlichen Peripherie von Logroño.

Die Spitzenweine

**Dominio de Conte
Tinto Reserva**

**Loriñón Tinto
Gran Reserva**

Die Reserva Dominio de Conte beeindruckt durch ein perfektes Spiel von Säure und Frucht, viel Kirsche, aber auch Himbeer, eine in jungen Jahren zimtige Art, feine, aber durchaus ausgeprägte Struktur, dicht, mit einem langen Finale von elegantem Tannin und gut eingelassener Säure. Sehr großes Potential.

Loriñón Tinto Gran Reserva zeigt sich klassischer, mit deutlichem Holz und schönen Aromen von Fruchtkompott, Anflüge von Rosinen, am Gaumen konzentriert, trockenes Tannin von amerikanischer Eiche, dennoch rund, gut gereift und nicht oxidativ.

Weitere Weine

Alba de Bretón Tinto Reserva
Loriñón Blanco
Loriñón Blanco Fermentado
  en Barrica
Loriñón Blanco Crianza

37

Loriñón Rosado
Loriñón Tinto
Loriñón Tinto Crianza
Loriñón Tinto Reserva

Das Weingut

Die Kellerei trägt den Namen einer alten Winzerfamilie, deren Mitglieder zu den Gründern der heutigen Bodegas Bretón gehören, zu der 1983 der Grundstein gelegt wurde. Die Bretóns kelterten regelmäßig ihren eigenen Wein, hatten das Geschäft des Weinmachens aber schon seit vielen Jahren als Nebenbeschäftigung betrieben. Sie brachten den Weinberg Loriñón mit knapp 44 Hektar in die neugegründete Aktiengesellschaft ein.

Traumlage am Ebro

Der Stolz der Kellerei ist die Spitzenlage Dominio de Conte in der Nähe des malerischen Dorfes Briones. 19,5 Hektar Tempranillo und 2,5 Hektar Graciano ziehen sich auf einer mit grobem Flußgestein durchsetzten, völlig ebenen Terrasse den Ebro entlang. Beste klimatische Verhältnisse – der Fluß kühlt in heißen Sommernächten und schützt vor Frost an kalten Wintermorgen – lassen Trauben mit Struktur und Rasse reifen.

Die gleichnamige Reserva mit einer Assemblage, die in etwa der Sortenverteilung des Dominio-de-Conte-Rebgartens entspricht, wird nur in guten Jahren ausgebaut und stammt ausschließlich aus diesem Weinberg.

Der Erneuerer

Die Reserva Dominio de Conte ist als eine der wichtigsten Weinschöpfungen des letzten Jahrzehnts in der Rioja zu bewerten. Der Wein tritt in die Fußstapfen der klassischen Riojas mit guter Säure, klassischer Tempranillo-Frucht und zimtiger Note amerikanischer Eiche, vermeidet aber gleichzeitig jegliche klassischen Oxidationstöne eines langen Faßlagers.

Der Starwein von Bodegas Bretón muß gleichsam als ein Starwein des ganzen Gebietes angesehen werden. Das Verdienst liegt darin, den alten Typus der Rioja nicht ersetzt zu haben, sondern eine stimmige Aktualisierung zu bieten!

Weinbereitung und Ausbau

Die beiden Önologen befürworten kurze Maischestandzeiten für ihre Weine. Für sie kommt es darauf an, daß häufig überschwallt, das heißt, der Most immer wieder von unten nach oben gepumpt wird, um die bestmögliche Extraktion aus Fruchtfleisch und Schalen zu erhalten.

Die neue reinsortige Spezialreserva Alba de Bretón, die aus 80jährigen Reben stammt mit 26 Monaten Barriqueausbau in französischer und amerikanischer Eiche, wird nur in Spitzenjahren vinifiziert. Der Dominio de Conte reift nur in leicht getoasteten Barriques aus gesägter amerikanischer Eiche.

Bodegas Campillo

Finca Villalucía. 01300 Laguardia (Alava)
Tel.: 941 60 08 26 Fax: 941 60 08 37
Besitzer: Familie Martínez
Eigene Weinberge: 50 Hektar
Rebsorten: Tempranillo 100%
Produktion: 1 500 000 Flaschen
Weine mittlerer Preisklasse

Das Weingut liegt unterhalb von Laguardia an der Landstraße nach Logroño.

Die Spitzenweine

Campillo Tinto Gran Reserva

Campillo Tinto Reserva Especial

Sehr weicher und feiner Gran-Reserva-Typ von mittlerer Struktur mit guter Aromatiefe.

Intensives Bukett nach reifer roter Frucht und ein Hauch von bonbonartiger Süße. Anklänge von Trockenfrüchten (Dörrpflaumen). Im Mund weich, guter Fruchtausdruck, perfekt eingebundenes Holz, er gleitet mit derselben Eleganz, die er in der Nase hat, über die Zunge. Sehr fein.

Die etwas tiefere Reserva Especial mit schwarzen und roten Früchten im Bukett (Kirsche, Himbeer) zeigt sich von sensationeller Ausgewogenheit. Gute Struktur im Mund, oft etwas Rosine, Lakritze, fast samtig, aber mit viel Konsistenz, sehr weinige Säure am Gaumen, auch hier mit Perfektion eingebrachtes Holz. Campillo-Weine enttäuschen nie und lassen sich aufgrund ihrer Harmonie zu jeder Stunde und Gelegenheit trinken.

Weitere Weine

Campillo Tinto Reserva
Campillo Tinto Crianza
Campillo Rosado
Campillo Blanco Fermentado
  en Barrica

Kontinuierlich gehobene Qualität

Die roten Campillos lassen sich nicht als Mode-Riojas bezeichnen – als moderne Rioja-Weine jedoch um so eher. Eisern stehen die Weinmacher von Bodegas Campillo zu ihrer Prämisse, nur reinsortige Tempranillos zu keltern, die zugegebenermaßen Klasse haben.

Die Reservas gehören zu den verläßlichsten Qualitäten der Rioja und haben Maßstäbe gesetzt. Dünne Campillos gibt es nicht!

Die Extravaganz des Faustino-Erben

Julio Faustino-Martínez hatte sich mit dieser palastähnlichen Kellerei einen Traum erfüllt. Das fünfstöckige Gebäude beeindruckt nicht nur durch seine Fülle an architektonischen Details, sondern insbesondere durch seine ästhetische Konzeption.

Der Faustino-Erbe war somit der erste der großen Weinerzeuger, die sich eine kleine Perle zulegten, um hochklassige Riojas zu machen. Heute hat dies so viele Nachahmer gefunden, daß man fast von einer Mode sprechen muß.

Weinbereitung und Ausbau

50 Hektar eigene Reben wurden auf einer besonders geeigneten Fläche mit Kalk- und Lehmböden angelegt. Bei deren Rodung fand man im Untergrund ein ausgetrocknetes Flußbett vor, dessen Kiesablagerungen das Gelände durchziehen. Die Tempranillo-Rebe bringt auf diesem Untergrund feinfruchtige, substanzreiche Moste hervor.

Wegen der enormen Nachfrage nach den roten Campillos reicht die eigene Rebfläche für die Produktion nicht mehr ganz aus. Weiße Trauben, aber auch rotes Lesegut aus den besten Lagen vom Stammhaus in Oyón, werden verarbeitet.

Der weiße barriquevergorene Campillo, aus Viura und etwas Chardonnay bereitet, wird immer mit einer guten Säure ausgestattet und zeigt dadurch Lebendigkeit. Die roten Qualitäten weisen neben dem Faßausbau in der Regel ein einjähriges Tanklager auf.

Campillo-Weine sollen immer trinkreif auf den Markt gelangen. Deshalb wird die Dauer der Reife auf der Flasche für jeden Jahrgang und jede Qualitätsstufe individuell festgelegt. Die Rotweine reifen daher nicht wie früher die klassischen Riojas länger im Faß, sondern umgekehrt. So manche Campillo Gran Reserva glättet sich nach zweieinhalbjährigem Aufenthalt in französischer Eiche sieben, acht oder gar neun Jahre auf der Flasche.

Compañía Vinícola del Norte de España (C.V.N.E.)

Av. Costa del Vino, 21. 26200 Haro (La Rioja)
Tel.: 941 30 48 00 Fax: 941 30 48 15
Besitzer: Familien Vallejo und Madrazo
Eigene Weinberge: 540 Hektar
Rebsorten: Tempranillo 67%, Graciano 15%, Garnacha 10%, Viura 8%
Produktion: 7 300 000 Flaschen
Weine gemäßigter bis mittlerer Preisklasse

Das Weingut liegt im Bahnhofsviertel von Haro.

Die Spitzenweine

Imperial Tinto
Gran Reserva

Man sollte diesem Wein vor dem Genuß etwas Luft geben. Rauchige Noten im Bukett (manche Imperiales vermitteln die eleganten Noten eines Whiskyfasses mit gealtertem Malt), Leder, Gewürznelken und feine Frucht.

Im Mund eingelegte Frucht, mittlerer Körper, aber Volumen, das sich mehr in Länge ausdrückt als in Konzentration, trockenes Tannin, energiegeladen und lang. Ein großer Rioja, der ein Essen begleiten sollte.

Viña Real Oro
Gran Reserva

Offener und weicher als der Imperial. Sehr feines Bukett von marmeladiger, reifer Frucht, etwas Pfeffer. Samtig und dabei vielschichtig, recht schlank im Körper mit sehr reifer Frucht; latenter Fond von feinen Orangenoten, die jedoch nicht durchbrechen, so daß der Wein reif, aber nicht oxidativ wirkt; für

die Rioja typischer Säure-Tannin-Nachzug. Ein Wein von bemerkenswerter Feinheit.

Weitere Weine

Cune Blanco
Cune Rosado
Cune Tinto Crianza
Cune Tinto Reserva
Corona Blanco Semidulce
Monopole Blanco
Monopole Blanco Fermentado
  en Barrica
Viña Real Plata Tinto Crianza
Viña Real Tinto Reserva
Imperial Tinto Reserva

Moderne Kellertechnik

Die Compañía Vinícola del Norte de España, auch Cune genannt, ist eine Institution in der Rioja. Das 1879 gegründete Weingut war eines der ersten, das sich im Pago de Cantarranas, dem späteren und heute legendären Bahnhofsviertel von Haro, niederließ. Nach wie vor befindet sich Cune an demselben Platz.

Die liebevoll instand gehaltenen Gebäude aus den Gründerjahren sind um einige weniger ansehnliche, aber geräumige Zweckbauten ergänzt worden. Die letzte spektakuläre Erweiterung wurde 1990 fertiggestellt.

Der neue Gärkeller läutete nicht nur vom Volumen her eine neue Ära für die spanischen Großkellereien ein, auch das System, das in situ den Bedürfnissen des Chefönologen und seines Teams angepaßt wurde, hat

ob seiner Effizienz in Spanien Maßstäbe gesetzt und ist seither immer wieder kopiert worden – in kleinerem Maßstab, versteht sich. Denn in diesem Keller wurden nicht weniger als 136 Schwebetanks mit einer Kapazität von je 25 000 l auf ein Säulengerüst montiert, so daß unter den Maischebehältern bewegliche Pressen umherfahren, in welche die Maische ohne Pumpeneinwirkung hineinrutscht.

Bessere Basis-Weine in schwachen Jahren

Ohne die Verdienste der Kellerei um die Weine der Rioja schmälern zu wollen – man ist hin und her gerissen zwischen einem gewissen Vorurteil gegenüber den gängigen Qualitäten einerseits, die logischerweise das Gros der Produktion einer Großkellerei wie Cune ausmachen, und der Bewunderung andererseits, die man den legendären Weinen der Bodega entgegenbringt. Dazu gehören natürlich die beiden Gran Reservas, die Jahrgang für Jahrgang zumindest sehr gut und zuweilen großartig ausfallen.

Dabei gibt es keinen einzigen unterdurchschnittlichen Wein aus dieser Kellerei. Es ist jedoch zu beobachten, daß sich die Crianza-Weine in den letzten Jahren eine gewisse Uniformität haben zuschulden kommen lassen. Cune und Viña Real Crianza sind zwar weich, sauber und sehr zugänglich ausgelegt. Aber in dem Maße, wie sie gefälliger werden, verlieren sie auch an Persönlichkeit.

Hervorragend dagegen die beiden Imperiales sowie die Gran Reserva Viña Real Oro und zumeist sehr gut die Reserva Viña Real. Auffallend ist, daß in schwachen Jahren, in denen keine der gehobenen Qualitäten produziert werden, die gängigen Weine wie die Cune Crianza ein schönes Profil haben, so etwa der 93er.

Weinbereitung und Ausbau

Schon lange bevor der Consejo Regulador Ausbauzeiten für Faß- bzw. Flaschenreife festlegte, reiften die Gran Reservas des Hauses mindestens 35 Monate im Holz.

Cune hat einen hohen Anteil an französischer Eiche, die in den ersten Jahren für die hohen Qualitäten benutzt wird. Ein Teil der Gran-Reserva-Moste durchläuft auch den biologischen Säureabbau im Barrique.

Der Unterschied zwischen den beiden Produktlinien Viña Real und Imperial liegt in der Herkunft des Lesegutes. Während die Trauben für Imperial fast ausschließlich in der Rioja Alta gelesen werden, liefern die Weinberge auf der anderen Seite des Ebros im baskischen Teilgebiet das Material für Viña Real.

Zudem hatte man bei den Gran Reservas des Jahres 1990 beispielsweise den Eindruck, daß für Viña Real weniger neues Holz benutzt wurde, möglicherweise um die markante Frucht der Rioja-Alavesa-Trauben besser zur Geltung kommen zu lassen.

Bodegas Faustino

Ctra. Logroño, s/n. 01320 Oyón (Alava)
Tel.: 941 12 21 00 Fax: 941 12 21 06
Besitzer: Familie Faustino Martínez
Eigene Weinberge: 500 Hektar
Rebsorten: Tempranillo 85%, Graciano, Mazuelo; Chardonnay 10%, Viura 5%
Produktion: 6 000 000 Flaschen
Weine gemäßigter bis mittlerer Preisklasse

Das Weingut liegt, von Logroño aus gesehen, etwa einen Kilometer vor dem Dorf Oyón auf der linken Seite.

Der Spitzenwein

Faustino I Tinto Gran Reserva

Die gängigen Weine von Faustino sind immer korrekt und schön zu trinken. Das Flaggschiff Faustino I gehört dagegen zu den großen Klassikern der Rioja. Seit Ende der fünfziger Jahre ist er Jahrgang für Jahrgang ein Genuß.

Eine der Eigenarten dieses Weines ist, daß seine entwickelte Nase mit recht deutlichen Altersnoten immer im Gegensatz zur Frische und Lebendigkeit im Mund steht.

Man sollte sich also hüten, den Reifezustand eines Faustino I vorschnell nach seinem Bukett zu beurteilen! Bukett von Fruchtkompott, gegerbtem Leder, leicht oxidative Note von eingelegter Birne, im Mund dagegen frische klartönige Frucht, lebendige Säure, etwas Tabak, nicht die Spur von Oxidation, am Gaumen viel erstaunlich frisches Tannin. Im Gesamteindruck eine im blühenden Leben stehende Gran Reserva, die nicht durch matte Reifetöne ermüdend wirkt, sondern wunderbar angenehm zu trinken ist.

Weitere Weine

Faustino de Autor Tinto
  Reserva
Faustino V Blanco
Faustino V Blanco Fermentado
  en Barrica
Faustino V Rosado
Faustino V Tinto Reserva
Faustino Martínez Cava Brut
Faustino Martínez Cava
  Semiseco

Nach wie vor ein Familienbetrieb

Bodegas Faustino befindet sich noch in Familienbesitz. Die Mattglasflaschen mit den Konterfeis berühmter Maler wie Rembrandt sind weltberühmt, aber zweifellos etwas antiquiert. Dies fällt im Grunde nicht ins Gewicht, da der ganze Betrieb zur Weinaristokratie der Rioja zählt.

Heute lenkt Julio Faustino Martínez mit einem seiner Söhne die Geschicke der Bodega, die lediglich die siebt- oder achtgrößte der D.O.Ca. sei und nur 25 000 Barriques besitze, wie bescheiden beteuert wird.

Reserva und Gran Reserva aus eigenem Lesegut

Um ihre Weinberge wird die Bodega mit Recht von anderen Bodega-Riesen beneidet, denn sie besitzt großflächige Rebgärten auf den grauen Kalkböden um Oyón, die zu den Toplagen der baskischen Rioja gehören.

Hier, auf nur 300 Metern Höhe, reifen die Trauben sehr früh, so daß die Bodega seltener als andere Betriebe gravierende Probleme mit nicht voll ausreifendem Lesegut hat.

Man ist, was die Produktion der Reservas und Gran Reservas angeht, nicht auf Trauben von Weinbauern oder Genossenschaften angewiesen. Dies ist ein entscheidender Vorteil, wenn man die gleichbleibend hohe Qualität und den homogenen Charakter von Weinen wie Faustino I halten will.

Weinbereitung und Ausbau

Wer die Kellerarbeit der Bodegas Faustino Martínez als rein traditionell bezeichnet, macht es sich zu einfach. Lange Maischestandzeiten von über 20 Tagen, wie sie für Faustino I vorgenommen werden, sind bei einer Gran Reserva eher als modern zu bezeichnen. Ein Maischerüttler für weißes Lesegut, das für den weißen Faustino V nicht gepreßt wird, ist nicht mehr neu, aber zumindest ungewöhnlich.

Traditionell ist man dagegen bei den Assemblagen, die nach Meinung des Önologen je nach Jahrgang geringfügig variiert werden können, aber immer eine Coupage bleiben sollten. Denn die Lebenserwartung eines Verschnitts wie für die 89er Gran Reserva mit 85% Tempranillo, 12% Graciano und 3% Mazuelo sei erwiesenermaßen höher als die eines modischen reinsortigen Tempranillos.

Beim Faßausbau benutzt man zu 90% amerikanisches Holz.

Bodegas Fernando Remírez de Ganuza

Constitución, 1. 01307 Samaniego (Alava)
Tel.: 941 60 90 22 Fax: 941 12 33 69
Besitzer: Fernando Remírez de Ganuza
Eigene Weinberge: 60 Hektar
Rebsorten: Tempranillo 85%, Graciano 10%, Garnacha, Malvasía, Viura 5%
Produktion: 80 000 Flaschen
Weine mittlerer Preisklasse

Das Weingut liegt mitten im Dorf Samaniego zwischen dem Dorfbrunnen, der Kirche und dem Rathaus.

Der Wein

F. Remírez de Ganuza Tinto Reserva

Vom Wurstfabrikanten zum Weinmacher

Fernando Remírez de Ganuza y Sáenz de Uriete widmete sich einige Jahre dem ehrenwerten Handwerk des Wurstmachens, bis er Mitte der siebziger Jahre mit dem An- und Verkauf von Rebstücken begann, einem Gewerbe, das bis dahin in der Rioja völlig unbekannt war.

Um genau zu sein: Er beschränkte sich dabei nicht nur auf den reinen Handel mit Rebflächen, sondern bestockte sie zum Teil neu und organisierte die notwendigen Zusammenlegungen.

Durch seine Hände gingen berühmte Lagen wie Viña Pomal, andere kleine, alte Wingerte blieben dagegen in seinem Besitz. So hatte er sich schon bald einen soliden Grundstock an besten Flächen geschaffen, deren Lesegut er zunächst verkaufte.

Das Weingut

Als 1989 das alte Gut Hacienda de los Herederos de Raimundo Santiago zum Verkauf stand, zögerte er nicht lange. Zwei Jahre später kelterte er dort seinen ersten Selektionswein, den er nach langem Holzausbau, unzufrieden mit der Qualität, als Reserva-Faßware an andere Erzeuger verkaufte. Trotz einer strengen Auslese war ihm dieser Wein nicht fein genug. Mit der 93er Reserva wurde ebenso verfahren.

Die kleine Kellerei wurde währenddessen einer Renovierung unterzogen, ganze Baubestandteile aus anderen, baufälligen Bodegas wurden in den Kellereikomplex eingefügt.

Das Ganze ist so perfekt gemacht, daß man nie an der Echtheit des Baugefüges zweifelte, würde nicht Don Fernando die Besucher mit einem gelassenen Lächeln eines Besseren belehren.

Ein Tüftler

Noch mehr Ehrgeiz als beim Bau seiner Bodega entwickelt er bei allem, was das Weinmachen betrifft. Er läßt die Stämme der Rebstöcke seiner besten Lage El Sotillo jedes Jahr von seinen Feldarbeitern säubern.

Eine der wirklich interessanten Techniken im Weingut ist das Preßsystem. Ein aufblasbarer Balg befindet sich im oberen Drittel der Maischetanks, der sich mit zunehmendem Luftvolumen nach unten ausdehnt

und die Maische sehr schonend preßt.

Fernando und seine rechte Hand, Roberto López, wollen bald ihre Maischegärmethode verbessern. In neuen, konischen Gärtanks soll ein Netz gespannt werden. Die Maische werde dann nicht nach oben treiben und wäre immer vollständig vom Most überschwemmt. Die beiden erhoffen sich so eine homogenere Extraktion von Tanninen und Farbe.

Weinbereitung und Ausbau

Wie so viele qualitätsbewußte Weinmacher bedient sich Fernando während der Ernte eines Selektionstisches. Seit 1996 keltert er zwei verschiedene Weine aus ein und denselben Trauben, indem er den Strunk in der Mitte auseinanderschneidet und den oberen Teil, die sogenannte Schulter, vom unteren Teil, der Spitze, trennt.

Möglicherweise wird der 97er der erste Jahrgang, der nur aus Schultern besteht, die seiner Meinung nach mehr Extrakt und Konzentration bringen.

Der »Spitzen-Wein« könnte in Zukunft einen Jungwein ergeben, der gebietstypisch nicht entrappt vergoren würde. Ein 97er ist probeweise abgefüllt. Beim Ausbau der Reserva wird zünftig vorgegangen. Zwei Jahre Barrique, gefolgt von einem ebenso langen Flaschenlager, garantieren Trinkreife, wenn der Wein den Keller verläßt.

Bodegas y Viñedos del Marqués de Vargas

Finca Pradolagar. Ctra. de Zaragoza, Km. 6. 26006 Logroño (La Rioja)

Tel. und Fax: 941 26 14 01

Besitzer: Aktiengesellschaft

Eigene Weinberge: 60 Hektar

Rebsorten: Tempranillo 65%, Mazuelo 15%, Garnacha, Graciano und Cabernet Sauvignon 20%

Produktion: 200 000 Flaschen

Weine mittlerer bis gehobener Preisklasse

Das Weingut liegt an der N-232 von Logroño nach Zaragoza auf der rechten Seite.

Die Weine

Marqués de Vargas Reserva Privada

Marqués de Vargas Reserva

Die Reserva Privada hat eine dunkle, fast schwarze Farbe mit einem rubinroten Rand. Schwerer Duft von schwarzen Beeren, eine überreife Frucht (Brombeerkompott) und orientalisch anmutender Gewürzfächer, schwerer Körper mit einer enormen physischen Präsenz, die sich auf der Zunge jedoch vielschichtig präsentiert, sehr tief, Tinte, Frucht, exotisches Holz, Rauch, noch frisches, aber nicht stark adstringierendes Tannin am Gaumen, sehr lang.

Die Reserva ist mit kräftigem Holz gerüstet, in der Nase sehr zimtig, Nelke, fette Frucht, wirkt nicht so schwer, im Mund noch sattes Tannin und kräftige Säure, die ihr hervorragend steht.

Eine Reserva, die viel Energie ausstrahlt.

Lange Weintradition

Die Familie de la Mata, Träger des aristokratischen Titels Marqués de Vargas, ist schon seit vielen Generationen mit dem Weingeschehen in der Rioja eng verbunden.

Im Jahr 1989 konzentrierte sich die Familie ganz auf die Finca Pradolagar östlich von Logroño.

Modernes Weingut

Auf dem alten Familiengut gab es zwar immer Rebland, aber keine Kellerei. Es diente den Besitzern als Sommersitz, die gelesenen Trauben wurden verkauft. Die Bauarbeiten begannen erst im Jahr 1990.

Der Gebäudekomplex beeindruckt durch seine Großzügigkeit, an Investitionen für modernste Kellertechnik ist nicht gespart worden.

Reben unterschiedlichen Alters

Die beste Lage befindet sich unten am Fluß mit Tempranillo-, Graciano- und Cabernet-Sauvignon-Reben, die zum Teil fast 30 Jahre alt sind. Aus dieser Finca, El Consul genannt, stammt ein großer Teil des Lesegutes, das in die Reserva Privada geht.

Außer den Neupflanzungen sind alle Wingerte vom Vater des heutigen Marqués in der traditionellen Einzelstockerziehung angelegt worden. Das Durchschnittsalter beträgt 15 bis 17 Jahre.

Bisher nur Reservas

Das erklärte Ziel der Familie war, Topweine ausschließlich aus eigenem Lesegut zu produzieren. Aus Rücksicht auf Bodegas Salceda, die eine renommierte Gran Reserva ausbaute, beschloß man, einer möglichen Rivalität vorzubeugen und nur Reservas auszubauen.

Weinbereitung und Ausbau

Der Önologe vergärt etwa 15 Tage auf der Maische und verlängert dann die Standzeit nochmals um weitere fünf Tage.

Die Reserva Privada reift etwa 20 Monate in neuer tschetschenischer Eiche. Der Faßlieferant der Bodega, die französische Küferei Seguin Moreau, hat sich vor einigen Jahren auf eine alte Bordelaiser Tradition besonnen, Barriques aus diesem russischen Holz herzustellen.

Die Eiche ähnelt der französischen, zeigt sich indes weniger vanillebetont, aber dafür würziger. Um dieser Familienreserva Struktur zu verleihen, wird Cabernet-Preßwein in die Assemblage gegeben.

Die zweite Reserva reift 15 Monate zu jeweils einem Drittel in amerikanischen, französischen und russischen Holzfässern. Man gibt dem kräftigen, aber eleganten Holzgerüst Zeit, sich zu glätten. Das Durchsetzungsvermögen der mächtigen Frucht ist jedoch so stark, daß man beide Weine früh trinken kann.

Bodegas de la Marquesa

La Lleca, s/n. 01307 Villabuena (Alava)
Tel.: 941 60 90 85 Fax: 941 12 33 04
Besitzer: Juan Pablo de Simón
Eigene Weinberge: 60 Hektar
Rebsorten: Tempranillo 80%, Mazuelo 7%, Graciano 5%, Viura 8%
Kein Traubenzukauf
Produktion: 325 000 Flaschen
Weine gemäßigter bis mittlerer Preisklasse

Das Weingut liegt 4 km vom Ebro entfernt im Zentrum der baskischen Unterzone, La Rioja Alavesa, am südlichen Ortseingang des Winzerdorfes Villabuena.

Die Spitzenweine

Elegante Riojas von mittlerer Struktur mit klarer Frucht und deutlich vegetabilischen Noten von Kräutern.

Valserrano Tinto Reserva Especial

Dunkles Rubinrot, in der Nase deutliche Himbeeraromen und leichte Anklänge von Vanille. im Mund feines Säurespiel, gepaart mit roter Frucht, Tabak und Rösttönen.

Valserrano Tinto Gran Reserva

Ein sich nur langsam entfaltender Duft von Waldaromen und eleganter Frucht. Im Geschmack dominieren Tabak, Leder und balsamische Noten wie Eukalyptus sowie feine Frucht von roten Beeren.

Valserrano Tinto Graciano Crianza

Sehr dichte, gedeckte Farbe. In der Nase intensiver Duft von Waldbeeren, getragen von einem kräftigen, reifen Tanningerüst. Sehr aromatisches Holz am Gaumen, für eine Crianza wirkt er sehr dicht. Gute Säure mit viel satter Frucht im Nachzug.

Weitere Weine

Valserrano Blanco
Valserrano Tinto Crianza
Valserrano Tinto Reserva

Das Weingut

Das Weingut wirkt von außen eher bescheiden, überrascht jedoch innen mit den 250 Jahre alten Kellerstollen, die zu den ältesten der Umgebung gehören. Hier begann der Urgroßvater um 1880 mit der Produktion von Flaschenwein.

Obwohl die Rioja Alavesa für ihre fruchtigen Jungweine bekannt ist, baut Juan Pablo de Simón nur holzgereifte Weine aus. Der frühere Bankdirektor galt allgemein als leicht exzentrisch, da er eine erfolgreiche Karriere in der Hauptstadt abbrach, um in einem 300-Seelen-Dorf das Weingut seiner Familie zu übernehmen.

Das Lesegut für seine Weine stammt heute, wie vor vier Generationen, ausschließlich aus eigenen Rebgärten.

Weinbereitung und Ausbau

Früher galten die Valserrano-Weine als unkompliziert und leicht zugänglich. Eine etwas längere Maischestandzeit und größere Sorgfalt bei der Coupage der Gewächse der verschiedenen Lagen haben den Weinen Fülle und Charakter gegeben. Die Gran Reserva ist erstaunlich haltbar und bewahrt sehr lange ihre delikate Frucht.

Bemerkenswert ist, daß der lange Faßausbau, den die beiden Weinmacher ihren roten Crianzas verschreiben – er überschreitet immer die vom Kontrollrat der Region vorgeschriebene Dauer –, die klare Finesse dieser Weine nicht überdeckt. Mehr und mehr kommen auch französische Eichenbarriques zum Einsatz, die den roten Valserranos eine aromatischere Holznote geben. Auch bei der Weißweinbereitung geht man hier eigene Wege. Vergoren wird erst im Tank mit einem Anteil an ungepreßten Trauben und später in französischer Eiche.

Auf eine malolaktische Gärung und Kältestabilisierung wird zugunsten eines frischen, floralen Aromas und einer intensiven, birnigen Frucht im Mund verzichtet.

In den mit Weißwein zunächst fünf Monate weingrün gemachten französischen Fässern wird anschließend der Graciano ausgebaut. Die Faßreife beträgt in der Regel nicht mehr als ein Jahr. Diese Spezialität des Hauses – es gibt weniger als eine Handvoll Erzeuger, die sortenreine Gracianos ausbauen – wird nur in guten Jahren vinifiziert.

Bodegas Marqués de Murrieta

Ctra. Zaragoza, Km. 5. Finca Igay. 26006 Logroño
Tel.: 941 27 13 70 Fax: 941 25 16 06
Besitzer: Familie Creixell
Eigene Weinberge: 300 Hektar
Rebsorten: Tempranillo 65%, Graciano 7%, Mazuelo 4,5%, Garnacha 3,5%, Viura 18%, Garnacha Blanca 1%, Malvasía 1%
Produktion: 1 800 000 Flaschen
Weine mittlerer bis gehobener Preisklasse

Das Weingut liegt rechter Hand an der N-122 von Logroño nach Zaragoza am Kilometerstein 5.

Die Spitzenweine

Castillo Igay Tinto Gran Reserva

Marqués de Murrieta Tinto Reserva Especial

Marqués de Murrieta Dalmau Tinto Reserva

Beide Weine geben sich in der Regel sehr verschlossen und sollten auf jeden Fall gelüftet werden. Castillo Igay zeigt nach mehrstündigem Kontakt mit Luft zunächst stahlige Reduktionsnoten, die sich mit überreifer Frucht und Noten von Kaffee mischen. Anschließend kommen Anklänge von Sahnebonbons auf. Auf der Zunge eingelegte Frucht, getrocknete Datteln, viel Säure, aber unaggressives Holztannin am Gaumen.

Ein energischer Wein, mit straffem Körper, agil, aber nicht ausladend oder gar wuchtig. Kein üppiges Geschmackserlebnis, sondern markant und von disziplinierter Kraft. Gutes Potential.

Die Reserva Especial weist nach sieben Jahren immer

noch eine unveränderte rubinrote Farbe auf. Typisch für diesen Wein sind ein verhaltenes Bukett von Trockenobst, Maraschino-Kirschen und Rosinen sowie die Fruchtsäure. Im Mund stabile Holz-Frucht-Decke, die so stark von Säure eingerahmt ist, daß der Wein fast aggressiv wirkt.

Auf der Zunge sehr feine Eindrücke von Likörpralinen, sperriges Tannin mit viel Säure sowie feine Rosinennoten, die dem Wein im Abgang eine gewisse Eleganz geben. Sicherlich ein haltbarer Wein, aber zu säurelastig. Für Liebhaber dieses Stils!

Die neue Superreserva Dalmau kündet wohl von einer entscheidenden Stiländerung des Hauses. Satte Frucht und deutliches, aber gut eingebundenes Holz. Weder in der Nase noch im Mund ist die typische Murrieta-Säure zu spüren. Wunderbar vielschichtig im Mund, dabei sehr disziplinierte Tanninstruktur, die den Wein straff einbindet, viel Kraft und sehr reife Frucht im langen Nachzug. Eine der besten Reservas momentan in der Rioja.

Weitere Weine

Marqués de Murrieta Blanco
  Colección 2100
Marqués de Murrieta Tinto
  Colección 2100
Marqués de Murrieta
  Blanco Reserva Especial
  Capellania
Marqués de Murrieta Tinto
  Reserva

Legendärer Ruf

Bodegas Marqués de Murrieta ist eine spanische Weinlegende. Die heutige Kellerei stammt aus dem Jahr 1872, obwohl ihr Gründer Luciano de Murrieta schon einige Jahre zuvor mit der Weinproduktion begonnen hatte. Die Bodega nimmt für ihren Gründervater die Ehre in Anspruch, den ersten barriqueausgebauten Rioja überhaupt produziert zu haben.

Bis 1983 führten die Nachkommen des Marqués das Weingut nach den Prinzipien des Gründers, keine Weine ohne ausreichendes Holzlager zu vermarkten. Der Ruf des Weingutes basierte auf der extremen Haltbarkeit der Weine und ihrer zeitlosen Eleganz und Feinheit.

Zwei Linien des berühmten Castillo Igay

Seit das Weingut in den Besitz der Familie des Grafen von Creixell übergegangen ist, wurden die Weinlinie erweitert und das Marketing verändert.

Mit den beiden neuen Weinen der Colección 2100 hat man der antiquierten Hausregel, keine Weine mit weniger als zwei Jahren Holzlager, Weißweine eingeschlossen, zu verkaufen, endgültig ein Ende gesetzt.

Auch gibt es außer den Castillo Igays eine weitere Spezialabfüllung, die sich Reserva Especial nennt. Von ihr existieren nur die Jahrgänge 89 und 91. Der 94er soll 1999 erscheinen.

Beim berühmten Castillo Igay, der den Namen des Landgutes trägt, welches die Bodega beherbergt, fährt man inzwischen zweigleisig. Zum einen gibt es die First-Release-Jahrgänge, die nach etwa sieben Jahren auf den Markt gelangen (87, 89 und bald 91), zum anderen die Historical vintages, die ganz in der Tradition der früheren Castillo Igays erst nach Jahrzehnten die Keller verlassen und in alter Manier den Jahren in unnachahmlicher Form die Stirn bieten. Zu diesen Jahrgängen gehört beispielsweise der momentan aktuelle 70er, der vom 75er abgelöst wird.

Das Markenzeichen der Murrietas ist schon immer die Säure gewesen, die heute bei einigen Weinen zu prononciert wirkt, da die Weine leider an ausgleichender Konzentration und Dichte verloren haben.

Bei den neuen roten Reservas ab 96 ist inzwischen die Säure zugunsten einer weicheren, volleren Art zurückgenommen worden, was auch bei den normalen Weinen des Hauses einen Stilwechsel einzuläuten scheint. Man hat aus den nicht ganz befriedigenden ersten Versuchen mit dem roten Colección-Wein gelernt, der sich bei sauberer Frucht ganz einfach zu wenig strukturiert und ausdrucksstark zeigte. Man muß also wirklich auf die Entwicklung dieses großen Hauses gespannt sein.

Weinbereitung und Ausbau

Alle Murrietas sind Coupagen, die sehr traditionell anmuten. Der blumige und würzige Nachfolger des Dorado Blanco ist nun ein Wein, der nach der Einzellag, Capellania benannt wird. Er besteht zu 85% aus Viura mit etwas Garnacha Blanca und Malvasía. Er reift einige Jahre im Faß und hat durchaus Kraft, wird aber von Freunden kräftiger Holznoten geschätzt.

Der weiße Colección mit ähnlicher Sortenzusammensetzung reift dagegen nur drei Monate im neuen Holz, zeigt aber neben guter Frucht den klassischen Murrieta-Biß.

Auch bei den Tintos sind es Coupagen mit etwa 75% Tempranillo und unterschiedlichen Anteilen von Mazuelo, Garnacha und Graciano. Das Weingut versorgt sich nahezu komplett aus seinen eigenen Rebbeständen. Traditionell ist hier nach wie vor der Ausbau in alter amerikanischer Eiche, die Colección-Weine ausgenommen. Die Historical vintages des Castillo Igays reifen weit über ein Jahrzehnt im Faß (der 59er beispielsweise 312 Monate!).

Die neue Spitzenreserva Dalmau weist in der Coupage als erster Wein des Gutes etwas Cabernet Sauvignon (10%) auf. Die Anlagen sind in den siebziger Jahren gepflanzt worden. Hier beträgt der Ausbau 36 Monate in amerikanischer Eiche.

Bodegas Martínez Bujanda

Camino Viejo, s/n. 01320 Oyón (Alava)
Tel.: 941 12 21 88 Fax: 941 12 21 11
Besitzer: Geschwister Martínez Bujanda
Eigene Weinberge: 400 Hektar
Rebsorten: Tempranillo 68%, Garnacha 10%, Mazuelo 10%, Cabernet
Sauvignon 5%, Graciano 2%, Viura, Malvasía 5%
Produktion: 2 700 000 Flaschen
Weine gemäßigter bis gehobener Preisklasse

Das Stammhaus befindet sich vor der Einfahrt nach Oyón rechts gut sichtbar in einiger Entfernung von der Straße. Um zur Finca Valpiedra zu gelangen, nimmt man die Straße nach Elciego und biegt kurz vor der Brücke über den Ebro rechts ein. Das Weingut ist ausgeschildert.

Die Spitzenweine

Conde de Valdemar Vendimia Seleccionada Tinto Gran Reserva

Tiefdunkle, gedeckte Farbe mit einem dünnen und feinen Altersrand. Bukett von Cassis, gebackener Frucht, Holunder, etwas Zimt. Im Mund immer tiefe, lange Frucht mit explosionsartiger Entwicklung in der Mitte. Fleischig, animalisch und viel weiches Fruchttannin, dagegen wenig spürbares Holz am Gaumen. Ein Wein mit großer Länge, dabei aber mit einer Finesse, wie man sie selten findet.

Finca Valpiedra Tinto Reserva

Der neue Stern der Bujandas. Dunkelrote, fast schwarze Holunderfarbe. In der Nase Fruchtsüße, Kirsche, Himbeer und feiner Toast. Im Mund Extrakt, gut ausbalanciert, mit einer vibrierenden Frucht und sehr gleichmäßig verteiltem saftigem Tannin.

Ein Hauch von Pfeffer und Toast zieht sich durch den persistenten Nachzug. Er bleibt auf dem Gaumen, wie ein wohltönender Bariton im Ohr.

Diese Reserva lebt bei weitem nicht nur durch ihre Frucht, obwohl sie aufgrund ihrer strahlenden Klarheit, zumindest bei einem jungen Valpiedra, besonders beeindruckt. Die gekonnte, sehr gleichmäßig verteilte Kraft im Mund, die fest und stabil wirkt, macht diese Reserva zu einem Wein mit eleganter Opulenz.

Weitere Weine

Valdemar Blanco
Valdemar Rosado
Valdemar Tinto
Conde de Valdemar Blanco
  Fermentado en Barrica
Conde de Valdemar Tinto
  Crianza
Conde de Valdemar Tinto
  Reserva
Martínez Bujanda Tinto
  Garnacha Reserva
Martínez Bujanda Tinto Gran
  Reserva

Der Martínez-Bujanda-Stil

Die Winzertradition der Bujandas reicht bis zum Ende des letzten Jahrhunderts zurück, auf einen Wein unter ihrem Namen mußte man hingegen bis 1966 warten. Bekannt wurden die Weine erst 20 Jahre später.

Die Familie hatte sich aus einem kurzzeitigen Engagement bei Bodegas El Coto zurückgezogen und baute außerhalb ihres Heimatdorfes die damals modernste Bodega der Rioja.

Schon die ersten Weine stießen auf große Kritik in der D.O. Was war von Rioja-Weinen zu halten, die viel mehr Frucht als Holz aufwiesen, und von einer Bodega, die eher einer Fabrik als einer traditionellen Kellerei glich? Nicht eine Spinnwebe im gesamten Keller!

Man bezichtigte sie als Spinner und finanzielle Abenteurer, und mehr als ein spanischer Weinkritiker, der heute Frucht und Konzentration als unabdingbare Bestandteile eines Qualitätsweines predigt, beschuldigte sie, den ureigenen Stil der Rioja zu verraten. Während sie im Ausland schnell zu Ruhm gelangten, entwickelte sich der Inlandsmarkt für die Bujandas zögerlich.

Kurioserweise haben viele der jüngeren deutschen Weinliebhaber die Rioja über diese Weine kennen- und schätzengelernt und halten ihren Stil für klassisch, obwohl das eigentlich nicht der Fall ist.

Frühe Cabernet-Sauvignon-Pflanzungen

Wohlwissend, daß Cabernet Sauvignon in der Rioja nicht zugelassen war (und immer noch nicht ist), legten die Bujandas – wie eine ganze Reihe anderer Betriebe – schon 1978 Rebgärten mit dieser Sorte an.

Der 85er Debüt-Jahrgang der heute hochgelobten Vendimia Seleccionada Gran Reserva, die zur Hälfte aus Cabernet-Trauben gekeltert wird, war vom Consejo Regulador schon zur

Destillation abgestellt worden, als sich die Behörden schließlich dazu durchrangen, ihn freizugeben – als Versuchswein, versteht sich.

Inzwischen sind die Folgejahrgänge dieser kompakten, fleischigen Gran Reserva sehr begehrt und gelten in der Rioja als Qualitätsreferenz.

Neues Weingut

Schon lange wollten die Bujandas einen speziellen Cru aus den Toplagen der Finca Valpiedra bereiten. Den terrassenförmig angelegten Weinberg mit 80 Hektar Fläche am Ebro hatte Vater Bujanda von Bodegas Montecillo gekauft.

Die Söhne Carlos und Jesús stellten nach und nach fest, daß die Trauben dieser Lage eine perfekte Reife entwickelten und sehr extraktreiche, konzentrierte Moste erzeugten.

Als auf die erste als Einzellagenwein gekelterte Reserva Finca Valpiedra 94 zwei weitere Jahrgänge mit ähnlichen Qualitäten folgten, beschloß man, eine eigene Kellerei auf dem Gelände zu errichten. Die Valpiedra-Weine, die nach dreieinhalb Jahren mit rund 14monatigem Barriqueausbau auf den Markt kommen, enthalten neben Tempranillo eine geringe Menge Cabernet Sauvignon. Sie werden nicht gefiltert.

Weinbereitung und Ausbau

Für den Holzausbau der roten Martínez Bujandas wird fast ausschließlich amerikanische Eiche gewählt, die Coupagen zeigen sich klassisch mit Tempranillo, Mazuelo und manchmal etwas Garnacha oder Graciano. Die extravagante Garnacha-Selektion reift 20 Monate im amerikanischen Holz, die Gran-Reserva-Selektion zehn Monate im Tank und fast drei Jahre in französischer Eiche.

Bodegas Montecillo

San Cristóbal, 34. 26360 Fuenmayor (La Rioja)
Tel.: 941 44 01 25 Fax: 941 44 06 63
Besitzer: Gruppe Osborne
Keine eigenen Weinberge
Produktion: 3 000 000 Flaschen
Weine mittlerer bis gehobener Preisklasse

Das Weingut liegt zwischen den Dörfern Fuenmayor und Navarete direkt an der Straße auf der linken Seite.

Die Spitzenweine

Montecillo Tinto Gran Reserva

Reinsortiger Tempranillo-Wein von guter Struktur mit klassischem Rioja-Bukett von feiner Frucht und langem Holzausbau in Eiche. Rubinrot mit ziegelfarbenem Rand, rote Frucht, unterlegt mit markantem Tannin am Gaumen. Dezente Süße, reif, langer Abgang mit kräftiger, energischer Säure.

Viña Cumbrero Tinto Crianza

Die Crianza, die seit neuestem nur noch unter dem Label Montecillo Crianza läuft, besitzt die Tugenden eines recht traditionellen Weines, das heißt einen deutlich wahrzunehmenden Ausbau in gebrauchter Eiche und daher eine recht weiche Art, aber überraschenderweise auch einen ungewöhnlich festen Körper mit markanter Struktur und sehr stabilem Fruchttannin. Attribute zeichnen ihn aus, die eigentlich dem Stil der fruchtbetonten Riojas der neueren Generation zugesprochen werden.

Kurzum, der Wein ist für alle Rotweintrinker ein vollendeter Genuß, ob diese nun Schmeichler oder markante Weine vorziehen.

Weitere Weine

Viña Cumbrero Blanco
Montecillo Rosado
Viña Monty Tinto Gran
 Reserva

Haus mit solidem Ruf

Auf die Frage, an welcher Position sich das Weingut im weiten Spektrum der Rioja-Erzeuger ansiedeln würde, gab Bodegas Montecillo an, eindeutig auf der traditionellen Seite zu stehen und die Produktion von Gran Reservas zu bevorzugen.

Trotzdem dürfen auch die Gegner der traditionellen Rioja-Linie weiterlesen. Denn die Gran Reservas Viña Monty und Montecillo sind zwar Weine aus der klassischen Rioja-Schule – eher feingliedrig, mit rubinroter Farbe, aber kompaktem Körper.

Im Gegensatz zur ausgesprochen modern anmutenden Crianza des Hauses weisen sie die typisch feine, aber sehr gut herausgearbeitete Säure der alten Riojas auf, die Traditionalisten geradezu ins Schwärmen geraten läßt.

Das Haus produziert inzwischen auch Reservas. Ein Ausflug in die Jungweinproduktion wurde dagegen schnell wieder beendet.

Weinbereitung und Ausbau

Die Bodega kauft ausschließlich Trauben aus Flächen zu, die sich zu beiden Seiten des Ebros oberhalb von Logroño erstrecken. Um die Arbeit im Zusammenhang mit den Weingärten der Zulieferer und gleichzeitig in der Kellerei bewältigen zu können, sind drei Önologen angestellt.

Als die Osborne-Gruppe das alte Weingut 1973 übernahm, errichtete sie einen völlig neuen Gebäudekomplex. Nur am traditionellen Weinstil änderte sie nichts.

Wirklich ungewöhnlich ist, daß der Barriquepark zu 95% aus französischer Eiche besteht. Viña Monty reift 30 Monate in Eiche, Montecillo vier Jahre! Bei dieser Gran Reserva gibt es auch keine lineare Jahrgangsausgabe. Der 82er kam beispielsweise vor dem 81er in den Verkauf. Montecillo ist etwas kerniger als sein Gran-Reserva-Bruder, die Traubenqualität unterscheidet sich, das Lesegut stammt von älteren Stöcken, und die Maischestandzeit ist mit vier Wochen um etwa sieben Tage länger. Beide Weine können jedoch durch wunderbar distinguierte Aromen wie sehr differenzierte Tabaknoten, Rosinen, Waldboden und in manchen Jahren Pilze (Wiesenchampignons) glänzen. Bei Viña Monty besteht eher die Möglichkeit der Überalterung. Sie sollte relativ rasch getrunken werden, nachdem sie von der Bodega freigegeben ist.

Bodegas Muga

Barrio de la Estación, s/n. 26200 Haro (La Rioja)
Tel.: 941 31 04 98 Fax: 941 31 28 67
Besitzer: Familie Muga
Eigene Weinberge: 50 Hektar
Rebsorten: Tempranillo 80%, Garnacha 7%, Mazuelo 5%, Graciano 4%,
Viura 4%
Produktion: 1 000 000 Flaschen
Weine mittlerer bis gehobener Preisklasse

Das Weingut liegt im Bahnhofsviertel von Haro.

Die Spitzenweine

**Prado Enea Tinto
Gran Reserva**

Torre Muga Tinto Reserva

Die letzten Prado Enea haben
endlich ihre oxidativen Noten
abgelegt und zeigen jetzt die
klare Frucht und Struktur, welche diese Weine einst berühmt
gemacht haben. Es ist wieder
ein Vergnügen, sie zu trinken.
Sehr feines Bukett von roten
Früchten (Himbeer, Kirsche),
Leder, Teer und rustikalen
Holznoten. Im Mund rote
Frucht, Trockenfrüchte, gezü-
geltes Fruchttannin, dafür viel
trockenes, aber unaggressives
Holz und lebendige Fruchtsäure am Gaumen. Klassische
Gran Reserva mit nur leichtem
Alterston und viel Leben.

Torre Muga Reserva dagegen
mit sehr tiefer Farbe, schwarze
Beeren, feine Zedernholznote,
Tabak, erdiger Ton, der Tiefe
gibt, im Mund noch viel Holz,
aber auch Frucht, sehr würzig,
markante Bitterschokolade, frische Säure. Gutes Potential.

Topjahrgänge frühestens im
sechsten Jahr trinken. Von der

Aromentiefe und Klarheit der Konturen her ein moderner Rioja, der aber durch sein Säure-Holz-Gerüst tief mit dem klassischen Stil verwurzelt ist.

Weitere Weine

Muga Blanco
Muga Rosado
Muga Tinto Crianza
Muga Tinto Reserva
Muga Tinto Gran Reserva

Vertrauenerweckende Atmosphäre

Bodegas Muga zählt, was die Größe angeht, nicht zu den wichtigsten Häusern der Rioja. Hinsichtlich der Qualität hingegen gehört die Kellerei zweifellos zu den ersten Adressen.

Wenn man durch die Anlage läuft, vorbei an den Reihen von Holztanks unterschiedlichster Größe, gewinnt man den Eindruck von bodenständiger Tradition, die jedem Weintrinker sofort Vertrauen einflößt.

Bodegas Muga ist ein Betrieb, der auf sympathische Weise alt wirkt, dabei aber die Gewißheit vermittelt, effizient und zeitgemäß zu funktionieren.

Zeitloser Keller

Weintechnisch gesehen sind die Mugas keinen besonders originellen Weg gegangen. Als sie mit ihrer Tätigkeit anfingen, tendierte man allgemein zu klassischen Riojas; so hatten die Weine einen traditionellen Zuschnitt.

Mit dem Wandel zu tieferen und konzentrierteren Weinen orientierten sich auch die Mugas in diese Richtung. Und doch hängt ihren Weinen das Flair des Besonderen, Speziellen unverkennbar an.

Weinbereitung und Ausbau

Die Mugas gehen beim Weinmachen traditioneller vor als viele der wirklich alten Bodegas; ihre Weine schmecken dabei aber nicht allein konventionell klassisch. Die Mugas, die heute in französischer und amerikanischer Eiche ausgebaut werden, waren nie mächtig (mit Ausnahme der Torre Mugas) und zeigten immer eine für die Rioja typisch feine, aber auffallend klare Frucht.

Die gesamte Weinbereitung findet im Holz statt, angefangen mit der Gärung in den riesigen Holzgebinden bis zum Ausbau in den 10 000 Barriques. Die Gran Reserva Prado Enea, mit einem Tempranillo-Anteil von 80%, reift zwölf Monate im großen Holzfaß, drei Jahre im Barrique und weitere drei Jahre auf der Flasche. Torre Muga, die moderne Version ihres eigenen klassischen Stils, ruht sechs Monate im großen Gebinde und eineinhalb Jahre im neuen Barrique.

Das Lesegut stammt nur aus den eigenen und natürlich ältesten Parzellen einiger Hanglagen in der Rioja Alta. Beide Weine zeigen ein differenziertes, sehr klares Fruchtbild.

Bodegas Ondarre

Ctra. de Aras, s/n. 31230 Viana (Navarra)
Tel.: 948 64 50 34 Fax: 948 64 60 02
Besitzer: Olarra-Gruppe
Keine eigenen Weinberge
Produktion: 1 200 000 Flaschen
Weine gemäßigter bis mittlerer Preisklasse

Das Weingut liegt unterhalb von Viana. Man biegt von der Straße, die zu dem malerischen Städtchen hinaufführt, nach links in Richtung Aras, Aquilar ab. Nach etwa 500 Metern taucht die Kellerei auf der linken Seite auf.

Die Spitzenweine

Ondarre Tinto Reserva

Mayor de Ondarre Reserva

Sehr weinige Tinto Reserva von kräftiger Struktur und langer Präsenz im Mund, dunkle rubinrote Farbe, süße überreife Kirschnase, im Mund wunderbarer Extrakt, rollt mit Wucht über die Zunge, perfekt eingebundenes Tannin, mineralische Noten, überraschend voluminöser Abgang, der den Reiz dieser gekonnt gemachten Reserva zusätzlich verstärkt.

Der große Bruder, Mayor de Ondarre Reserva, zeigt sich von glühender, tiefroter Farbe, mit von süßem Holz getragener, satter Frucht, explosiver Komplexität und kräftigem Tannin. Dieser Wein besitzt viel Potential.

Weitere Weine

Ondarre Blanco Crianza
Mayor de Ondarre Tinto
  Reserva
Ondarre Gran Reserva
Cava Ondarre Brut
Cava Ondarre Brut
  Reserva

Investitionen in moderne Technik

Von einigen Grundstrukturen abgesehen, erinnert in Ondarre nicht mehr viel an die Kellerei, die von Bodegas Olarra 1985 gekauft wurde.

Nach mehreren Jahren diffuser Qualität, in denen sich nur die Cavas wirklich von der Produktlinie des Stammhauses unterschieden, warf man das Steuer herum und schuf mit der Hilfe des jungen Önologen Javier Díez einen völlig neuen Stil, der in der Vermarktung des Prestigeweines Mayor de Ondarre gipfelte.

Drahtseilakt

Das Bemerkenswerte an den Ondarre-Weinen – das Haus baut neben dem Blanco Crianza nur rote Reservas und Gran Reservas aus – ist die gekonnte Gratwanderung, die das technische Team mit Erfolg in den letzten acht Jahren absolviert hat.

Die Ondarre Reservas haben alle negativen Eigenschaften vieler klassischer Riojas wie den überzogenen Faßausbau, die zu dünne Konsistenz und ausgeprägte Oxidationsnoten hinter sich gelassen, ohne aber auf die guten zu verzichten. Sie integrieren verschiedene Aspekte moderneren Weinverständnisses wie reduktivere Frucht, festere Struktur, fleischigere Art sowie den Gebrauch von neuerer Eiche. Das Ergebnis kann sich durchaus sehen lassen.

Dieser Stil, den man vielleicht vorsichtig als neue Zeitlosigkeit bezeichnen kann, hat Frucht, genügend Komplexität, so daß auch die anspruchsvollen Weintrinker neugierig werden, und ein langes, beeindruckendes Finale.

Weinbereitung und Ausbau

Wie das Stammhaus verfügt auch Bodegas Ondarre über keine eigenen Reben und versorgt sich deshalb aus dem Lesegut der besten Zulieferer von Olarra.

Der reinsortige Blanco Crianza lagert sieben Monate im Holz.

Die ausdrucksvolle Ondarre Gran Reserva aus 75% Tempranillo, 10% Garnacha und 15% Mazuelo und Graciano macht über Dreiviertel der Gesamtproduktion der Bodega aus. Sie reift 16 Monate in amerikanischer Eiche.

Mayor de Ondarre wird ausschließlich in guten Jahren ausgebaut und aus den drei besten Tanks der normalen Reserva verschnitten. Der zweijährige Faßausbau findet nur in neuem Holz statt, wobei der französische Anteil überwiegt. Trotz längerem Holzausbau wirkt der Mayor viel schmeichlerischer und fruchtlastiger als die normale Reserva.

Die Gran Reserva entspricht am ehesten dem Bild einer klassischen Rioja. Viel amerikanische Eiche bei feiner, aber nicht so klarer Frucht.

Bodegas Palacio

San Lázaro, 1. 01300 Laguardia (Alava)
Tel.: 941 60 00 57 Fax: 941 60 02 97
Besitzer: Aktiengesellschaft
Keine eigenen Weinberge
Es werden nur Trauben, keine Moste zur Verarbeitung gekauft.
Produktion: 1 950 000 Flaschen
Weine gemäßigter bis mittlerer Preisklasse

Das Weingut befindet sich am Fuß des Städtchens Laguardia am Abzweig nach Elciego und Cenicero.

Die Spitzenweine

Glorioso Tinto Reserva und Tinto Gran Reserva

Palacio Tinto Reserva Especial

Cosme Palacio y Hermanos Tinto Crianza

Es handelt sich um feine, klar strukturierte Riojas aus 100% Tempranillo. Sie haben ein gutes Alterungspotential, ohne in die Richtung des traditionellen Stils mit klaren oxidativen Noten zu gehen. Am Gaumen erscheinen sie zunächst etwas aggressiv holzbetont, was die schöne Fruchtigkeit der Weine überdeckt. Deshalb empfiehlt es sich, die Spitzenweine nicht direkt nach ihrer Freigabe zu trinken.

Weitere Weine

El Portico Tinto Crianza
Cosme Palacio y Hermanos Blanco Fermentado en Barrica
Milflores Tinto
Castillo Rioja Tinto
Regio Blanco de Limousin Reserva

Das Weingut

Der unansehnliche Zweckbau, in dem heute Bodegas Palacio untergebracht ist, befindet sich in unmittelbarer Nachbarschaft zum alten Gebäude, das seit einiger Zeit als angenehmes Hotel für Reisende und Kunden dient und aus der Gründungsphase der Bodega stammt.

Der häufige Besitzerwechsel, den das Weingut durchlaufen hat, konnte der Qualität der Weine nichts anhaben. In den letzten zehn Jahren haben sich die Palacio-Weine zur Spitze in der Rioja hocharbeiten können, nachdem ein ehemaliger Manager der Seagram-Gruppe, Jean Gervais, das Haus übernahm und ihm eine neue Weinlinie verschrieb. Er versicherte sich der Beraterdienste des französischen Starönologen Michel Rolland, unter dessen Leitung zuerst der Faßkeller entrümpelt wurde. Der völlig überalterte Barriquebestand wurde gegen neues französisches Holz ausgetauscht. Die Palacio-Weine entwickelten Saft und klare Frucht.

Hauptaktionär Jean Gervais setzte gezielt auf ein junges Team in Verwaltung und Keller mit dem Ziel, ein zeitgemäßes Bodega-Modell nicht nur hinsichtlich der Weinart, sondern auch im Marketing zu schaffen. Trotz beachtlicher Erfolge im Ausland reichte der finanzielle Atem des Franzosen jedoch nicht aus, um die Kosten zu tragen, die eine gehobene Qualitätspolitik fordert. Bodegas Palacio ist vor kurzem in den Besitz der Barceló-Gruppe übergegangen.

Weinbereitung und Ausbau – Verschiedene Weinkonzepte

Alle Rotweinkategorien des Weingutes weisen eine durchweg dunklere Farbe als die traditionellen Riojas auf, was einerseits auf sehr gutes Lesegut, andererseits auf längere Maischestandzeiten schließen läßt. Das Weingut gehörte zudem zu den ersten, die nur 100%ige Tempranillo-Weine keltern!

Der rote Cosme Palacio y Hermanos wird ausschließlich in französischer Eiche ausgebaut, das Holzlager auf maximal zwölf Monate beschränkt. Hier wird auf Frucht und Struktur gesetzt. In die Fässer des Cosme gelangen in der Regel die Weine der Glorioso-Linie, die eher dem bekannten Rioja-Typ mit langem Holzausbau und weicher Art entsprechen.

Für die Reifung des El Portico kommt nur neues amerikanisches Holz zum Einsatz. Er ist ein Zugeständnis an den spanischen Geschmack und gehört zu den besten seiner Art im Gebiet. Die oft nackt wirkende Holznote der amerikanischen Eiche ist hier vortrefflich eingewoben.

Als neuer Topwein mit einer Mischung beider Eichen ist seit kurzem die erste Reserva Especial auf dem Markt. Sie wirkt sehr cremig mit feinem Fruchtkompott-Bukett, aber zu filigran für eine echte Auslese.

Bodegas Primicia

Camino de la Hoya, 1. 01330 Laguardia (Alava)
Tel.: 941 60 02 96 Fax: 941 12 12 52
Besitzer: Familie Madrid Castañeda
Eigene Weinberge: 37 Hektar
Rebsorten: Tempranillo 95%, Cabernet Sauvignon 5%
Produktion: 2 000 000 Flaschen
Weine mittlerer Preisklasse

Das Weingut liegt am Fuße des Stadthügels von Laguardia.

Die Spitzenweine

Viña Diezmo Tinto Gran Reserva

Julián Madrid Tinto Reserva de la Familia

Beide Weine gefallen eher durch ihre Feinheit und ihre Geschmeidigkeit als durch ihre Wucht.

Der Stil ist angenehm unprätentiös auf Frucht und zurückhaltende Tannine ausgerichtet.

Auch die Reserva de la Familia muß nicht gleich mit der Tür ins Haus fallen, um zu beeindrucken, oder auf Zehenspitzen tippeln, um Feinheit zu demonstrieren.

Weicheres, aber prägnanteres Tannin als beim Gran Reserva gibt diesem Wein mehr Kraft am Gaumen, aber auch hier ist alles auf Harmonie und Klarheit ausgerichtet.

Weitere Weine

Besagarin Tinto
Viña Diezmo Tinto Crianza
Viña Diezmo Tinto Reserva
Gran Diezmo Mazuelo Tinto
  Crianza

Das Weingut

Die Familien der Gebrüder Madrid Castañeda treiben die Entwicklung ihres Weingutes mit bewundernswerter Ausdauer ständig voran. Am Anfang stand eine kleine Kellerei in einer der Altstadtgassen von Laguardia, die die Brüder erwarben. In den Kellerstollen des alten Zehnthauses, eines der ältesten Gebäude im Ort, sind über 100 Barriques untergebracht.

1985 wurde eine neue Kellerei außerhalb errichtet und bald darauf erweitert. Inzwischen entsteht ein weiterer Kellerkomplex in der Nachbarschaft. Um sich von dem von amerikanischer Eiche geprägten Rioja-Stil zu lösen, verwendete man bei Bodegas Primicia lange Zeit nur französische Eiche. Mit zunehmendem Erfolg entschloß man sich jedoch, ein Zugeständnis an den spanischen Geschmack zu machen und schaffte amerikanisches Holz an.

Einer der Trümpfe der Bodega ist der Weinberg Caravalseca, eine mit altem Tempranillo und Cabernet Sauvignon bestockte Einzellage. Die Qualität und Reife des Lesegutes ist außerordentlich. Ein großer Teil der beiden Reserva wird aus diesen Trauben gekeltert.

Kompetenter Weinmacher mit eigenem Stil

Die qualitative Entwicklung dieses Weingutes erstaunt um so mehr, wenn man berücksichtigt, daß sich das Familienunternehmen von Anbeginn in einer kontinuierlichen Expansionsphase befindet. Die ständigen Bauarbeiten haben in keiner Weise geschadet.

Dies spricht wohl für das außergewöhnliche Können des Önologen Manuel Ruiz Fernández, der sich immer wieder zu steigern weiß und die Fans mit neuen Leckerbissen beglückt. Die letzten Beispiele sind die sehr gelungene Crianza aus 100% Mazuelo sowie die Familienreserva mit ihrem 20%igen Cabernet-Sauvignon-Anteil.

Schon an der berühmten 87er Reserva konnte man den Stil ausmachen, den Don Manuel mit seinen Weinen in den Neunzigern festigen konnte. Viel Frucht, weiche, ja damenhafte Eleganz, die sich unvermutet lang hält.

Weinbereitung und Ausbau

Langer Kontakt mit dem Fruchtfleisch und den Schalen während und nach der Gärung gehört zu den Prinzipien der Weinbereitung bei Bodegas Primicia. Die Maischestandzeiten betragen im Falle der Crianza 20, bei der Reserva de la Familia dagegen 28 Tage. Geschönt wird mit Eiweiß, ausgebaut wird in Eiche, wobei die Mazuelo Crianza nur französisches Holz bekommt. Die Viña Diezmo Crianza, Reserva und Gran Reserva sind klassische Rioja-Coupagen aus Tempranillo, Mazuelo und Graciano mit etwas Cabernet bei den höheren Klassen.

Bodegas Riojanas

Estación, 1. 26350 Cenicero (La Rioja)

Tel.: 941 45 40 50 Fax: 941 45 45 29

Besitzer: Aktiengesellschaft

Eigene Weinberge: 200 Hektar

Rebsorten: Tempranillo 80%, Mazuelo 15%, Graciano 5%

Produktion: 4 000 000 Flaschen

Weine gemäßigter bis mittlerer Preisklasse

Die Kellerei liegt gut sichtbar an der Hauptstraße des Dorfes Cenicero.

Die Spitzenweine

Monte Real Tinto Gran Reserva

Viña Albina Tinto Gran Reserva

Die Viña Albina Tinto Gran Reserva ist fast in jeder Hinsicht ein klassischer Rioja, jedoch mit einem kleinen, aber entscheidenden Unterschied. Diese Gran Reserva hat weniger Säure am Gaumen. Dennoch gehört sie zu den Riojas, die in der Regel lange reifen können.

Der Wein sollte entweder eine Stunde vor Genuß dekantiert werden oder aber einige Stunden einfach geöffnet stehen. Wenn der Wein älter als 16 bis 18 Jahre ist, sollte er nur kurz Luft bekommen.

Bukett von roten Früchten und welken Rosenblättern, ein Hauch von Tabak. Im Mund harmonisch mit den Holznoten verschmolzene reife Frucht; ungeheuer geschmeidig läuft dieser Wein über die Zunge; filigranes, aber intaktes Fruchttannin am Gaumen, moderate Säure.

Monte Real Tinto Gran Reserva ist etwas kräftiger und tanninreicher, mit runderem

Fruchtbukett und feinen Gewürznoten. Sanfte Anklänge von getrockneter Frucht, viel rote Frucht (Himbeer) sowie Bäckereiaromen im Mund. Gute Säure am Gaumen. Sehr langer, herb-süßer Nachhall. Monte Real sollte genauso serviert werden wie Albina.

Weitere Weine

Canchales Blanco
Canchales Rosado
Canchales Tinto
Puerta Vieja Blanco
Puerta Vieja Tinto Crianza
Monte Real Blanco Crianza
Monte Real Tinto Crianza
Monte Real Tinto Reserva
Viña Albina Blanco
  Fermentado en Barrica
Viña Albina Blanco Semidulce
Viña Albina Tinto Reserva

Feinste klassische Reservas und Gran Reservas

Cenicero ist eines der Weinzentren der Rioja Alta. Auf dem leicht hügeligen Gelände, das vom Dorf zum Ebro sanft abfällt, haben schon die Römer Weinbau betrieben. Auf diesen kalkhaltigen Lagen steht ein Großteil der Reben von Bodegas Riojanas. Zudem versorgt sich das Weingut zusätzlich bei über 100 Winzern mit Lesegut.

Bodegas Riojanas ist ein traditionelles Rioja-Weingut im besten Sinne des Wortes. Ohne je den Anschluß an aktuelle Kellertechniken zu verlieren – das Weingut wurde seit seiner Gründung Ende des vergangenen Jahrhunderts siebenmal erweitert und auf den neuesten Stand gebracht –, pflegt die Bodega einen Stil, den man als altmodisch, aber nicht veraltet bezeichnen kann: Trotz ihres klassischen Ausbaus in amerikanischer Eiche werden keine oxidativen Qualitäten, sondern Weine mit feiner Frucht und wunderbarer Reife erzeugt.

Aktivitäten

Man hat fast den Eindruck, daß über die Bodega der Mantel des Vergessens ausgebreitet ist, so unspektakulär und solide laufen die Aktivitäten dieses Weinmonumentes der Rioja üblicherweise ab.

Dabei investiert man momentan in 4 000 neue Eichenfässer, um den Barriquepark auf 22 000 Stück zu erweitern. In San Vicente de la Sonsierra soll eine kleine Kellerei entstehen.

Weinbereitung und Ausbau

Für die beiden Marken Albina und Monte Real werden so gut wie identische Coupagen bereitet. Sie enthalten zu 80% Tempranillo, 15% Mazuelo und 5% Graciano. Der Unterschied liegt in der Herkunft des Lesegutes.

Auch hinsichtlich des Ausbaus sind bei den Reservas und Gran Reservas der beiden Weinlinien keine Unterschiede auszumachen. Er beträgt nach einem Jahr Tank üblicherweise 30 Monate in Barriques aus amerikanischer Eiche.

Bodegas Roda

Av. Vizcaya, 5. 26200 Haro (La Rioja)
Tel.: 941 30 30 01 Fax: 941 31 27 03
Besitzer: Familie Rotllant-Daurella
Eigene Weinberge: 45 Hektar
Rebsorten: Tempranillo 85%, Graciano 10%, Garnacha 5%
Produktion: 100 000 Flaschen
Weine mittlerer bis gehobener Preisklasse

Das Weingut liegt im Bahnhofsviertel von Haro am Ende der Avenida Vizcaya auf der linken Seite.

Der Spitzenwein

Roda I

Sehr dichte Reserva aus 83% Tempranillo und 17% Garnacha, von dunkler Farbe und von Holz-, Frucht- und Gewürzaromen geprägt. Wunderbar ausgewogenes Holzgerüst mit explosiver Frucht, deren Kraft den Wein schon in jugendlichem Alter ansprechend wirken läßt. Enorm facettenreich im Mund, Waldbeeren, Gewürzkräuter, Trüffel, Vanille. Am Gaumen kompaktes süßes Tannin von französischer Eiche. Gutes Alterungspotential.

Weiterer Wein

Roda II
Cirsion

Aufwendiges Bodega-Konzept

Als das katalanische Ehepaar 1989 das Weingut gründete, stand für sie eines fest: Weder im Weinberg, noch beim Bau der Keller, noch bei der Weinbereitung sollte gespart werden. Wenn man schon den vielen Abfüllbetrieben im Gebiet einen weiteren hinzufügen wollte, dann wenigstens einen außergewöhnlichen.

Den Grundstock stellte ein alter Felsenkeller der nicht mehr existierenden Kellerei Gómez Cruzado dar, der einen Austritt zum Ebro aufweist und sich in direkter Nachbarschaft zu Viña Tondonia befindet.

Nur Trauben von mindestens dreißigjährigen Stöcken

Nachdem man aus den Fehlern der 91er Ernte gelernt hatte, für die Trauben verschiedenster Qualitäten benutzt wurden, kam für den Folgewein nur allerbestes Lesegut in Frage.

Auf das Gros der eigenen Pflanzungen konnte man nicht zurückgreifen, da sie zu jung waren. So begab man sich auf die Suche nach Winzern mit alten Parzellen, denen man Hilfe bei der Pflege der Pflanzen anbot, sowie Kilopreise, welche die üblichen Notierungen um die Hälfte überboten. Der nächste Jahrgang wurde ein Erfolg.

Zurückhaltendes Holz und zugängliches Tannin

Mit ihrem neuen Topwein Cirsion setzt Roda ihr Konzept fort. Extreme Traubenselektion, perfekt eingearbeitetes Holz (Crianza acht Monate), viel saftiges, dichtes Tannin, ebenso früh antrinkbar wie lagerfähig. Roda I klotzt nicht mit Tannin, sondern mit sehr differenziertem Körper, der sich insgesamt massig, aber nicht plump präsentiert. Die sehr reife Frucht, die in bester spanischer Manier einen Hauch süßer Rosinennoten verströmt, gibt dem Roda I zusätzlichen Charme. Hier wird im Gegensatz zu den klassischen Riojas die Typizität eines Jahrgangs so klar wie möglich herausgearbeitet. Gelingt dies nicht, wird nur Roda II auf den Markt gebracht.

Besondere Pflege der Rebberge

Die jungen Rebberge von Bodegas Roda werden mit viel Liebe gepflegt, denn sie sollen einmal das erstklassige Lesegut für den Roda I stellen.

Die Randbepflanzungen und sonstiger Bewuchs im Wingert werden nicht entfernt, um das biologische Gleichgewicht nicht zu stören – ein Ausnahmefall in einem Land, das aufgrund seiner geringen Niederschläge die Wingerte sauberzuhalten pflegt. Ähnliches gilt auch für die alten Anlagen.

Weinbereitung und Ausbau

Vergoren wird in großen Eichenholzgebinden mit Maischestandzeiten bis zu 50 Tagen. Nach dem Abstich wird vorsichtig mit einer Vertikalpresse gearbeitet, die Moste werden zur zweiten Gärung in dieselben Gebinde zurückgeleitet. Im Dezember beginnt der Barriqueausbau. Roda I verbringt 20 bis 24 Monate im Holz.

71

Señorío des San Vicente

Los Remedios, 27. 26338 San Vicente de la Sonsierra (La Rioja)
Tel.: 941 30 80 40 Fax: 941 33 43 71
Besitzer: Familie Eguren Ugarte
Eigene Weinberge: 18 Hektar
Rebsorten: Tempranillo 100%
Produktion: 60 000 Flaschen
Wein gehobener Preisklasse

Das Weingut liegt mitten im Dorf San Vicente an der Hauptstraße.

Der Wein

Señorío de San Vicente Tinto Reserva

Feingliedrige und doch gut strukturierte Reserva der Extraklasse. Der Wein sollte dekantiert werden; eine Stunde vor dem Genuß ist völlig ausreichend. Imponierendes Fruchtbukett von Kirsche, elegante Noten von Bittermandel, im Mund samtig, weich, etwas Schokolade, saftiges Fruchttannin der Tempranillo am Gaumen, wunderbar zusammengewachsener Wein von großer Eleganz und Balance. Sehr feines Holz im langen Abgang. Eine Reserva-Persönlichkeit, die Traditionalisten und Liebhaber moderner Weine in gleichem Maße überraschen dürfte!

Wenig bekannte Weine

Señorío de San Vicente ist ein Projekt der Bodegas Sierra Cantabria. Die Familie Eguren Ugarte widmet sich schon seit mindestens sieben Generationen dem Weinbau in der Rioja.
Die Weine der Marke Sierra Cantabria sind unbegreiflicherweise weder in Spanien noch in

Deutschland besonders bekannt, statt dessen sind die USA ein wichtiger Markt. Dunkle Farbe, kräftige Frucht, sehr stabile Tannine und keine störenden oxidativen Töne verleihen ein modernes Profil.

Es ist verständlich, daß Marcos und Miguel Angel Eguren mit ihrer ersten Señorío Reserva von 1991 die Fachwelt auf sich aufmerksam machten.

Einzellage über dem Ebro

Das neue Weingut ist nach einer Lage nicht weit von San Vicente de la Sonsierra über einem Ebro-Mäander benannt.

San Vicente ist die einzige Gemeinde in der D.O.Ca. Rioja flußaufwärts von Logroño, die sich nördlich des Ebros befindet, aber zur autonomen Region La Rioja gehört.

Der Wingert ist zum großen Teil 1985 mit einem speziellen Klon der Tempranillo neu bestockt worden. Die Tempranillo Peludo, so genannt, weil die Blätter eine feine Behaarung auf der Unterseite aufweisen, bringt kleinere Beeren hervor, die trotz früher Reife äußerst feine und elegante Fruchtnoten entwickeln.

Die 18 Hektar große Einzellage ist nach Südwesten ausgerichtet und fällt auf ihrer Rückseite von ihrem höchsten Punkt auf 530 Metern steil zum Ebro ab. Der kalkhaltige Lehmboden ist sehr stark mit Verwitterungsgestein durchsetzt und erzeugt bei einer strengen Selektion um die 4 500 kg.

Weinbereitung und Ausbau

Ein historisches Gebäude im Ortskern ist vom Vater und den Söhnen mit großer Liebe zum Detail restauriert worden. Es dient dem als eigenständige Bodega gegründeten Weingut als Sitz. Im Erdgeschoß sind neben alten Tanks große Holzfässer untergebracht, die der Reserva als Behältnis für den biologischen Säureabbau dienen.

Don Marcos, verantwortlich für den önologischen Bereich, gärt erst einmal etwa 15 Tage und verlängert im Anschluß die Maischestandzeit noch einmal um annähernd drei Wochen. Nach der letzten Ernte ist ein Teil des Weines für die zweite Gärung in Barriques gefüllt worden. Der Holzausbau wird dem Jahrgang angepaßt und hat im Schnitt eine Dauer von etwa 20 Monaten. Bei den Eichen dominiert klar die amerikanische.

Auffallend bei allen Señorío des San Vicente ist die wunderbare rote Frucht, die mal mächtiger, mal feiner ausfällt, aber immer die außerordentliche Eleganz der Weine ausmacht. Die Reserva entspricht dem fruchtigen Typ, der als klassisch für die Rioja Alavesa eingestuft wird, zu der geologisch und geographisch gesehen San Vicente de la Sonsierra ohne Zweifel gehört. Doch erst in der Verbindung mit dem faszinierend weichen, aber gleichzeitig robusten Körper wird diese Reserva zu einem wirklich bemerkenswerten Wein.

Cosecheros Alaveses

Ctra. Logroño, s/n. 01300 Laguardia (Alava)
Tel.: 941 60 01 19 Fax: 941 60 08 50
Besitzer: Aktiengesellschaft
Eigene Weinberge: 70 Hektar
Rebsorten: Tempranillo 82%, Garnacha 4%, Viura 12%, Malvasía 2%
Produktion: 1 000 000 Flaschen
Weine gemäßigter bis gehobener Preisklasse

Das Weingut liegt unterhalb von Laguardia an der Straße nach Logroño gegenüber Bodegas Campillo.

Die Spitzenweine

Artadi Tinto Reserva Especial Grandes Añadas

Pagos Viejos Tinto Reserva

Viña El Pisón Tinto Reserva

Alle Spitzenweine zeichnen sich durch einen unverkennbaren Charakter aus. Während Viña El Pisón sich durch eine feine Fruchtnase, gute Säure und einer schlanken, sich im Mund langsam, in Wellen entwickelnden Struktur mit noch jugendlichem, etwas spitzem, aber nicht grünem Tannin auszeichnet, protzt der Pagos Viejos mit konzentrierter Frucht, stämmiger Struktur, viel Extrakt und dominantem Tannin am Gaumen.

Die Reserva Especial Grandes Añadas wirkt noch mächtiger, dunkle Beeren von beeindruckender Intensität, potentes, aber saftiges Tannin, kompakte Intensität, die lange anhält.

Weitere Weine

Artadi Blanco
Artadi Rosado

Artadi Tinto
Viñas de Gain Blanco
  Fermentado en Barrica
Viñas de Gain Tinto Crianza

Zu Beginn der achtziger Jahre schlossen sich 13 Weinbauern aus der Gemeinde Laguardia zusammen. Die Genossenschaft konzentrierte sich zunächst auf Jungweine. Erst später begann die Gruppe um Juan Carlos López de Lacalle, dem heutigen Hauptaktionär und Weinmacher, die ersten Crianzas auszubauen. Gleich mit großem Erfolg, denn die Weine bestachen nicht nur durch klare Frucht, die typisch für die Rioja Alavesa ist, sondern auch durch eine Kraft, die viele der kommerziellen Crianzas dieser Zeit vermissen ließen.

Als einer der ersten Weinmacher in der Rioja begann Juan Carlos gezielt, Toplagen getrennt auszubauen. Um eine systematische Qualitätspolitik zu finanzieren, gründeten die Mitglieder, die auf sieben geschrumpft waren, schließlich 1994 eine Aktiengesellschaft.

Die Qualität liegt in den Lagen

Aus sehr alten, über ein recht weites Gebiet der baskischen Rioja verteilten Lagen wird der Pagos Viejos gewonnen.

Viña El Pison stammt dagegen aus einer Einzellage in unmittelbarer Nähe der Kellerei, die von Großvater de Lacalle 1945 bestockt worden war. Der 2,8 Hektar umfassende Wein-

berg weist extrem armen Boden auf und ist relativ kühl. Der Wein zeigt sich elegant und lang.

Grandes Añadas – eine zufällige Kreation

1994 bescherte der Rioja einen Jahrhundertjahrgang und die bislang teuerste Weinmarke des Gebietes. Unter den verschiedenen Tanks dieses Jahrgangs, die für den Pagos Viejos bestimmt waren, fiel den beiden Weinmachern bei wiederholtem Verkosten eine Partie der Lage Cerradillos auf, die sich durch extreme Konzentration und Tiefe hervortat.

32 Barriques wurden mit diesem Wein gefüllt, und nachdem auch die Entwicklung im kleinen Gebinde Außergewöhnliches versprach, hob man eine neue Marke aus der Taufe.

Weinbereitung und Ausbau

Das Weingut keltert immer noch einen echten maceración carbonica, also eine Ganztraubengärung, wie sie in der baskischen Rioja und auch im Beaujolais für die Primeur-Erzeugung Tradition ist.

Der cremige, aber sehr aromatische Blanco Fermentado aus 70% Viura und 30% Malvasía wird in Allier vergoren und sieben Monate ausgebaut.

Abgesehen von einem langen Holzausbau sind bei der Weinbereitung keinerlei technische Extravaganzen zu benennen.

Granja Nuestra Señora de Remelluri

Ctra. Rivas de Tereso, s/n. 01330 Labastida (Alava)
Tel.: 941 33 12 74 Fax: 941 33 14 41
Besitzer: Familie Rodríguez Salís
Eigene Weinberge: 80 Hektar
Rebsorten: Tempranillo 78%, Garnacha 9%, Graciano 10%, Mazuelo,
Moscatel Grano Menudo 3%
Produktion: 350 000 Flaschen
Weine mittlerer Preisklasse

Das Weingut liegt oberhalb des Dorfes Labastida unmittelbar am Fuße der Kantabrischen Gebirgskette.

Die Weine

Remelluri Tinto Reserva

Remelluri Tinto Gran Reserva

Die letzten Reservas von Remelluri sind immer wieder im Zentrum hitziger Diskussionen gestanden, was sich in einer entsprechend kontroversen Beurteilung niederschlägt. Für die einen sind es leuchtende Beispiele an Extrakt und Langlebigkeit, für die anderen stumpfe Tanninbrocken.

Es sind Weine, die sich nicht leicht öffnen, nur verhalten nach schwarzen Beeren, Tinte und würzigem Holz riechen. Im Mund dagegen wuchtig, viel Extrakt, verschlossene Frucht, ein dickes Kaliber. Es wird vermutlich einige Jahre brauchen, bis sich dieses dichtgewobene Netz aus Tannin lockern wird.

Da die früheren Remelluris – man denke nur an die Reservas von 87 oder auch einige Gran Reservas aus dem gleichen Jahrzehnt – nicht so tanninig ausgelegt waren und sich bei wunderbarer Frucht immer elegant und formvollendet gaben, ist es nicht leicht, eine Prognose für die neuen Reservas zu stellen. Es handelt sich um Weine von unzweifelhafter Qualität und Charakter. Was das sicherlich bemerkenswerte Potential angeht, kann man nur raten: kaufen und abwarten.

Altes Klostergut

Schöner als die Granja Remelluri am Fuße der Sierra de Toloño kann ein Weingut nicht liegen. Das Anwesen befand sich einige Jahrhunderte im Besitz eines Klosters, dessen Mönche Wein, Getreide und Gemüse anbauten.

An den Hängen dreier kleiner Täler befinden sich die Weingärten, die sich auf über 100 Parzellen verteilen, einige mit sehr altem Rebbestand. Der Kalkanteil der Böden ist beträchtlich.

Der Baske Jaime Rodríguez Salís erwarb das Gut 1968 und installierte nach und nach eine moderne Bodega in dem historischen Gebäudekomplex. Seit einigen Jahren zeichnet Sohn Telmo für die Weinbereitung verantwortlich, unterstützt von dem Navarresen Pablo Vicente Eguzkiza. Beide sind in Bordeaux ausgebildet worden.

Weinbereitung und Ausbau

Die beiden Weinmacher bauen ihre Weine zu 90% in französischer Eiche aus. Geschönt wird traditionell mit Eiweiß. Sie trennen nicht nur nach Sorten, sondern halten von derselben Traube ein Dutzend oder mehr Partien verschiedener Qualitäten oder auch Lagen in separaten Barriques.

Nur bei wirklich außergewöhnlichen Jahrgängen kommt es vor, daß fast der gesamte in den Barriques liegende Wein auch bis zum Ende gereift und anschließend unter der eigenen Marke verkauft wird. Normalerweise stößt man jedoch unbefriedigende Crianza-Resultate vorher ab.

Die Maischestandzeiten sind sehr lang, was die geschlossene, aber nicht rauhe Tannindecke erklärt. Telmo ist einer der experimentierfreudigsten Weinmacher der Rioja. Er stellt Jahr für Jahr eine bemerkenswerte Zahl von Barriques ab, um die Entwicklung von Tempranillos mit unterschiedlicher Tanninextraktion im kleinen Eichenfaß zu beobachten.

Das stark von Bordeaux beeinflußte Weinkonzept und Weinempfinden der beiden jungen Önologen tritt hier deutlich zutage. Die Dauer der Holzreife ist ähnlich wie die Weinbereitung variabel. Telmo verficht eine liberale Gesetzgebung und größere individuelle Freiheit in Fragen der Barriquereife. Er spricht sich gegen die strenge Maßregelung seitens des Consejo Regulador aus, was die an die Qualitätsstufen geknüpften Ausbauzeiten für Crianza, Reserva und Gran Reserva betrifft.

Luis Angel Casado Manzanos

Av. de Gasteiz, 9. 01306 Lapuebla de Labarca (Alava)
Tel. und Fax: 941 12 72 56
Besitzer: Familie Casado Manzanos
Eigene Weinberge: 40 Hektar
Rebsorten: Tempranillo 85%, Garnacha, Mazuelo, Graciano 10%, Viura 5%
Produktion: 80 000 Flaschen
Weine gemäßigter Preisklasse

Das Weingut liegt an der Ortsausfahrt von Lapuebla de Labarca in Richtung Elciego auf der linken Seite.

Der Spitzenwein

Jilabá Tinto Reserva

Bemerkenswert fester Rioja von dunkler Farbe und markanten Tanninen. Aromen von Kirsche, schwarzen Beeren und prononciertem Holz. Dicht, konzentriert, sehr eigener Geschmack von Pfeffer, begleitet von Frucht und markanten, mürben Holztanninen am Gaumen. Die Reservas des Hauses brauchen Zeit.

Weitere Weine

Jilabá Tinto
Jilabá Tinto Crianza

Luis Angel Casado Manzanos stammt aus einer alten Winzerfamilie, die im Laufe der Generationen durch Heirat eine bescheidene Anzahl sehr guter Lagen angesammelt hat. Schon als Dreizehnjähriger begann er im Keller seines Vaters zu arbeiten und rundete seine Ausbildung durch Önologiekurse ab.

In der Rioja als Dickkopf bekannt, vertritt der Weinmacher schon seit Jahren einen Weinstil, der erst kürzlich in Mode gekommen ist – tanninbetonte, konzentrierte Tintos zu machen.

Seit letztem Jahr ist er dabei, eine völlig neue Kellerei zu bauen, da er die Rebberge seines Vaters erben wird, für deren Produktion im alten Kellergebäude kein Platz mehr vorhanden ist.

Wer glauben mag, daß mit dem Neubau technische Neuerungen Einzug halten werden, irrt. Tradition, die auf Erfahrung baut, wird weiterhin den besonderen Stil der Jilabá-Weine prägen.

Überlebende der Reblausplage

Die Weinberge der Kellerei befinden sich zum Teil auf geweihtem Boden, auf dem alten Urkunden zufolge die Abtei San Gil im 6. Jahrhundert errichtet worden war. Der Name seiner Spitzenlage, Viña Jilabá, geht auf die Gründung zurück.

Ein Teil des 1,25 Hektar großen Rebstückes ist noch mit echten spanischen Rebpflanzen bestockt, die zu den wenigen in der Rioja gehören, welche die Reblaus überlebten und deren Alter auf 110 Jahre geschätzt wird.

Fast alle Lagen sind über 40 Jahre alt und geben sehr wenig Ertrag. Die armen Böden halten die Ausbeute so gering, daß sich nie die Verlegenheit ergibt, eine Mengenreduzierung vornehmen zu müssen. Die Tiefe, die allen Weinen eigen ist, muß auf die alten Pflanzen zurückgeführt werden.

Weinbereitung und Ausbau

Luis Angel Casado Manzanos versteht sich als Traditionalist. Er arbeitet im Keller, wie sein Vater und Großvater es getan haben. Seine Weinberge werden natürlich gedüngt, gelesen wird selbstverständlich per Hand, und es wird viel Wert auf den Ausbau im Holz gelegt.

Aufmerksam werden Rioja-Freunde bei der Tatsache, daß Luis für keinen seiner Weine die Stiele von den Trauben trennt – eine Methode, die mit wenigen Ausnahmen nur für die Jungweinherstellung angewendet wird.

Während der Maischegärung, die in kleinen Betontanks abläuft, wird zudem gänzlich auf eine Temperaturregelung verzichtet. Nach zwölf Tagen wird abgestochen, Preßwein wird praktisch nicht verwendet, da die Stiele grobes, grünes Tannin abgeben. Die Abfüllung ins Barrique wird im letzten Viertel des abnehmenden Mondes vorgenommen; alle Weine gehen neun Monate durch neues Holz.

Ungewöhnlich sind auch die langen Ausbauzeiten; allein die Crianza reift 25 Monate im Barrique. Trotzdem sind keine exzessiven Holznoten in den Weinen zu bemerken, da der Winzer nur vollreifes und sehr gesundes Lesegut keltert, was Moste ergibt, die robust genug sind, um die etwas exzessiven Holzlagerzeiten nicht nur zu assimilieren, sondern zu dominieren.

La Rioja Alta

Av. Vizcaya, s/n. 26200 Haro (La Rioja)
Tel.: 941 31 03 46 Fax: 941 31 28 54
Besitzer: Aktiengesellschaft
Eigene Weinberge: 300 Hektar
Rebsorten: Tempranillo 75%, Garnacha 8%, Mazuelo 7%, Graciano 4%, Viura 6%
Kauft 50% an Lesegut zu
Produktion: 1 600 000 Flaschen
Weine mittlerer bis gehobener Preisklasse

Das Weingut befindet sich im berühmten Bahnhofsviertel von Haro.

Die Spitzenweine

Der Weinstil von La Rioja Alta steht für einen zeitlosen Rioja-Stil, der von einer Mischung aus Harmonie und Extravaganz geprägt ist.

Viña Ardanza Tinto Reserva

Der auf Burgunderflaschen gezogene Klassiker der Bodega weist in jungen Jahren eine tief rubinrote Farbe auf. In der Nase dominieren reife Fruchtaromen und leichte Pfeffernoten. Gute Struktur im Mund, feine Tannine und lebendige Säure, langer Abgang mit deutlichem Holzgeschmack.

La Rioja Alta Tinto Gran Reserva 904

Rubinrot mit leichtem Altersrand, reduktive Nase, subtile Himbeer-, Vanille- und Zimtaromen. Am Gaumen Kaffee, Gewürze, Zimt und Pfeffer. Perfekt eingebundene Tannine, kräftige Struktur mit balsamischen Noten und edlen Holztanninen im Abgang.

La Rioja Alta Tinto
Gran Reserva 890

Düsterbraune Farbe mit Bernsteinschimmer, enorm vielschichtiges Bukett, Vanille, Leder, Tabak, feine Röstaromen (Kaffeebohnen). Im Mund immer noch Säure, die ihn vital erscheinen läßt, aber sehr reif, Kakao, Tabak, Schokoladentrüffel, markantes Holz und langer tanninig-balsamischer Abgang.

Weitere Weine

Viña Alberdi Tinto Reserva
Viña Arana Tinto Crianza
Viña Ardanza Blanco Reserva

Das Weingut

La Rioja Alta wurde 1890 gegründet und schon 1904 in eine Aktiengesellschaft umgewandelt. Noch heute sitzen Nachfahren der Gründungsmitglieder im Aufsichtsrat. Das Weingut wurde seitdem ständig erweitert, was schließlich 1996 in der Errichtung einer völlig neuen Kellerei im benachbarten Labastida gipfelte.

Außerdem übernahm das Stammhaus Anfang der neunziger Jahre die Bodega Torre Ona in Laguardia und wurde im aufstrebenden Weißweingebiet Rías Baixas aktiv, wo die Gruppe die Bodega Lagar de Fornelos besitzt. La Rioja Alta ist eine der Bastionen des Traditionalismus in der Rioja. Noch 1984 dachte man über die Vor- und Nachteile von Stahltanks für die Vergrößerung nach!

Um so verwunderlicher mag da die Tatsache anmuten, daß die Bodega bei ihrem neuen Gärkeller in Labastida ausschließlich auf moderne Schwebetanks gesetzt hat. Dies dürfte aber an der klassischen Ausnahmequalität der Weine kaum etwas ändern, da das Weingut im Laufe seiner Geschichte immer an seinem zeitlosen Stil festgehalten hat.

Weinbereitung
und Ausbau

Alle Trauben werden entrappt und selbst bei den besten Qualitäten mit einer Maischestandzeit von nicht mehr als 15 Tagen vergoren. Dies erklärt die elegante, aber feste Struktur der Rotweine. Die besten Weine werden im Anschluß sofort vom Rest getrennt.

Nichtsdestotrotz werden alle Rotweine des Hauses, auch der Crianza Viña Alberdi und der Reserva Viña Arana, sehr lange Zeit im Tank und Faß ausgebaut.

Das Stammhaus in Haro verfügt momentan über 30 000 Barriques aus amerikanischer Eiche. Der durchschnittliche Faßausbau eines Viña Ardanza beträgt beispielsweise zwischen 36 und 42 Monaten, dem etwa zehn Monate Tanklager vorausgehen! Der äußerst rare 890er bleibt 15 Jahre im Haus.

Bemerkenswert ist, daß das Umfüllen von einem Faß zum anderen bei allen Qualitäten noch per Hand durchgeführt wird.

R. López de Heredia.
Viña Tondonia

Av. Vizcaya, 3. 26200 Haro (La Rioja)
Tel.: 941 31 02 44 Fax: 941 31 07 88
Besitzer: Familie López de Heredia
Eigene Weinberge: 170 Hektar
Rebsorten: Tempranillo 70%, Garnacha 20%, Mazuelo, Graciano, Viura,
Malvasía 10%
Produktion: 1 200 000 Flaschen
Weine mittlerer Preisklasse

Das Weingut liegt im Bahnhofsviertel von Haro, der
Hauptstadt der Rioja Alta.

Die Spitzenweine

Viña Tondonia Blanco
Gran Reserva

Viña Tondonia Tinto
Gran Reserva

Der Tinto ist meist ziegelrot; im
Aroma Zimt, feuchtes Holz und
verhalten Erdbeer oder Himbeer. Nie schwer, eher filigran
und schlank.

Der Viña Tondonia Blanco
ist einer der wenigen gelungenen, traditionellen Weißweine
Spaniens. In der Farbe ein intensives Gelb, das Aroma je
nach Flaschenalter geprägt von
Bienen- oder Bodenwachs, Banane, Quittenmarmelade, ge-
trockneten gelben Früchten
oder trockenem Holz.

Weitere Weine

Viña Gravonia Blanco Crianza
López de Heredia Rosado
    Crianza
Viña Bosconia Tinto Crianza
Viña Bosconia Tinto Gran
    Reserva
Viña Cubillo Tinto Crianza

Viña Tondonia Blanco Reserva
Viña Tondonia Tinto Reserva

Stilvolle Weiß- und Rotweine

Wenn es einen Rioja gibt, der noch zu 100 Prozent dem traditionellen Stil entspricht, dann ist es Viña Tondonia – ganz gleich ob weiß oder rot.

Die Tinto Gran Reserva, die durch langes Lager in alten Holzfässern auf ihr Geschmacksgerüst reduziert ist, kann in diesem Stadium jahrzehntelang auf der Flasche lagern, ohne daß sich wesentliche Veränderungen bemerkbar machen. Der Wein liegt jenseits aller fruchtig-kompakten Modernität, in seiner Art ist er jedoch hervorragend.

Den Viña Tondonia Blanco mag man ebenfalls über Jahrzehnte auf der Flasche altern lassen. Einen alten Wein dieses Stils muß man probiert haben.

Festhalten an der Tradition

1877 entstand dieses Weingut, das sich nach wie vor im Besitz der Familie des Gründers R. López de Heredia befindet.

Der Weinberg Viña Tondonia, der nach wie vor die besten Weine des Hauses liefert, wurde in den Jahren 1913 und 1914 gepflanzt. Die Anlage ist seit ihrer Gründung kaum verändert worden. Beim Betreten des alten Gebäudes meint man einen Schritt in die Vergangenheit zu tun.

Alles basiert nach wie vor auf Holzfässern, unter denen sich 72 große Eichenbottiche mit bis zu 64 000 Litern Fassungsvermögen für die Gärung und 15 000 Barriques befinden.

Kaum eine Bodega verfügt über ein ähnlich ausgedehntes Lager von Weinen alter Jahrgänge, die bis ins Jahr 1890, zum ersten Jahrgang, in dem ein Reserva-Wein hier erzeugt wurde, zurückreichen.

Vor wenigen Jahren ist die junge Önologin und Erbin María José López de Heredia in das Unternehmen eingetreten. Sie wird den Stil des Hauses beibehalten, jedoch vermutlich sanfte Modernisierungsmaßnahmen einleiten.

Weinbereitung und Ausbau

Die Weinbereitung geschieht nach nahezu der gleichen Methode wie vor hundert Jahren. Die Gärung aller Weine, auch der weißen, erfolgt in großen Holzbottichen ohne moderne Temperatursteuerung.

Nach der Gärung erfolgt eine Stabilisierung in großen Holzfässern, bevor die Weine in Barriques umgefüllt werden.

Die Lagerung in den Barriques nimmt eine ungewöhnlich lange Zeit in Anspruch, beim Viña Tondonia beträgt sie mindestens vier, manchmal acht Jahre. Bis heute werden die Gran Reservas ohne Pumpen oder Filtration unmittelbar aus den Barriques per Hand in Flaschen gefüllt.

Viñedos del Contino

Finca San Gregorio. 01309 Laserna (Alava)
Tel.: 941 60 02 01 Fax: 941 12 11 14
Besitzer: Aktiengesellschaft
Eigene Weinberge: 62 Hektar
Rebsorten: Tempranillo 85%, Mazuelo 8%, Graciano 7%
Produktion: 300 000 Flaschen
Weine mittlerer Preisklasse

Das Weingut liegt rund 200 Meter außerhalb des Dorfes Laserna. Man muß, von der Landstraße Logroño kommend, das Dorf durchfahren, um die Kellerei auf einer Schotterpiste zu erreichen.

Die Spitzenweine

Contino Tinto Reserva

Contino Tinto Reserva El Olivo

Contino Tinto Gran Reserva

Contino-Weine sollte man sicherheitshalber dekantieren. In der Nase sind bei der Reserva Paprika und Holznoten dominant, erst dann schwarze Frucht, im Mund Bitterschokolade, Tinte und sehr trockenes Tannin am Gaumen.

Die Continos der neueren Generation sind ernste Weine mit ganz eigenem Charakter. Die Reservas sollte man erst nach acht Jahren trinken. Denn wenn das Tannin mürbe wird, kommen sehr vielschichtige Weine mit delikaten Sekundäraromen zum Vorschein.

Die Gran Reservas, die nur aus sehr guten Jahrgängen ausgebaut werden, geben sich offener und fruchtiger.

Weitere Weine

Contino Tinto Graciano
Contino Tinto Crianza

Historisches Gut

Der Name Contino leitet sich vom spanischen continuo (fortwährend) ab und wurde von den Leibgardisten der königlichen Familie getragen, die sich sozusagen Tag und Nacht um die Sicherheit ihrer Herren kümmerten.

Das heutige Weingut geht auf den Contino Real Pedro de Samaniego zurück, einen Leibgardisten der katholischen Könige. Es besteht aus einem 62 Hektar großen Weinberg, der in einen Mäander des Ebro eingebettet ist und ausschließlich die Trauben für Contino liefert.

Die Böden bestehen aus mit Flußgestein durchsetztem Schwemmland. Die Lage erzeugt Lesegut mit perfekter Reife und gehört zu den anerkannt besten Lagen der Rioja Alavesa.

Das Weingut gehört zur Hälfte dem Bodega-Riesen C.V.N.E., der früher das Lesegut für seine eigenen Weine verwendete.

Sehr holzbetonte Weine

Vor allem in den letzten Jahren ist man wieder dazu übergegangen, den Weinen zuviel Holzlager zu geben; damit ist vor allem bei den Reservas die außergewöhnliche Frucht der Trauben aus der Einzellage zu stark überdeckt.

Die Crianzas sind relativ früh zu trinken. In den schwachen Jahrgängen 92 und 93 hat die Bodega darauf verzichtet, Wein unter ihrer eigenen Marke zu verkaufen. Das Loch in der Produktion versuchte man durch Weine mit früherer Freistellung zu decken und produzierte in den beiden Folgejahrgängen die ersten Crianzas in der Geschichte von Contino. Von den Stammkunden wurde sie gut angenommen.

Weinbereitung und Ausbau

In guten Jahren reserviert man 10% der besten Trauben für die Gran Reserva. Als einziger Wein durchläuft sie den biologischen Säureabbau im Barrique. Das Resultat sind konzentriertere, in der Farbe dunklere Gewächse als die Reservas.

Die Coupagen entsprechen meist der Rebsortenverteilung im Weinberg mit 85% Tempranillo und je nach Jahrgang schwankenden Anteilen von Mazuelo und etwas Graciano. Bei Contino trennt man während der Barriquereife nicht nach den verschiedenen Holztypen. Hier füllt der Önologe je nach Bedarf den Wein direkt vom amerikanischen in französisches Holz um.

Contino war der erste Erzeuger, der es wagte, einen reinsortigen Graciano auszubauen. Es handelt sich um einen recht rauhen Rotwein, der viel Flaschenreife benötigt. Falls man also eine der 8 500 Flaschen der jährlichen Graciano-Produktion im eigenen Keller liegen hat, sollte man sie nicht vor ihrem sechsten Jahr öffnen.

Viños de los Herederos del Marqués de Riscal

Torrea, 1. 01340 Elciego (Alava)
Tel.: 941 60 60 00 Fax: 941 60 60 23
Besitzer: Aktiengesellschaft
Eigene Weinberge: 210 Hektar
Rebsorten: Tempranillo 67%, Cabernet Sauvignon 14%, Graciano 12%, Mazuelo 7%
Produktion: 4 000 000 Flaschen
Weine gemäßigter bis gehobener Preisklasse

Das Weingut liegt mitten im Dorf Elciego.

Der Spitzenwein

Barón de Chirel Tinto Reserva

Eine der großen Reservas der Rioja. Rauchiger, tiefdunkler Reserva-Typ, dessen gute Jahrgänge sich erst spät entwickeln. Sollte mindestens zwei Stunden vor dem Genuß geöffnet und dekantiert werden, ein Spitzenjahrgang wie 94 oder 95 noch eher. Es empfiehlt sich, diese Weine mit Ausnahme des 92ers nicht vor dem neunten Jahr zu öffnen.

Viel Holz, schwarze Beeren und Tabak in der Nase. Vielschichtige, eher dichte und straffe als massige Struktur. Ein athletischer Wein mit massivem Tannin am Gaumen, voluminös, Röstnoten und Kaffee und ausladende Frucht im Mund. Sehr fleischig.

Der animalische Charakter besonders bei den Spitzenjahrgängen beeindruckt. Sehr langer Nachzug, Anflüge von Gewürz und Menthol. Die balsamischen Noten entwickeln sich erst nach sechs Jahren in ihrer vollen Eleganz. Die Verkostungsnotiz stammt von einem 94er im vierten Jahr. Ein mächtiger, noch grob und verschlossen wirkender Klotz von einem Wein. Großes Potential.

Weitere Weine

Marqués de Riscal Rosado
Marqués de Riscal Tinto
  Reserva
Marqués de Riscal Tinto
  Gran Reserva

Weingut mit geschichtlicher Schlüsselstellung

Die Entstehung und Entwicklung von Marqués de Riscal liest sich wie die jüngere Geschichte der Rioja. Gerade aus dem französischen Exil zurückgekehrt, holte der Bodega-Gründer Camilo Hurtado de Amézaga Mitte des vergangenen Jahrhunderts im Auftrag der alavesischen Behörden einen französischen Önologen in die Rioja, um die Winzer in das System der Reifung im kleinen Eichenfaß einzuweisen.

Trotz anfänglicher Erfolge setzte sich der Barriqueausbau zunächst nicht durch. Die Kosten trieben die Weinpreise zu stark in die Höhe. Allein Don Camilo, Träger des Titels Marqués de Riscal, hielt an der neuen Technik fest und ließ in Elciego eine aus Bruchstein gemauerte Kellerei nach französischem Vorbild errichten. Im Jahr 1860 produzierte er seinen ersten im kleinen Eichenfaß gereiften Wein.

Bedeutende Sammlung alter Flaschen

Noch heute beeindrucken die düster, aber sehr ehrwürdig wirkenden Faßkeller aus der ersten Bauphase, die nach wie vor in Gebrauch sind. Die Kellerei hat sich im Laufe der Zeit auf beide Seiten der Straße ausgedehnt, und teilweise sind die Gebäude unterirdisch verbunden. Sie beherbergen unter anderem die legendäre, aus über 200 000 Flaschen bestehende Sammlung alter Weine, die alle Jahrgänge der Bodega umfaßt.

Nicht daß die Schätze etwa dazu verdammt sind, als reine Museumsstücke zu dienen. Regelmäßig werden alte Flaschen geöffnet, die sich zumeist bester Gesundheit erfreuen.

Die frühesten Cabernet-Reben Spaniens

Schon im Jahr 1857 legte Don Camilo eigene Rebgärten mit französischen Edelsorten, darunter die aus Bordeaux stammende Cabernet Sauvignon, an. Obwohl die heutigen Cabernet-Reben des Weingutes diese Zeit nicht überdauert haben, verfügt das Weingut über alte Pflanzungen dieser Sorte.

Bis heute ist Marqués de Riscal übrigens das einzige Weingut geblieben, das in der D.O.Ca. Rioja offiziell mit Cabernet Sauvignon arbeiten darf, da belegt ist, daß die ersten Reben lange vor der Schaffung des Kontrollrates gesetzt worden sind. Über Dreiviertel der bodegaeigenen Rebflächen sind älter als 30 Jahre.

Um sich den steigenden internationalen Qualitätsanforderungen zu stellen und eine Serie von schwachen Weinen zu Beginn der Achtziger vergessen zu machen, beschloß der Aufsichtsrat, für die normale Reserva nur noch Lesegut aus über 20jährigen Reben zuzulassen und für die Gran Reserva das Mindestalter auf 30 festzulegen. Für die Spitzenmarke Barón de Chirel kommen nur die ältesten Pflanzungen in Frage.

Seit Ende des vergangenen Jahrzehnts hat die Qualität bei allen Weinen spürbar zugenommen, und mit den Jahrgängen 94, 95 und 96 des Chirel haben sich die Erben des Marqués de Riscal an die qualitative Spitze der Rioja-Weine gesetzt. Die Bodega erfährt seit dem Jahr 2000 eine bedeutende Erweiterung. Unter der Leitung des Guggenheim-Architekten Frank Gehry entsteht ein spektakuläres Verwaltungsgebäude mit angeschlossenem Hotel.

Weinbereitung und Ausbau

Die Kellerei hat vor allen anderen Bodegas im Gebiet Selektionstische eingesetzt, was sich vor allem bei der Qualität der Marqués de Riscal Reserva (90% Tempranillo / 10% Mazuelo), die zu den populärsten Riojas in ihrer Qualitätsstufe zählt, bemerkbar gemacht hat.

Dieser Wein ist sehr viel dichter und fruchtiger ausgelegt als früher, da es sich der erfahrene Önologe Javier Salamero erlauben kann, bei sorgfältig aussortiertem Lesegut die Trauben länger auf der Maische liegen zu lassen. Er plädiert für Ausbau in amerikanischer Eiche; nur ein Zehntel des Barriqueparks ist von französischem Holz bestimmt.

Der Unterschied beim Holzausbau zwischen den beiden Reservas liegt weniger in der Dauer als am Anteil von neuen Barriques, der beim Chirel ungleich höher ist.

Barón de Chirel besteht aus einer Coupage von 55% Tempranillo / 45% Cabernet Sauvignon (das Verhältnis ist jahrgangsbedingt variabel) und reift zwischen 24 und 26 Monaten im Barrique.

Die Gran Reserva enthält üblicherweise einen bedeutenden Graciano-Anteil, der mit seiner Säure zur Altersfähigkeit des Weines beiträgt. Für sie gelten maximal 36 Monate Faßausbau und bis zu fünf Jahren Flaschenreife. Die Gran Reserva erscheint gegenüber den anderen Tintos eher fein strukturiert, aber mit schöner Länge und der so riojatypischen Säure am Gaumen.

Es dürfte durchaus interessant werden, die nächsten Weine abzuwarten, um dann festzustellen, ob hier die angekündigte Entwicklung zu einer kompakteren Art ähnlich spürbar sein wird wie bei den beiden Reservas.

D.O. Ribera del Duero

Die achtziger Jahre werden wohl unter anderem als das Jahrzehnt der Entdeckung des Rotweingebietes Ribera del Duero in die Annalen der Weingeschichte eingehen. Niemand hatte damit gerechnet, daß der europäische Kontinent noch ein unbekanntes Weingebiet stellen könnte und mit dessen Weinen zügig in die Weltelite vorstoßen würde. Dabei hätte man es eigentlich besser wissen müssen. Denn stammte nicht eines der großen Weinmonumente, der legendäre Vega Sicilia, von den Ufern des Duero mitten im kargen Hochland der kastilischen Meseta?

Nach wie vor klein ist die 1982 gegründete D.O., die übrigens auch die Produktion von Rosado schützt. Trotz ständiger Neupflanzungen beträgt die Rebfläche nicht ganz 14 000 Hektar. Sie zieht sich entlang des Duero-Flusses, von West nach Ost gesehen durch Teile der Provinzen Valladolid, Burgos und Soria. Die besten Lagen befinden sich auf den sehr kalkhaltigen Südhängen. Einige Weinbauern haben selbst auf dem Paramo, wie man das Ödland über dem Tal nennt, Weingärten angelegt. Die Ribera-Weine erlangten ihren Ruf aufgrund ihrer wundervollen Frucht und des hohen Extraktgehaltes. Das extreme Kontinentalklima der Hochebene mit großen Temperaturschwankungen zwischen Tag und Nacht läßt die Rebe um das schiere Überleben kämpfen. Ihre Wurzeln reichen tief in die Erde, um an lebenswichtige Mineralien und Wasser zu kommen.

So ergibt die heimische Hauptsorte Tinta del País, die praktisch identisch mit der Tempranillo ist und auch Tinto Fino genannt wird, sehr komplexe, facettenreiche und haltbare Weine. Anerkennung unter Rotweinfreunden finden auch die süß wirkenden Tannine, die sehr viel schneller weich werden als beispielsweise die der Cabernet Sauvignon, die neben Merlot, Malbec, der klassischen Garnacha und der weißen Albillo ebenfalls zugelassen ist.

Kein Ribera-Wein darf mehr als 25% dieser Sorten neben der Tinta del País im Verschnitt aufweisen. Die weiße Albillo dient zuweilen der Säure-Auffrischung bei den Rosados und in geringen Mengen auch bei Tintos.

Das harte Klima übt eine Art natürliche Selektion im Weingebiet aus. Alljährlich dezimieren Fröste die Ernte erheblich. Trockenheit und Hagel treten hinzu. Aufgrund der begrenzten Verfügbarkeit sind die Preise natürlich entsprechend hoch.

Alejandro Fernández; Tinto Pesquera

Real, 2. 47315 Pesquera de Duero (Valladolid)
Tel.: 983 87 00 37 Fax: 983 87 00 88
Besitzer: Familie Fernández
Eigene Weinberge: 250 Hektar
Rebsorten: Tinta del País 100%
Produktion: 850 000 Flaschen
Weine mittlerer bis gehobener Preisklasse

Das Weingut liegt, von Peñafiel aus gesehen, an der Ortseinfahrt von Pesquera auf der
rechten Seite.

Die Spitzenweine

Pesquera Janus Tinto Gran Reserva

Pesquera Janus Tinto Reserva

Pesquera Tinto Gran Reserva

Schon jung trinkbar, dann
enorm fruchtbetont und trotz
langer Faßlagerung nie holz-
überladen. Die Pesqueras können ungemein gut altern.

Weitere Weine

Pesquera Tinto Crianza
Pesquera Tinto Reserva

Fruchtbetonte Pesquera-Weine

Alejandro Fernández ist es wie
kaum einem anderen spani-
schen Erzeuger gelungen, Traubenreife und kraftvolle Fruchtkonzentration mit großer Finesse
und Eleganz zu verbinden. In
der Wahl seiner Trauben aus
100% Tinta del País und deren
Ausbau in amerikanischen Ei-

chenbarriques bleibt er ganz der Tradition der Region verhaftet. Die Pesquera-Weine unterscheiden sich lediglich im Alter der Rebstöcke, in der Traubenauswahl, im Alter der Barriques und in der Dauer der Barriquelagerung.

dro leitet nach wie vor die Produktion, er wird von seinen Töchtern dabei unterstützt. In unmittelbarer Nähe der Bodega hat er vor einigen Jahren ein Empfangshaus für größere Gesellschaften und Weinproben eingerichtet.

Die Anlage in der D.O. Ribera del Duero

Alejandro Fernández gründete 1972 die Bodega. Mit seinem 82er Janus erregte er internationale Aufmerksamkeit. Heute ist der Winzer eine der prägnanten Persönlichkeiten des spanischen Weinbaus. Seine großen Verdienste um die Region Ribera del Duero sind unbestritten, seine weltweit gefragten Weine rar.

Inzwischen ist das Weingut auf 220 Hektar eigene Weinberge angewachsen. Die Weinberge stehen auf kalkhaltigen Ton- und Kiesböden. Sie liegen zwischen 600 und 950 Meter über dem Meeresspiegel und sind teilweise über 50 Jahre alt. Die hochgelegenen Weinberge bringen Säure und Eleganz in den Wein, die niedriger gelegenen Reife und Kraft. Der Ertrag liegt bei durchschnittlich 40 bis 45 Hektoliter pro Hektar.

Wie die Weinberge, so ist auch die Bodega im Lauf der Jahre gewachsen. Von außen wirkt die Anlage recht klein, sie hat sich jedoch mittlerweile durch mehrere Anbauten auf der Rückseite erheblich vergrößert, so daß die 5 000 Barriques Platz finden. Don Alejan-

Weinbereitung und Ausbau

Don Alejandro ist ein Verfechter des reinen Tempranillo-Ausbaus und des amerikanischen Eichenholzes. Lediglich ein kleiner Teil seiner Hölzer, die er vor allem für Experimente verwendet, stammt aus Frankreich und, was ungewöhnlich ist, aus Spanien. Er legt Wert auf Tradition. Einziges Zugeständnis an den modernen Ausbau ist die Benutzung von Stahltanks für die alkoholische Gärung der Maische. Die Gärtemperatur wird nur kontrolliert, wenn sie 30 Grad überschreitet. Nach diesem Prozeß folgt ein 15tägiges Maischelager. Die malolaktische Gärung vollzieht sich bereits in Barriques, die generell über acht bis zehn Jahre benutzt werden.

Etwas Verwirrung entsteht durch die Tatsache, daß die verschiedenen Weine eines Jahrgangs zu sehr unterschiedlichen Zeitpunkten auf den Markt kommen und daß offenbar verschiedene Abfüllungen existieren, die zudem nicht auf allen Märkten verfügbar sind. Da die Weine rasch ausverkauft sind, empfiehlt sich rasches Zugreifen.

Bodegas Arzuaga Navarro

Ctra. N-122, Km 325. 47350 Quintanilla de Onésimo (Valladolid)
Tel.: 983 68 11 46 Fax: 983 68 11 47
Besitzer: Arzuaga Navarro
Eigene Weinberge: 140 Hektar
Rebsorten: Tinta del País 85%, Cabernet Sauvignon 10%, Merlot 5%
Produktion: 400 000 Flaschen
Weine mittlerer bis gehobener Preisklasse

Das Weingut liegt direkt an der N-122 hinter dem Dorf Quintanilla in Richtung Peñafiel auf der linken Seite.

Der Spitzenwein

Arzuaga Tinto Reserva

Einer der harmonischsten Ribera-Weine überhaupt. Schlanke, aber sehr tiefe Reserva mit wunderbarem Bukett von roten und schwarzen Beeren. Charmant und weich unterlegt mit süßlichen Holznoten von französischer Eiche. Im Mund strahlend saubere Frucht, gut strukturiert, aber nicht dick, mit angenehm weichen Tanninen am Gaumen. Ein schon in der Jugend bemerkenswert ausgeglichener Wein.

Weitere Weine

Arzuaga Tinto
Arzuaga Tinto Crianza

Aufwendiger Neubau

Der direkt an der Straße gelegene Prunkbau erinnert eher an einen ländlichen Adelssitz als an eine Bodega. Erst 1998 konnte der letzte Teil des zweischenkligen Gebäudekomplexes fertiggestellt werden. Schon lange bevor die ersten Baumaßnahmen anliefen, hatte die aus Lerma in der Provinz Burgos stammende Familie Arzuaga

Navarro am Duero ein großes Stück Land erworben und teilweise mit Reben bepflanzt.

Der Rest der Rebgärten befindet sich auf verstreuten Parzellen in der Nähe der Kellerei, zum Teil auch auf der anderen Seite des Flusses. Bis die eigenen Stöcke ein geeignetes Alter erreicht haben, kauft man Lesegut zu, wobei peinlich genau auf die Qualität geachtet wird.

Der Kellermeister versorgt sich unter anderem aus einer der besten Cabernet-Sauvignon-Lagen der gesamten Ribera. Seine Sporen hat sich der souveräne Techniker in der nahe gelegenen Bodega Alión verdient. Eine gewisse Stilverwandtschaft ist sicherlich nicht zu leugnen, doch gewinnen die Arzuaga-Weine aufgrund des Cabernet-Sauvignon-Anteils, der je nach Qualitätsstufe von 3% beim Jungwein bis 10% bei der Reserva reicht, ein sehr eigenes Profil.

Weinbereitung und Ausbau

Die Trauben der eigenen Reben gehen nur in den Jungwein. Das in Plastikkisten gelesene Lesegut passiert zunächst einen Selektionstisch – eine Art verbreitertes Förderband, auf dem Blätter und grünes Lesegut von fleißigen Händen aussortiert werden –, wird dann entrappt, gequetscht und gelangt in die Maischebehälter.

Schon hier entscheidet der Kellermeister über die Bestimmung der einzelnen Partien und beginnt nach dem Abstich und der zweiten Gärung vorläufige Coupagen für die späteren Crianzas, Reservas und Gran Reservas zu verschneiden.

Das Verhältnis der Rebsortenanteile entspricht in der Regel dem Rebspiegel, obwohl die Reserva einen geringfügig höheren Anteil an Cabernet Sauvignon aufweist. Eine Art natürliche Stabilisierung der Weine erfolgt bis Februar. Man setzt die Weine ganz einfach den rauhen, winterlichen Temperaturen Kastiliens aus, indem sämtliche Belüftungsluken des Gärkellers geöffnet werden.

Ausgebaut wird in amerikanischer und französischer Eiche.

Gekonnter Umgang mit Holz

Auffällig ist, daß hier der Holzausbau einen beträchtlichen Einfluß auf die Eleganz der Weine hat. Neben Frucht und Extrakt steht das Holz im Vordergrund, ohne die äußerst feine Geschmackskomposition aus dem Gleichgewicht zu bringen.

Der außerordentlich weiche Barriqueton kleidet die Weine ein, ist aber so gut eingearbeitet, daß er nicht mit dominanten Tanninen stört. Deshalb erscheinen die Arzuaga-Gewächse früh trinkreif.

Auch die erste Gran Reserva, die Weihnachten 2000 zu erwarten ist, zeigt ein feingewobenes Gleichgewicht von Traube und Holz mit fetten Tanninen und voller saftiger Frucht.

Bodegas Dehesa de los Canonigos

Ctra. Renedo-Pesquera, Km. 39. 47315 Pesquera de Duero (Valladolid)
Tel.: 983 48 40 01 Fax: 983 87 03 59
Besitzer: Familie Sanz Busto
Eigene Weinberge: 66 Hektar
Rebsorten: Tinta del País 85%, Cabernet Sauvignon 12%, Albillo 3%
Produktion: 145 000 Flaschenweine mittlerer Preisklasse

Das Weingut liegt an der Straße von Valbuena nach Pesquera auf der rechten Seite und grenzt an das nördliche Duero-Ufer.

Der Spitzenwein

Dehesa de los Canonigos Tinto Reserva

Ein Wein, der eine besondere Aufmerksamkeit verlangt, da er nicht wie viele andere Riberas mit Wucht protzt, sondern ungemein elegante Frucht mit Rasse und Weichheit kombiniert. Klare Fruchtnase mit einem Fond von Trockenfeigen, im Mund saftig mit sehr zurückhaltendem Holz, am Gaumen wohlproportioniertes, weiches Tannin; eine zarte Säureader hält ihn lange auf der Zunge.

Aufgrund seiner feinen Art nimmt dieser Wein eine Sonderstellung in der Ribera del Duero ein. Vor allem bei den Weintrinkern der jüngeren Generation der kastilischen Hauptstadt Valladolid, die eher modern angehauchte Weine schätzen, besaß der Dehesa de los Canonigos lange Zeit fast einen Kultstatus.

Weiterer Wein

Dehesa de los Canonigos Tinto Crianza

Insiderwein

Die ersten Jahre wurden die Weine dieser Bodega als Geheimtip gehandelt. Durch leichte Eleganz boten Sie sich als ideale Begleiter zum traditionellen »Tapeo« an, dem rituellen Tapa-Essen am frühen Abend. Heute gehören die Dehesa de los Canonigos zu den begehrtesten Ribera-Weinen.

Renommierter Weinmacher

Der Stil der Weine mit ihrer feinen Frucht und den süßen Tanninen trägt zweifellos die Handschrift ihres Schöpfers Antonio Sanz, der schon mit seinen eigenen Weinen in Rueda Maßstäbe gesetzt hat.

Don Antonio weist dies weit von sich und führt die hervorragende Traubenqualität an, die die Finca liefert, wenn das Gespräch auf das Qualitätsniveau der Canonigos kommt. Beides ist sicherlich richtig. José Luis Sanz Busto und seine Frau María Luz ließen dem Weinmacher jedenfalls freie Hand; heraus kam einer der charaktervollsten Weine am Duero.

Seit 1997 hat Tochter Belén nach einer önologischen Ausbildung in Bordeaux die technische Leitung übernommen.

Ein Betrieb mit Landwirtschaft und Weinbau

Das Anwesen wirkt von außen wie eine Ranch. Auf den über 600 Hektar Land steht ein alter Pinienwald, und der Duero spendet Wasser für die Zuckerrübenfelder.

Erst 1987 wurde die eigentliche Bodega eingerichtet, um erstmals die eigenen Trauben selbst zu nutzen.

Weinbereitung und Ausbau

Aufgrund der sehr beschränkten Produktion und der enormen Nachfrage baut die junge Weinmacherin ihre Weine keinen Tag länger aus als vom Kontrollrat vorgeschrieben. Für die Weine ist dies ein Glücksfall, denn die glasklare Frucht, welche die Canonigos berühmt gemacht hat, wird so nicht von zuviel Holz überdeckt.

Mit etwa 14 Tagen fallen die Maischestandzeiten moderat aus. Um Feingliedrigkeit und Eleganz zu erhalten, wird nur wenig Preßwein benutzt. Der Tinta del País werden in der Coupage rund 10% Cabernet Sauvignon und etwas Albillo beigegeben. Diese weiße kastilische Traube soll dem Wein die weinige Säure geben, welche einen wesentlichen Anteil am Stil des Weines hat.

Ausgebaut wird traditionell zu 90% in amerikanischer Eiche. Neues Holz wird nicht nach System eingesetzt. Neue Barriques werden angeschafft, wenn die alten nicht mehr zu nutzen sind. Leitfaden sind in dieser Bodega die Qualität der Traube und ihre geschmacklichen Eigenschaften, weniger das Holz.

Bodegas Emilio Moro

Ctra. Pesquera Valoria, s/n. 47315 Pesquera de Duero (Valladolid)
Tel. : 983 47 28 52 Fax: 983 45 75 98
Besitzer: Familie Moro
Eigene Weinberge: 50 Hektar
Rebsorten: Tinta del País 100%
Produktion: 250 000 Flaschen
Weine gemäßigter bis mittlerer Preisklasse

Das Weingut liegt an der östlichen Ortseinfahrt von
Pesquera direkt an der Straße.

Die Spitzenweine

**Emilio Moro
Tinto Reserva**

**Emilio Moro
Tinto Gran Reserva**

Die Reserva- und Gran-Reserva-
Weine dieses Weingutes sind
ein Musterbeispiel für die fruchtigen, dichtgewobenen Weine,
denen die Ribera del Duero
ihren exzellenten Ruf verdankt.

Sie gehören noch nicht zu
den ganz großen Weinen der
Region, da sie ihre Altersfähigkeit erst noch unter Beweis stellen müssen, aber es ist immer
ein großes Vergnügen, sie zu
trinken.

Volles reifes Fruchtaroma,
trockene Holznoten von amerikanischer Eiche, Anflüge von
Leder. Im Mund glatt, dicht,
sehr saftig, meist schon in recht
jugendlichem Alter harmo-
nisch, kräftiges, aber kaum rup-
piges Tannin am Gaumen.

Vorsicht beim Jungwein!
Man sollte den Finca Resalso
immer lüften oder gar umfüllen, da in der ersten halben
Stunde malolaktische Töne die
schöne Fruchtigkeit dieses Weines überlagern.

96

Weitere Weine

Finca Resalso Tinto
Emilio Moro Tinto Crianza

Qualitätsträger in der Ribera del Duero

Trotz ihres kurzen Bestehens – die Bodega wurde erst 1989 gegründet – haben die Weine von Emilio Moro den Charakter der Riberas mitgeprägt. Die Zugänglichkeit und Frucht, die man hier findet, sind heute ein Beispiel für viele der neuen Weingüter, die im Gebiet entstehen.

Aus den bäuerlichen Anfängen ist ein modern ausgestattetes Weingut geworden. Auf kleinstem Raum kelterte man früher die ersten Weine, die auf die Flasche gefüllt wurden. Der Vater hatte seine Weine noch im Faß verkauft. In den ersten Jahrgängen war die Qualität nicht immer tadellos gewesen, doch mit der Hilfe eines erfahrenen Önologen mit internationaler Erfahrung hat man eine solide Linie geschaffen.

Neue und alte Weinberge

Die Finca Resalso, der älteste Weinberg im Besitz der Familie, stammt aus dem Jahr 1933, dem Geburtsjahr des Vaters. Finca Valderamiro wurde 13 Jahre später gepflanzt. Reserva und Gran Reserva werden aus dem Lesegut dieser Weingärten gewonnen.

Neue Anlagen in Pesquero del Duero, dem Herzen der westlichen Ribera, sind im Laufe der Jahre hinzugekommen. Da das Weingut 1998 eine bedeutende Vergrößerung erfahren hat, wird der Anteil an zugekauften Trauben aus Burgos in den nächsten Jahren deutlich zunehmen.

Weinbereitung und Ausbau

Die Crianzas der vier Moros – Fabiola, Javier, José und Vater Emilio – erkennt man blind, da sie nach dem Öffnen sehr deutliche Reduktionsnoten aufweisen. Profan gesprochen, etwas metallisch, mit Noten von Sackleinen, die aber schnell verfliegen. Deshalb sollten die Weine immer vorher gelüftet werden. Ein bis zwei Stunden genügen in der Regel.

Bis 1997 wurde der Jungwein Finca Resalso nur drei Monate in Eiche gelegt, heute sind es mindestens sechs Monate. Man experimentiert zudem mit rumänischem Holz. Diese Semi Crianza – eine Bezeichnung, die für Qualitäten benutzt wird, welche das vorgeschriebene Faßlager für Crianza von zwölf Monaten nicht erfüllen – soll so mehr Würze erhalten.

Die Crianza, ebenso Reserva und Gran Reserva werden in amerikanische Eiche gelegt, wobei die Moros in zunehmendem Maße französisches Holz benutzen.

Trotz langer Ausbauzeiten ist vom Barrique in den Emilio Moros eher wenig zu schmecken. Es wird von der mächtigen Frucht einfach assimiliert.

Bodegas Hermanos Cuadrado

Finca Villacreces, Ctra. de Soria, Km. 322. 47350 Quintanilla de Onésimo (Valladolid)

Tel.: 983 23 45 01 Fax: 983 23 90 00

Besitzer: Gebrüder Cuadrado

Eigene Weinberge: 50 Hektar

Rebsorten: Tinta del País 75%, Merlot 15%, Cabernet Sauvignon 10%

Produktion: 50 000 Flaschen

Weine mittlerer Preisklasse

Das Weingut schließt östlich an die Finca Vega Sicilia an.

Der Spitzenwein

Finca Villacreces
Tinto Crianza

Als der im Dezember 1996 freigegebene Debüt-Wein auf den Markt kam, erregte er sogleich Aufsehen. Die mächtige Statur dieses 94er Crianzas ließ auf einen großen Wein schließen. Heute wird er allgemein etwas nüchterner beurteilt, da sich eine zu schnelle Reife auf der Flasche bemerkbar macht. Der Nachfolgewein, die Crianza 95, fiel feiner und strukturierter aus als sein Vorgänger, so daß die Fruchtnoten nicht ganz so überreif wirken und der Wein ausbalancierter erscheint. Bei dieser kleinen Bodega handelt es sich zweifellos um eine interessante Neugründung mit großem Potential, auf deren weitere Entwicklung man gespannt sein darf.

Dunkle, schwarzblaue Farbe, sehr intensive und opulente Aromen von schwarzer Johannisbeere, im Mund dominiert intensive, gekochte Frucht (Kompott), unterlegt mit feinen Tanninen von französischer Eiche.

98

Das Weingut

Die 1994 gegründete, winzige Kellerei befindet sich auf einem rund 100 Hektar großen Landgut, das sich schon seit 70 Jahren im Besitz der Familie Cuadrado befindet und an den Duero grenzt.

Schon im 13. Jahrhundert besaßen die Mönche des Zisterzienserklosters in Valbuena hier ausgedehnte Rebgärten. Ein kleiner Teil der Rebfläche, darunter nahezu der gesamte Cabernet Sauvignon, ist älter als 20 Jahre, der Rest der Weingärten wurde erst Ende der achtziger Jahre angelegt.

Weinbereitung und Ausbau

Pedro Cuadrado bedient sich der Fähigkeiten eines französischen Önologen, der lange Maischestandzeiten (28–30 Tage) befürwortet. Die erste und zweite Gärung findet in kleinen Betontanks statt. Während der letzten Ernte werden für den Transport der Maische in die Tanks keine Pumpen mehr eingesetzt, um das Lesegut so schonend wie möglich zu bewegen. Für den Faßausbau wird nur französische Eiche verwendet, die maximal zweimal belegt wird.

Die Bodega produziert seit einiger Zeit eine Crianza especial, die aus einer speziellen Traubenselektion gekeltert wird und jeweils ein Jahr nach der normalen Crianza des entsprechenden Jahrgangs auf den Markt gebracht wird. Der Unterschied wird nicht nur in der Qualität deutlich, sondern auch im Preis. Es handelt sich um die teuerste Crianza Spaniens.

Bodegas Pérez Pascuas

Ctra. de Roa, s/n. 09314 Pedrosa de Duero (Burgos)
Tel.: 947 53 01 00 Fax: 947 53 00 92
Besitzer: Gebrüder Pérez Pascuas
Eigene Weinberge: 85 Hektar
Rebsorten: Tinta del País 92%, Cabernet Sauvignon 8%
Produktion: 350 000 Flaschen
Weine mittlerer bis gehobener Preisklasse

Das Weingut liegt am Ortseingang von Pedrosa auf der linken Seite.

Die Spitzenweine

Viña Pedrosa
Tinto Gran Reserva

Pérez Pascuas Gran Selección Tinto Gran Reserva

Beide Gran Reservas des Hauses sind Weine von großer Finesse, beide verlangen Konzentration und sorgfältiges Trinken. Man muß sich den Stil erschließen, um in den vollen Genuß dieser echten Weincharaktere zu kommen. Es ist ratsam zu dekantieren, wenn möglich sechs bis acht Stunden, bevor die Weine ins Glas kommen.

Pérez Pascuas: Sehr stabile Farbe (leuchtendes Kirschrot), sehr klares intensives Fruchtbukett (Waldbeeren, Brombeeren, Kirsche, aber auch Himbeer), Tabak, Eukalyptus, neben Würznoten klare Röstnoten des Barriques, im Mund feingliedrig, aber sehr konturiert, enorme Tiefe, ungewöhnlich kräftige Säure, zarte Bitterschokolade, am Gaumen sehr frisches, noch adstringierendes Tannin. Im Abgang elegante Säure und wieder Toast der amerikanischen Eiche. Einer der facettenreichsten spanischen Rotweine mit ungeheurer Energie und großem Potential.

Viña Pedrosa: Entwickelt sich schneller, weitgefächertes Fruchtbukett, Kakao und Toast. Tief, mehr Frucht als Schokolade, deutlichere Säure, noch etwas sperriges Tannin, sehr lang. Am Gaumen nicht ganz so fein abgestimmt wie die Selección; aber ebenfalls großes Potential.

Weitere Weine

Viña Pedrosa Tinto
Viña Pedrosa Tinto Crianza
Viña Pedrosa Tinto Reserva

Das Weingut

Bodegas Pérez Pascuas stellt in so mancher Hinsicht eine Ausnahme unter den Bodegas am Duero dar. Sie ist nicht wirklich alt – welche Bodega im Gebiet ist das schon –, aber sie gehört zu den wenigen Familienerzeugern, die noch vor Entstehung der Kontrollierten Herkunftsbezeichnung (D.O.) entstanden sind. Alle Entscheidungsträger, einschließlich der önologischen Leitung, sind Mitglieder der Familie, und die Bodega pflegt einen Stil, der zumindest innerhalb der D.O. kein Vorbild hat.

Gegründet von den Brüdern Benjamín, Manuel und Adolfo Pérez Pascuas im Jahr 1980, begann die Karriere ihres heute sehr populären Labels Viña Pedrosa in einem kleinen Kellergebäude im Dorf Pedrosa, das schnell zu klein wurde.

Extremer Stil

In den ersten Jahren wurde eine wesentlich weichere Weinart gepflegt, die sich aber schon damals durch Feinheit und Potential hervortat. Noch heute sind beispielsweise Reservas der Jahrgänge 86 und 87 perfekt zu trinken.

Seit José Manuel, der älteste Sohn von Benjamín, seine Tätigkeit als Önologe aufgenommen hat, sind die Weine facettenreicher und klarer geworden, zeigen sich aber durch die Ausbauphilosophie des jungen Technikers für viele Weintrinker schwerer zugänglich. Er hat die Frucht potenziert und das Bukett der gesamten Linie ungemein verbessert. Hierin besteht unzweifelhaft einer der großen Pluspunkte dieser Weine, der einen bedeutenden Teil ihrer Noblesse ausmacht.

Gleichzeitig sind aber der Einsatz von neuer amerikanischer Eiche verstärkt sowie die Säurekomponente weiter herausgehoben worden. Den Topqualitäten hat dies fraglos gutgetan.

Bei der Crianza und der Reserva ist hingegen das Gleichgewicht, das bei feinen und eleganten Weinen so wichtig ist, etwas durcheinandergekommen. Sicher, es sind nach wie vor schöne Weine, der Trinkzeitpunkt ist aber weiter hinausgeschoben worden, was für so gut wie reine Tempranillos zumindest ungewöhnlich ist. Dies bedeutet, daß die Weine für geduldige Weintrinker gemacht sind, die ein gewisses Säurepotential nicht stört. Bei den Gran Reservas stellt sich das Problem nicht, da ihre dichtere Art das Holz ohnehin viel besser schluckt.

Dennoch interpretiert José Manuel auch diese Qualitätsstufe nicht so, wie es in Spanien üblich ist, daß nämlich eine Gran Reserva einigermaßen entwickelt ist, wenn sie auf den Markt kommt. Bei diesen Weinen ist das Gegenteil der Fall, und hier liegt auch ihre Größe. Dank ihrer unbestreitbaren Tiefe befindet sich eine Selección zum Vermarktungszeitpunkt erst am Rande der Trinkreife und hat noch viele, viele Jahre vor sich. Große Weine, deren Frucht unter der Zeit nicht leidet, sind in Spanien wie auch anderswo auf der Welt rar gesät.

Lage und Holzausbau

Beide Komponenten unterscheiden die verschiedenen Qualitätsstufen der Weine. José Manuel verfügt über erstklassige Lagen, die teilweise schon von Großvater Mauro gepflanzt worden sind.

Der Wingert El Carril liefert unter anderem das Lesegut für die Crianza, Viña Pedrosa für die Reservas, und die absolute Toplage Pago Valtarreña mit einem Alter von 54 Jahren bringt auf 7 Hektar ausschließlich die Trauben für die Selección hervor. Die Reben der Familie gelten als die gepflegtesten im ganzen Umkreis. Die Maischestandzeiten hält der junge Önologe bei den verschiedenen Weinen fast gleich, verfährt aber beim Ausbau in der recht stark getoasteten amerikanischen Eiche sehr unterschiedlich. Er reicht von 18 Monaten bei der Crianza bis zu 24 Monaten bei der Gran Reserva.

Die Höhe der Lagen, die dem Rebstock das Leben nicht leicht macht, aber extraktreiche Weine erzeugt, und das konservierende Element der Eiche machen die Weine langlebig; folgende vier Punkte bestimmen ihren Stil: Frucht, Säure, Holz und wenig alkoholisch. Daß man mit ihren Weinen im jugendlichen Stadium zu kämpfen hat, liegt in der Natur der Dinge. So sehen es zumindest ihre Schöpfer.

Bodegas Hermanos Sastre

San Pedro, s/n. 09442 La Horra (Burgos)
Tel. und Fax: 947 54 21 08
Besitzer: Gebrüder Sastre
Eigene Weinberge: 38 Hektar
Rebsorten: Tinta del País 100%
Produktion: 125 000 Flaschen
Weine gemäßigter bis mittlerer Preisklasse

Das Weingut liegt am südlichen Dorfrand von La Horra. Von Roa kommend, muß man im oberen Teil des Dorfes von der Hauptstraße rechts abbiegen.

Die Spitzenweine

Viña Sastre Tinto Reserva

Viña Sastre Santa Cruz Tinto Reserva Especial

Gut strukturierter, kräftiger Ribera-Typ, der von einem weiten Fächer an Primeraromen sowie seiner Konsistenz im Mund lebt, die beeindruckt. Eine Aufgabe für die Zukunft wäre, ihm eine wirklich bemerkenswerte Länge zu geben. Vollreifes Fruchtaroma von eingelegten schwarzen und roten Beeren, Zimt, geschmeidig im Mund, mit Noten von Fruchtkonfitüre.

Die Reserva Especial weist Schokoladenoten und einen längeren Nachzug mit Zedern-Aromen auf.

Weitere Weine

Viña Sastre Rosado
Viña Sastre Tinto
Viña Sastre Tinto Crianza

Im alten Weinbauzentrum der Ribera

Es war langsam an der Zeit, daß ein Erzeuger aus La Horra in die Gruppe der Spitzenerzeuger am Duero stieß. Denn im Umkreis dieses alten Winzerdorfes befindet sich das Zentrum der Ribera del Duero mit einem großen Bestand an erstklassigen Lagen und alten Reben.

Erst 1991 wagte man den Schritt in die Selbstvermarktung und kelterte ein Jahr später den ersten Wein, der sogleich Aufmerksamkeit erregte.

Bis heute entsteht nur soviel Viña Sastre, wie die eigenen Reben hergeben, und daran soll sich auch in Zukunft nichts ändern. Die Kapazität des neuen Kellers, die etwa 300 000 Flaschen beträgt, soll durch den Ankauf von weiteren Weingärten ausgelastet werden.

In Zukunft mehr Lagenweine

Jesús und Pedro Sastre wollen sich noch mehr auf den separaten Ausbau ihrer Toplagen konzentrieren. Der Reserva Especial, die nur aus dem Pago de Santa Cruz stammt, wird bald der Einzellagenwein Valdelayegua folgen.

Der 7 Hektar große, 1958 bestockte Wingert, der an einem Hügel in Richtung Roa steht, bringt sehr gehaltvolle, fette Moste hervor.

Weinbereitung und Ausbau

Pedro Sastre will die Jungweinproduktion zugunsten der Crianzas stärker einschränken.

Wenn man hört, wie viel Holzlager die Sastre-Weine bekommen – die zukünftige Gran Reserva 36 Monate (!) –, und dagegenstellt, wie wenig man das Barrique schmeckt, kann man sich eine Vorstellung davon machen, über welch erstklassiges Lesegut das Weingut verfügt. Selbst die Crianza wird zum großen Teil aus 40- bis 50jährigen Weinbergen geholt, deren Lesegut ob seines Extraktes das Holz geradezu aufsaugt.

Um seinen Weinen mehr Schliff zu geben, hat Pedro Sastre einige große Holzgebinde angeschafft, die erstmals mit dem Jungwein belegt worden sind, nachdem dieser einige Monate im Barrique gelegen hatte. In Zukunft sollen hier die besten Qualitäten eine abrundende Reifung erhalten.

Mit einem neuen Kellerbau, der fünf Meter tiefer liegt als das alte Gebäude, hat sich der Weinmacher die Möglichkeit eröffnet, seine Faßqualitäten per Schwerkraft ohne Einsatz von Pumpen in die Fässer zu leiten.

Bei der Selektion Santa Cruz kommt noch hinzu, daß auf jedes Filtern verzichtet wird. Sie stammt aus dem gleichnamigen 55jährigen Weinberg, der sich zwischen Roa und La Horra auf einer dem Fluß zugewandten, terrassenförmigen Anlage befindet und dank seiner fast frostsicheren Südausrichtung Jahr für Jahr wundervolles Lesegut hervorbringt.

Bodegas Ismael Arroyo

Los Lagares, 71. 09441 Sotillo de la Ribera (Burgos)
Tel.: 947 53 23 09 Fax: 947 53 24 87
Besitzer: Familie Ismael Arroyo
Eigene Weinberge: 12 Hektar
Rebsorten: Tinta del País 100%
Produktion: 350 000 Flaschen

Das Weingut befindet sich am dorfzugewandten Hang des alten Bodega-Hügels von Sotillo. Ein Schotterweg führt von der Hauptstraße des Dorfes hinauf zur Kellerei.

Die Spitzenweine

Val Sotillo Tinto Gran Reserva

Val Sotillo Tinto Reserva

Einer der absolut unbestrittenen Stars der D.O. Die holzausgebauten Weine sind ein Beispiel für klaren traditionellen Stil und perfekt herausgearbeitete Kontur.

Nach dem Öffnen üben sie zunächst noble Zurückhaltung, doch dann geben sich die Weine enorm vielschichtig, mit saftiger Frucht, wunderbaren mineralischen Noten, feinem Toast und reifen Tanninen am Gaumen. Nichts an diesen Spitzenweinen ist diffus oder massig.

Die straffe Struktur der Val Sotillos verteilt das Vergnügen auf alle Sinne gleichermaßen. Sie sind energisch und konzentriert.

Nur die Jungweine der Mesoneros-de-Castilla-Linie fallen in schlechten Jahren nicht immer befriedigend aus, da die markante Säure der Trauben aus den höher gelegenen Lagen später im Wein zu arg durchschlägt, wenn sie nicht optimal ausreifen.

Weitere Weine

Mesoneros de Castilla Rosado
Mesoneros de Castilla Tinto
Val Sotillo Tinto Crianza

Das Weingut

Ein Besuch bei Bodegas Arroyo ist immer auch ein Besuch im tiefsten Kastilien. Man fährt durch ein Dorf mit einer riesigen Kirche und gedrungenen Häusern, biegt in einen staubigen Weg ein und gelangt zu einem bescheidenen Kellergebäude, vor dem man von einem der Söhne oder Tochter Marisa empfangen wird.

Zurückhaltend, höflich wird man zu einer steilen Treppe geleitet, die hinab in die Dunkelheit des Berges führt. Man bewegt sich erst vorsichtig, dann begeistert durch die zwei Kilometer langen Kellerstollen.

Heute liegen in den Stollen aus dem Spätmittelalter kleine Eichenfässer; früher waren es große Gebinde, die in den Kellern montiert wurden. Die Feuchtigkeit ist gerade so hoch, daß sie dem Wein gut tut, aber keinen Schimmel auf den Fässern bildet. Bessere Kellerbedingungen kann man sich für das kastilische Extremklima nicht wünschen.

Keine Experimente

Marisa ist für die labortechnischen Fragen zuständig, Ramón für die geschäftliche Seite, und Vater Ismael legt überall Hand an, wo es nötig ist. Alle Arroyos haben eines gemeinsam: Sie lieben keine Experimente.

Die Trauben stammen sämtlich aus der Gemeinde Sotillo, die Rotweine werden reinsortig aus der Tinta del País gewonnen.

Weinbereitung und Ausbau

Miguel Angel Arroyo verläßt sich beim Weinmachen in erster Linie auf die Qualität der Trauben und die geradezu idealen Reifebedingungen seiner Kellertunnel. Die Weinbereitung ist im Rahmen der notwendigen Gärkellereinrichtungen aus Edelstahl einfach und traditionell.

Nach der ersten und zweiten Gärung kommen die Weine in die Stahltanks, in denen sie bis März oder April ruhen. Die kalten Temperaturen der Wintermonate üben einen natürlichen Stabilisierungseffekt auf die ruhenden Rotweine aus, Sedimente und Weinstein setzen sich so langsam ab.

Für den Ausbau in Barriques wird nur amerikanische Eiche verwendet. Auf dominante Holznoten kommt es den Arroyos also nicht an. Dennoch werden den Reservas 24 Monate und den Gran Reservas gar bis zu 36 Monaten Faßlager verschrieben. Man muß die Lagerzeiten jedoch rein als Reifeperiode und nicht als zusätzlichen Geschmacksfaktor Holz betrachten.

Bodegas Peñalba López

Finca Torremilanos. 09400 Aranda de Duero (Burgos)
Tel.: 947 50 13 81 Fax: 947 50 80 44
Besitzer: Familie Peñalba López
Eigene Weinberge: 200 Hektar
Rebsorten: Tinta del País 70%, Cabernet Sauvignon, Merlot 30%
Produktion: 800 000 Flaschen
Weine gemäßigter bis mittlerer Preisklasse

Das Weingut liegt an der westlichen Einfahrt von Aranda de Duero. Gegenüber des Restaurante Asador El Ventorro biegt ein Weg ab, der zur Kellerei führt.

Die Spitzenweine

**Torre Albéniz
Tinto Reserva**

**Torremilanos
Tinto Gran Reserva**

Der Torre Albéniz hat in guten Jahren zweifellos das Zeug zu einem großen Ribera. In der Nase komplexe Aromen des Holzlagers, feine Röstnoten, Anklänge von Zedernholz, Leder, ausdrucksvolle, klare Frucht und etwas Muskatnuß. Im Mund fein, differenziert, weich mit konzentriertem Kern, nicht massig, dafür nuancenreich, langgestreckt mit gesundem, ins Stahlige gehenden Tannin am Gaumen.

Wenn die Bezeichnung »dynamisch« auf einen Wein paßt, dann auf die 94er Reserva dieses Weines. Die Gran Reserva zeigt sich ehrwürdiger mit mehr rauchigen Holznuancen im Bukett. Im Mund nuancenreich, feingewobene Geschmackstiefe von Frucht, balsamischen Noten (Menthol) und langem Nachhall, dominiert von feinziselierter Säure und Anklängen von trockenem Tabak. Sehr langlebig.

Weitere Weine

Monte Castrillo Rosado
Monte Castrillo Tinto
Torremilanos Tinto Crianza
Torremilanos Tinto Reserva

Andere Weine ohne D.O.

Peñalba López Blanco
Peñalba López Blanco
  Espumoso
Peñalba López Rosado
  Espumoso

Prunkvolle Bodega-Residenz

Das Weingut verweist auf eine für Ribera-Verhältnisse lange Tradition als Kellerei. Die in mehreren Bauphasen entstandene Kellerei ist durch ein palastartiges Gebäude im kastilischen Stil mit einem wuchtigen Turm ergänzt worden, der geladenen Gästen als herrschaftliche Unterkunft dient. Der gesamte Faßkeller mit über 5 000 Barriques wurde komplett unter die Erde gelegt.

Sehr zuverlässige Qualität

Fast die gesamte Rebfläche befindet sich in unmittelbarer Nähe des Anwesens auf hügeligem Gelände, teils in der traditionellen Busch- bzw. Einzelstockerziehung, teils auf Drahtrahmen gehalten. Die ältesten Weinberge sind etwa ein halbes Jahrhundert alt.

In den ersten Jahren war man auf der Suche nach einem eigenen Stil gewesen, die Weine waren immer fein, aber nicht wirklich geformt. Um mehr Spielraum zu haben, pflanzte man einige französische Sorten an.

Die Crianzas und normalen Reservas weisen alle ein gutes Alterungspotential auf, sind aber durchweg schlanker, säurebetonter und eleganter in der Struktur als die mächtigeren Riberas aus Peñafiel und Umgebung.

Inzwischen gehören die Torremilanos-Weine stets zu den zuverlässigsten des Gebietes. Der Besitzer Pablo Peñalba López distanziert sich auch höflich, aber bestimmt von den offiziellen Jahrgangseinschätzungen des Consejo Regulador. Er hat seit 1987 bewiesen, daß seine Weine auch in schlechten Jahrgängen Klasse haben.

Weinbereitung und Ausbau

Der gesamte Faßbedarf wird in der eigenen Küferei gedeckt. In erstaunlich kurzer Zeit ist der Barriquepark komplett auf französische Eiche umgestellt worden.

Beim Faßausbau kann man von einem recht traditionellen Stil sprechen, die Reifezeiten sind lang. Die Reserva Torre Albéniz mit Cabernet Sauvignon und Merlot in der Coupage reift zwischen 20 und 24 Monaten. Die normale Reserva und die Crianza liegen beide weit über ein Jahr im Faß. Alle Rotweine ruhen einige Zeit im Tank, bevor sie in Eiche gelegt werden.

Bodegas Reyes

Ctra. Valladolid. 47300 Peñafiel (Valladolid)
Tel.: 983 87 30 15 Fax: 983 87 30 17
Besitzer: Luis und Juan José Reyes Montero
Eigene Weinberge: 3 Hektar
Rebsorten: Tempranillo 100%
Produktion: 190 000 Flaschen
Weine mittlerer Preisklasse

Das Weingut befindet sich kurz vor der östlichen Ortseinfahrt von Peñafiel auf der rechten Seite.

Die Weine

Teófilo Reyes
Tinto Crianza

Teófilo Reyes
Tinto Reserva

Ein typischer Ribera aus dem unteren Teil um Peñafiel, die oft dicker und voluminöser ausfallen als die aus der Provinz Burgos. Ein Wein von tiefdunklem Rot, mit intensivem Fruchtbukett aus roten und schwarzen Früchten, Kirsche mit Noten von Tabak und Kaffee. Im Mund voluminös, mit mächtigem Körper, opulenter Frucht, trockenem Tannin amerikanischer Eiche und perfekter Säure, die dem Wein eine lebendige Kraft verleihen, wie sie nur die besten Riberas aufweisen.

Der große alte Mann der Ribera del Duero

Ohne ihn wäre die Ribera del Duero eine andere. Auch ohne den wichtigsten Weinarchetyp der jüngeren spanischen Weingeschichte mitkreiert zu haben, den berühmten Pesquera, wären die Verdienste von Téofilo Reyes um das schon im letzten

Jahrhundert völlig degenerierte Weingebiet am Duero gar nicht hoch genug einzuschätzen.

Nach abgeschlossenem Chemiestudium in Salamanca und einer önologischen Weiterbildung in Haro entstand unter seiner Leitung 1950 die Kellerei Santa Eulalia, die erste moderne Bodega des Gebietes. In den folgenden Jahren beriet er so gut wie alle der neu entstehenden Genossenschaften, einschließlich Protos, deren einst renommierte Weine unter seiner Leitung wieder zu neuem Leben erwachten.

Im Jahr 1974 fand schließlich die Begegnung mit Alejandro Fernández statt, der am Anfang seines Kellereiprojekts stand und mit dem er Schritt für Schritt den weltberühmten Tinto Pesquera entwickeln sollte. Die Zusammenarbeit zwischen dem versierten Önologen und dem mutigen Mechaniker dauerte 20 Jahre.

Das Weingut

Just im Jahr der Trennung von Alejandro Fernández hatten die Söhne begonnen, eine kleine, sehr funktionell eingerichtete Kellerei zu bauen, und noch im selben Jahr kelterte Teófilo Reyes seine Debüt-Crianza 1994, die ihn endlich unter eigenem Namen bekannt machte.

Seine Art der Weinbereitung ist – ähnlich wie das Kellereigebäude – denkbar unspektakulär. Besonderer Wert wird auf bestes Lesegut gelegt. Wer kennt sich in der Ribera besser aus als Don Teófilo, um an erstklassige Trauben zu kommen? Gepreßt wird in einer kleinen Horizontalpresse. Nach der Gärung ruht der Wein in Stahltanks, bis die malolaktische Gärung abgeschlossen ist. Im Schnitt reifen die Crianzas dann 14 Monate in amerikanischer Eiche und werden im April abgefüllt.

Bis zum mengenmäßig befriedigenden 96er Jahrgang hatte die Reservaproduktion des Hauses eher anekdotischen Wert. Kaum mehr als 1 000 Magnum wurden gefüllt. Doch werden die Chancen für einen Normalsterblichen, ein Exemplar zu ergattern, bald besser stehen. Von der hervorragenden Reserva 96 wird es wesentlich mehr geben.

Die Kellerei ist inzwischen um eine zweite Bauphase erweitert worden. Man steht kurz davor, in umittelbarer Nähe 40 Hektar eigene Weinberge anzulegen.

Bodegas Rodero

Ctra. Boada, s/n. 09314 Pedrosa de Duero (Burgos)
Tel.: 947 53 00 46 Fax: 947 53 00 46
Besitzer: Familie Rodero
Eigene Weinberge: 63 Hektar
Rebsorten: Tinta del País 96%, Cabernet Sauvignon 4%
Produktion: 180 000 Flaschen
Weine mittlerer bis gehobener Preisklasse

Das Weingut liegt kurz hinter der Dorfeinfahrt von Pedrosa rechts, etwas zurückgesetzt, neben einem Wingert. Ein Schild weist auf die kleine Straße hin, die zur Kellerei führt.

Die Spitzenweine

**Carmelo Rodero
Tinto Reserva**

**Carmelo Rodero
Tinto Gran Reserva**

Die Weine sind immer von großer Konzentration. Die Konsistenz ist fast kaubar mit einem physischen Gefühl von Tinte auf der Zunge. Robust, füllig, weitausladend. In der Nase vermischen sich Aromen von schwarzen Beeren, Leder, Toast, Menthol und kaum wahrnehmbare mineralische Noten. Am Gaumen fette Tannine, edles, diskretes Holz. Schönes Potential bei allen Weinen. Müssen stets etwas gelüftet werden.

Weitere Weine

Val Ribeño Tinto
Val Ribeño Tinto Crianza

Ein bodenständiger Winzer

Bei der ersten Begegnung mit Carmelo Rodero gewinnt man sofort den Eindruck, daß er tief mit seiner Erde verwurzelt ist. Er arbeitet viel mit seinen Hän-

den und versteht sich als Wein-
bauer und nicht als Techniker;
er macht den Wein so, wie er
wächst, das technische Drum-
herum ist für ihn ein notwendi-
ges Übel. Im Keller läßt er dennoch größte Sorgfalt walten.

Bodega der neuen Generation

Das Kellereigebäude war zu
Anfang ein eher abstoßender
Würfel, wie viele der neuen
Bodega-Bauten, die im letzten
Jahrzehnt wie Pilze aus dem
Boden geschossen sind. Nach
und nach baut Don Carmelo
mit der Unterstützung seiner
Familie den Komplex zu einem
Schmuckkästchen aus. Nach
einem Proberaum ist jetzt der
Faßkeller erweitert worden, in
dem rund 1 000 Fässer aus ame-
rikanischer Eiche lagern.

Nur eine kleine Anzahl französischer Barriques ist seit einigen Jahren versuchsweise im
Einsatz, die der Gran Reserva einen sehr dezenten, leicht parfü-
mierten Touch verleihen. Den
ersten eigenen Wein kelterte er
1991.

Mariano García, der frühere
Chefönologe jenes legendären
Betriebs, hat den jungen Winzer
dazu ermuntert.

Die Winzerfamilie verfügt
über alte Reben in Pedrosa und
Roa in sehr verschiedenartigen
Lagen mit kalkhaltigen, armen
Böden. Besonders stolz ist man
auf das 2,5 Hektar große Ca-
bernet-Sauvignon-Rebstück bei
Roa de Duero. Es befindet sich
an einem Hang mit sehr viel

Geröll und gehört zu den drei
besten Cabernet-Lagen der ganzen Ribera.

Dank der optimalen Son-
nenausrichtung reifen die Trauben, die sehr viel Sonne benötigen und einen deutlich längeren Vegetationszyklus haben als
die Tinta del País, voll aus. Diesem Cabernet verdanken die
Weine ihren herrlichen Beerenduft, der vor allem bei der Gran
Reserva sehr beeindruckt.

Weinbereitung und Ausbau

Wie nahezu alle Weinmacher
der letzten Generation arbeitet
Don Carmelo mit Edelstahl bis
nach der malolaktischen Gärung. Nach dem Abstich werden alle Weine über den Winter
in den Tanks gehalten und erst
recht spät in die Fässer gefüllt.
Der Jungwein wird stabilisiert
und im Frühjahr vermarktet.

Alle Weine der Roderos sind
außerordentlich stabil und
haltbar. Bei der Verkostung eines siebenjährigen Jungweines,
der nie einen Holzausbau erfahren hatte, konnte der makellose Zustand, in dem sich
dieser Ribeño befand, nur be-
wundert werden.

Die holzausgebauten Weine
haben alle eines gemeinsam:
Die Wärme und ihre Kraft
stecken das recht lange Holzlager mühelos weg. Die Roderos
sind in guten Jahren ein Traum
aus Frucht und Struktur. Die
Reserva reift 16 Monate im
Holz, die Gran Reserva 26 bis
28 Monate.

Bodegas y Viñedos Alión

Ctra. N-122, Km. 312,4. 47300 Peñafiel (Valladolid)
Tel.: 983 88 12 36 Fax: 983 88 12 46
Besitzer: Familie Alvarez
Eigene Weinberge: 50 Hektar
Rebsorten: Tinta del País 100%
Produktion: 200 000 Flaschen
Weine mittlerer Preisklasse

Das Weingut befindet sich einige Kilometer westlich von Peñafiel in unmittelbarer Nähe des Weilers Padilla direkt an der N-122.

Der Wein

Alión Tinto Reserva

Ein Klasse-Ribera der modernen, fast ist man versucht zu sagen, internationalen Stilrichtung im besten Sinne des Wortes. Sehr reife Beerenfrucht, Pflaumenkompott, etwas rosinig, süße Röstaromen, Tabak. Im Mund weich, tiefgründig, sehr süßes Tannin von schwarzer Frucht, fleischig, rollt ausladend und kompakt über die Zunge, am Gaumen feine Säure, cremiges Tannin der französischen Eiche, deutliche Gewürznoten im Abgang.

Die Alión-Weine sind trinkbar, sobald sie auf den Markt kommen. Trotzdem sehr gutes Potential.

Kein Zweitwein

Auf der Suche nach einer Kellerei, um ihr neues Projekt zu verwirklichen, stießen die Besitzer von Vega Sicilia 1992 auf die Bodega Liceo, die zum einen nicht weit entfernt von der legendären Bodega bei Valbuena lag und zudem Reben von zufriedenstellender Qualität besaß. Eine scharfe Trennung von Bo-

113

degas Vega Sicilia war so gegeben, und nach einem gründlichen Umbau konnte der dritte Alión-Jahrgang endlich in eigenen, nur für ihn bestimmten Einrichtungen gekeltert und ausgebaut werden. Alión sollte schließlich weder ein Zweitweingut noch ein Zweitwein werden.

Die ersten zwei Jahrgänge hatte man aus Lesegut bereitet, welches aus speziell für den Alión angelegten Reben innerhalb der Finca Vega Sicilia stammte. Heute versorgt man sich aus dem Lesegut beider Anwesen sowie zu einem Fünftel aus zugekauften Trauben.

Der Keller ist sehr funktionell eingerichtet, für Extravaganzen ist kein Platz. Vergoren wird in breiten Stahltanks, die eine optimale Maischegärung gewährleisten. Die Barriques aus Allier- und Neversholz werden in Vega Sicilia gefertigt.

Bei den zukünftigen Mengenvorstellungen hat man sich etwa bei 350 000 Flaschen eingependelt. Es muß jedoch abgewartet werden, bis alle Rebstöcke das notwendige Alter erreicht haben. Bei Alión lautet die Faustregel: Bis zum achten Jahr wird das Lesegut der Jungreben an andere Weingüter des Gebietes verkauft!

Reinsortiger Tinta-del-País-Wein

Sorgen um die Eigenständigkeit des Alión hätte man sich nicht machen brauchen. Zu verschieden ist er vom Vega Sicilia. Er verkörpert nach dem Önologen Javier Ausás den idealen Ribera: leckere, saftige Frucht, generöser, aber straffer Körper, viel süßes Tannin und kein übertriebener Holzausbau. Dazu kommt, daß es sich um einen reinsortigen Tempranillo handelt, der meist am besten zur Geltung kommt, wenn man Holz- und Flaschenlager genau ausbalanciert, das heißt keinem Reifeabschnitt einen deutlichen Vorzug gibt.

Weinbereitung und Ausbau

Das per Hand gelesene Lesegut wird entrappt, leicht gepreßt und bei einer nicht zu langen Maischestandzeit vergoren. Man überschreitet nur knapp drei Wochen.

Don Javier ist auf die süßen Tannine der Tinta del País aus, die besonders bei sehr reifem Lesegut recht schnell in den Most übergehen. Im Weinberg wird daher strengstens selektioniert. In komplizierten Jahren wie 93 bleibt die Hälfte des Lesegutes im Wingert zurück.

Für den Ausbau in französischem Holz werden nur neue und einjährige Barriques benutzt. Wenn diese bei Alión ausgedient haben, finden sie Verwendung in Bodegas Vega Sicilia.

Mehr als 16 Monate Holz wird dem Wein nie zugemutet, der danach zwei Jahre auf der Flasche reift.

Bodegas y Viñedos Valtravieso

Finca la Revilla. 47316 Piñel de Arriba (Valladolid)
Tel.: 983 48 40 30 Fax: 983 48 40 12
Besitzer: Familie Bolado
Eigene Weinberge: 72 Hektar
Rebsorten: Tinta del País 80%, Cabernet Sauvignon 10%, Merlot 10%
Produktion: 130 000 Flaschen
Weine mittlerer Preisklasse

Das Weingut liegt abseits der Landstraße, die von Pesquera über Piñel de Arriba nach Encinas de Esqueva führt. Man nimmt den ersten Schotterweg, der hinter Piñel de Arriba und der Steigung auf die Hochebene nach links abgeht.

Der Spitzenwein

Valtravieso Tinto Reserva

Sehr voller, körperreicher Ribera-Typ, der trotzdem durch einen feinen Aufbau gekennzeichnet ist.

Aufregende Aromatiefe mit einem Bukett von südländischen Hölzern (Zeder), Waldfrüchten, Schokolade und deutlichen balsamischen Noten. Es bleibt abzuwarten, ob die Nachfolgejahrgänge die Qualität halten werden.

Im Mund tief, mit ungeheurer Frucht, Noten von Paprika mit kräftigen Tanninen am Gaumen, trotzdem viel Schmelz. Eine unverfälschte Fruchtsüße bestimmt den komplexen Abgang.

Kaum eine geballte Ladung Rotwein in der Ribera ist je so gekonnt in ein elegantes Kleid gesteckt worden wie die Valtravieso Reserva. Die zukünftige Gran Reserva weist dagegen noch recht harte Tannine von Eiche auf, die sich jedoch schnell einbinden werden.

Weiterer Wein

Valtravieso Tinto Crianza

Ein Autodidakt macht Furore

Als im Dezember 1995 die erste Crianza von Alejandro Bolado auf dem Markt erschien, horchten die Ribera-Kenner auf. Aus dem Nichts kommend, reihte sich dieser Wein in die Reihe der besten Weine des Gebiets ein. Weinmacher Alejandro Bolado hatte diesen Wein in eigener Regie fast ohne unterstützende Beratung gekeltert. Fasziniert von der Welt der Weine, war er besonders von den französischen Syrah-Weinen von der Rhône, aber auch von großen Namen aus dem Bordelais angetan.

Er kam zu der Überzeugung, daß die Tinta del País bei strenger Mengenregulierung zumindest von ihrer Ausdrucksstärke her an diese beiden Monumente des internationalen Weinbaus heranreichen könnte.

In den achtziger Jahren kaufte er das heutige Weingut ohne jeglichen Rebbestand und legte auf der kargen Hochebene in 900 Metern Höhe Tinta-del-País-, Cabernet- und Merlot-Pflanzungen an.

Nur Drahtrahmen-erziehung

Alle eigenen Weinberge in Piñel de Abajo wie im Hochland sind auf Drahtrahmen gezogen. Der Weinmacher ist der Meinung, daß diese für Spanien moderne Erziehung sanitäre Vorteile für die Rebpflanze hat. Unerklärlicherweise hat er auf den ungeschützten Flächen der kargen Hochebene nur Cabernet Sauvignon und Merlot angelegt. Gerade der Cabernet nämlich hat in problematischen Jahren so kaum eine Chance, voll auszureifen.

Die Tinta-del-País-Anlagen stehen dagegen optimal ausgerichtet auf ansteigendem Terrain zwischen Piñel de Arriba und Piñel de Abajo. Aufgrund der Jugend seiner eigenen Rebberge kauft Alejandro Bolado Lesegut von alten Reben in der Provinz Burgos bei Anguix und Pedrosa zu. Die Trauben aus Burgos geben Fruchtkonzentration und Tiefe.

Seine Kellerei ließ bis vor kurzem jeden Besucher stutzen, der eine Erklärung für dieses kleine Weinwunder im Ödland Kastiliens suchte. Außer einigen Stahltanks und den Fässern gab es nichts zu sehen. Inzwischen hat man mehr technisches Gerät angeschafft.

Weinbereitung und Ausbau

Die Weinbereitung ist denkbar unspektakulär: Maischestandzeiten von zwei bis drei Wochen. Sorgfältige Überschwallung und recht lange Absetzung der Weine im Tank, bevor sie ins Faß gefüllt werden. Beim Ausbau der Weine kommen französische und amerikanische Eiche im gleichen Maße zum Einsatz, was die harmonischen Holznoten der Weine erklärt. Überhaupt tendiert der Weinmacher dazu, den Holzausbau zu verlängern.

Bodegas y Viñedos Vega Sicilia

Ctra. N-122, Km. 323. 47359 Valbuena de Duero (Valladolid)
Tel.: 983 68 01 47 Fax: 983 68 02 63
Besitzer: Familie Alvarez
Eigene Weinberge: 180 Hektar
Rebsorten: Tinta del País 80%, Cabernet Sauvignon, Merlot,
Malbec 19,5%, Albillo 0,5%
Produktion: 220 000 Flaschen
Weine gehobener Preisklasse

Das Weingut liegt etwa 12 Autominuten von Peñafiel in Richtung Valladolid rechts an der N-122.

Die Spitzenweine

Vega Sicilia Unico Tinto Gran Reserva

Vega Sicilia Unico Tinto Reserva Especial

Die guten Jahrgänge des Unico müssen zu den vielschichtigsten Rotweinen der Welt gezählt werden, woraus das Problem erwächst, einem Unico in einer Beschreibung gerecht zu werden. Ein angesehener englischer Kollege hat einmal sehr treffend bemerkt, daß ein Unico zu der Handvoll der großen Crus der Welt gehöre, doch unterscheide er sich vor allem in einem Punkt von ihnen, nämlich in den unnachahmlichen tiefen Aromen von südlicher Sonne getrockneter Frucht.

Tatsächlich sollte man einen Unico, sofern man die Möglichkeit dazu hat, mehr als einmal genießen, denn nur dann wird man die vielen Nuancen dieses Weines erfassen können. Im Bukett finden sich Trockenfrüchte, Feigen, Pflaumen, Waldbeeren, etwas parfümierter Tabak, Kaffee und Gewürze. Im Mund entwickelt er sich zu einer enormen Fülle, die selbst im endlos langen Abgang kaum schwächer wird. Er fällt nie durch hartes oder prägnantes Holztannin auf. Die Präsenz dieses Weines ist nicht eindimensional, sondern erneuert sich auf der Zunge immer wieder. Allerdings sind auch Vega Sicilias nicht unsterblich.

Viele der Jahrgänge aus den Siebzigern sollten inzwischen getrunken werden! Viele Kenner ziehen die Gran Reserva Especial, die nach Gutdünken des Önologen aus drei Topjahrgängen verschnitten wird, dem normalen Unico vor. Der Hauptunterschied liegt in der Reife des etwas rustikaler wirkenden Especial, die, wenn überhaupt möglich, noch feiner ist.

Weiterer Wein

Valbuena 5* año Tinto Reserva

Das Weingut

Die ersten Rebstöcke hatte man auf dem Gut zwar schon 1864 gepflanzt. Bis der erste Vega Sicilia vinifiziert und ausgebaut wurde, verging jedoch noch einmal ein halbes Jahrhundert. Währenddessen diente das Landgut unter anderem der Viehzucht, dem Getreideanbau und als Lieferant für Faßwein an die von der Reblaus heimgesuchte Rioja.

Erst unter der Familie Herrero entstand zwischen 1915 und 1917 ein Qualitätsrotwein, der als Vorgänger der heutigen Gewächse angesehen werden

kann. Geld wurde mit dem Wein allerdings nicht verdient. Man verschenkte ihn an Freunde und Bekannte. Heute gehört das Weingut einer Industriellenfamilie, die mit viel Umsicht Ruf und Qualität dieser Weinlegende pflegt.

Im Jahre 2000 wurde das Weingut einer kompletten Renovierung unterzogen. Neben einem neuen Flaschenkeller hat man neue, unterschiedlich große Holzgebinde für die malolaktische Gärung angeschafft und acht alte neu ausgeschliffen. Zudem ist unter enormem Aufwand der gesamte alte Kellerkomplex klimatisiert worden. Um bequemer arbeiten zu können, hat man auch noch alle Niveauunterschiede in den alten Gemäuern beseitigt. Vega Sicilia erscheint in einem neuen Glanz. Ziel der Umbauarbeiten war es, auch noch die kleinsten hygienischen Mängel zu beseitigen.

Weinbereitung und Ausbau

Schon immer hat Fachleute wie interessierte Laien die Frage umgetrieben, welche Kellertechniken angewendet werden, um einen Wein wie den Vega Sicilia Unico entstehen zu lassen. Im Mittelpunkt des Interesses steht nach wie vor der Ausbau der Weine, da er als der Schlüssel zur unnachahmlichen barocken Reife der Unicos angesehen wird.

Jedem Besucher in diesen heiligen Hallen des spanischen

Weinbaus wurde immer wieder versichert, daß es keine Geheimnisse gäbe – allerdings offensichtlich ohne Erfolg, wenn man die sich mit einer großen Hartnäckigkeit haltenden Spekulationen zu diesem Thema in Betracht zieht, die in Fachkreisen mit schöner Regelmäßigkeit geäußert werden.

Tatsächlich stellen die Kellereinrichtungen des Hauses auch kein Mysterium dar. Anlaß zu einem berechtigten Stirnrunzeln geben allerdings der etwas langwierige Ablauf des Holzlagers in verschiedenen Behältnissen und die Frage, ob und wie viele Weine eines jüngeren Jahrgangs den Unicos zugegeben wird, um ihre Vitalität zu steigern.

Durch die ordnende Hand des langjährigen Chefönologen Mariano Garcia ist die ganze Angelegenheit weit durchsichtiger geworden, als sie es wohl vor 30 Jahren noch war.

Bedingung für jeden großen Wein sind gute Lagen, und die stehen auf dem Gut ausreichend zur Verfügung. Der These, es fänden sich bedeutende Flächen alter Cabernet-Sauvignon-Reben, ist zu widersprechen. Eine ausgedehnte, auf Drahtrahmen gezogene Lage befindet sich zwar gleich rechts neben den Gebäuden, sie ist jedoch noch keine 30 Jahre alt. Weitere, tatsächlich sehr alte Stöcke sind meistens mit Tinta-del-País-Pflanzungen vermischt.

In der Regel finden drei Grünschnitte im Weinberg statt. Daß natürlich vor der Ernte noch einmal rausgeschnitten wird, ist selbstverständlich.

Geerntet wird selbstredend per Hand in Plastikkisten; alles Lesegut wird entrappt, die Trauben werden sanft gequetscht und anschließend in die Gärtanks gegeben, wobei der Traubentransport mit Hilfe eines Förderbandes vor sich geht. Alle Trauben, die in der Vorauslese für den Unico bestimmt werden, gären in Holzbehältern, die Partien für den Valbuena im Stahl oder auch im Holz, je nach den Platzmöglichkeiten. Holz und Stahl befinden sich in direkter Nachbarschaft.

Nach dem Abstich gelangt der zukünftige Unico für die malolaktische Gärung in große Holzgebinde, und nach einem erneuten Abstich wird er wieder in großen Gebinden aus altem Holz gelagert.

Der Valbuena-Abstich kommt zunächst in Stahl und wird dann ebenfalls in großen Fässern gelagert.

Ab 2002 sollen alle Unicos die malolaktische Gärung im Barrique durchlaufen.

Nach sechs Monaten Ruhe werden alle großen Gebinde auf ihre Unico- bzw. Valbuena-Tauglichkeit geprüft, der 5* año in vom vorjährigen Unico einmal belegte französische Barriques gegeben, während der Erstwein weitere sechs bis zwölf Monate, in Ausnahmefällen sogar 28 Monate im großen Holzfaß reift, um im Anschluß in neue französische Eiche zu gelangen. Von hier ab durchläuft er, von Umfüllungen unterbrochen, ein mindestens fünfjähriges Barriquelager, von jüngerer zu älterer und von französischer zu amerikanischer Eiche wechselnd, bis der Tag des Verschnitts und die Abfüllung auf die Flasche naht.

Die normale Assemblage entspricht etwa der Rebsortenverteilung mit mindestens 80% Tinta del País, nach Mengenanteil gefolgt von Cabernet Sauvignon, Malbec, Merlot und weniger als 1% weißer Albillo-Trauben. Ein Unico wird nicht gefiltert und verbringt ein Minimum von drei Jahren auf der Flasche, bevor er von der Bodega freigestellt wird. Damit steht er dem Konsumenten frühestens im elften Jahr zur Verfügung, in Einzelfällen kann es aber auch wesentlich länger dauern, wie im Falle des legendären 70ers. Die Reife für den Valbuena wird kürzer gehalten. Je nach Jahrgang werden ihm elf bis 14 Monate Barrique und weitere 18 Monate Flaschenlager verschrieben.

Es erscheint logisch und in keiner Weise verwerflich, wenn dem einen oder anderen Jahrgang des Unicos eine kleine Spritze Jungwein verabreicht wird. Wenn dies zum Trinkgenuß und vor allem zur längeren Haltbarkeit solch phantastischer Unico-Jahrgänge wie 68, 70 und 81 beiträgt, dann ist jede Diskussion über dieses Thema müßig. Die Unico-Vermarktung läuft nach folgendem System ab: Unter der Voraussetzung, daß keine Lücken durch schlechte Jahre gerissen werden, gelangt in chronologischer Abfolge etwa alle zwei Jahre ein Unico auf den Markt. Hinzu kommt ein weiterer Unico aus einem besonderen Jahr wie beispielsweise 1981, der parallel läuft und in Schüben über drei, vier oder fünf Jahre hinweg verteilt wird.

Als Krönung des Ganzen bringt die Bodega alle Jubeljahre noch eine Gran Reserva Especial heraus. Allein vom Valbuena steht so gut wie jedes Jahr ein Wein zur Verfügung.

Dominio de Pingus

Apartado de Correos, 93 (Postfach). 47300 Peñafiel (Valladolid)
Besitzer: Peter Sisseck
Eigene Weinberge: 4 Hektar
Rebsorten: Tinta del País 100%
Produktion: 8 500 Flaschen
Weine gehobener Preisklasse

Der Wein

Dominio de Pingus Tinto

Gewaltige Dichte und große Traubenreife, mit einem Alkoholgehalt von fast 15%, verbunden mit den Aromen neuer Eichenfässer. Eine rauchige Fülle, die schon in der Jugend neben Schwarzkirsche und Holunder Aromen von Mokka und Schokolade zeigt.

Das Weingut

Weder die Lage der Weinberge noch den Ort des Ausbaus dieses erstaunlichen Weines gibt Peter Sisseck, hauptberuflich Kellermeister der Bodegas Hacienda Monasterio, preis. Er hat die Weinberge gepachtet und will mit seinem Wein, der ungeachtet der Höchstpreise in kürzester Zeit ausverkauft ist, den Beweis ablegen für das Potential der Region.

Aus extrem niedrigen Erträgen und über 80 Jahre alten Reben stammt dieser Tinto. Innerhalb von wenigen Wochen erlangte er Kultstatus, weil bereits der erste Jahrgang, der 95er, von dem Weinkritiker Robert Parker mit 98 bis 100 Punkten bewertet wurde.

Explotaciones Valduero

Ctra. de Aranda, s/n. 09440 Gumiel del Mercado (Burgos)
Tel.: 947 54 54 59 Fax: 947 54 56 09
Besitzer: Familie García Viadero
Eigene Weinberge: 150 Hektar
Rebsorten: Tinta del País 95%; Albillo 5%
Produktion: 650 000 Flaschen
Weine gemäßigter bis mittlerer Preisklasse

Das neue Weingut liegt
500 Meter abseits der Straße
von La Aguilera nach Gumiel
del Mercado rechter Hand
in einem Weinberg.

Die Spitzenweine

Valduero Tinto
Reserva Primium

Valduero Tinto
Gran Reserva

Weniger fett als einige der erfolgreichen modernen Ribera-
Weine, aber kräftiger und
fruchtbetonter als ein Rioja, so
könnte man den Stil von Valduero beschreiben. Ein traditioneller, eher eleganter Ribera:
klare Aromen von roten Früchten, manchmal mit etwas Zimt-
würze und Pferdeleder versetzt,
mittlerer Körper, gut strukturiert mit verhaltenen Gerbstoffen und feinem Säurefinale.
Diese Weine sind, wie alle
guten traditionellen Weine
aus Spanien, nicht auf frühe
Trinkfertigkeit oder vordergründigen Charme ausgelegt.
Sie erschließen sich erst nach
dem zweiten Schluck.

Weitere Weine

Viadero Blanco
Viña Valduero Rosado
Valduero Tinto
Valduero Tinto Crianza
Valduero Tinto Reserva

Tradition und Moderne

Im Jahr 1984 erwarb die Familie García Viadero die Gebäude der ehemaligen Genossenschaft von Gumiel, einem traditionsreichen Weinort.

Die Familie besitzt Erfahrungen im Weinbau aus der Rioja. Zusammen mit ihrem Mann hat die junge Yolanda García Viadero die Leitung übernommen und den Betrieb nach und nach vorsichtig modernisiert, jedoch einen eher traditionellen Weinstil beibehalten.

Für die Weine wird ausschließlich die Rebsorte Tinta del País verwendet. Daneben erzeugen die Viaderos weißen Tafelwein in geringem Umfang aus der Rebsorte Albillo.

Zur Bodega gehören ausgedehnte, bis zu 30 Meter unter der Erde liegende Kelleranlagen, die mehrere hundert Jahre alt sind und die, renoviert und erneuert, mit optimaler Luftfeuchtigkeit und Temperatur der Lagerung von Eichenfässern dienen.

Mit der Ernte 1997 wurde eine neue Bodega etwas außerhalb des Ortes in Betrieb genommen, die inmitten neu gepflanzter Weinberge steht. Durch diese Erwerbung hat sich der Landbesitz auf 150 Hektar vergrößert, und möglicherweise wird der Stil zumindest der jüngeren Weine auf mittlere Sicht einem leichten Wandel unterworfen sein – vermutlich mit einer Tendenz zum Fruchtig-Modernen hin mit mehr Konzentration.

Weinbereitung und Ausbau

Alle Trauben werden bei der Ankunft in der Bodega bereits nach den späteren Qualitätsstufen sortiert. Für höherwertige Weine wählt man Trauben mit höherer Reife und Säure aus. Sie stammen, wie zum Beispiel die Gran Reserva, der nur in guten Jahren erzeugt wird, aus älteren, noch im Gobelet-Schnitt angelegten Weinbergen.

Grundsätzlich wird entrappt und gequetscht. Die späteren Crianza- und Reserva-Weine bleiben nach der Gärung noch auf der Maische, Jungweine trennt man schon während der Gärung von den Schalen, um eine jugendlichere Frucht zu erhalten. Bei den joven erfolgt Kältestabilisierung und Eiweißschönung vor der Abfüllung. Crianzas kommen nach der malolaktischen Gärung in Eichenbarriques und werden etwa alle sieben Monate umgefüllt. Für Rosado- und Weißweine erfolgt eine gekühlte Gärung bei etwa 16 Grad. Die Rotweine vergären bei 26 bis 28 Grad.

Hacienda Monasterio

Ctra. Pesquera – Valbuena, Km. 38. 47315 Pesquera de Duero (Valladolid)
Tel.: 983 48 40 02 Fax: 983 48 40 20
Besitzer: GmbH
Eigene Weinberge: 68 Hektar
Rebsorten: Tinta del País 60%, Cabernet Sauvignon 25%, Merlot 15%
Produktion: 300 000 Flaschen
Weine mittlerer Preisklasse

Das Weingut liegt an der Landstraße von Pesquera nach Valbuena rechts oben in den Hügeln.

Der Spitzenwein

Hacienda Monasterio Tinto Crianza

Alle Fans des internationalen Stils werden diesen Wein lieben, da er feine Süßholznoten von edler französischer Eiche aufweist, und die 15% Cabernet Sauvignon und 5% Merlot ihm eine leckere Fülle geben! Extrem dunkles Rubinrot.

Erst von zurückhaltender Intensität, beginnt er nach kurzer Zeit einen intensiven Beerenduft zu verströmen. Im Mund stämmig, fleischig, ausladend, sehr tintige Konsistenz, sehr laktisch auf der Zunge, am Gaumen noch sehr dezentes trockenes Holztannin, das aber unter der Wucht des fetten Fruchttannins fast untergeht.

Weiterer Wein

Hacienda Monasterio Tinto Reserva

Die Schwierigkeiten der ersten Jahre

Da die Zeit gekommen ist, daß der dänische Ausnahme-Önologe Peter Sisseck endlich einen erstklassigen Wein in seinem Stammhaus vorstellen kann, werden sich möglicherweise die Erwartungen, die das Weingut Hacienda Monasterio schon seit Jahren weckt, doch noch erfüllen. Denn bis zur Ernte 95 hielten die Weine auf der Flasche nie ganz, was sie im Faß versprochen hatten.

Der Däne hatte es mit seinen jungen Reben nicht leicht, deren Lesegut er zum Teil viel zu früh in seinen Weinen verarbeiten mußte. Die prekäre finanzielle Lage der Investoren hatte die Arbeit im Keller ebenfalls belastet.

Nach der Übernahme durch ein großes Sherry-Haus kehrte wieder Ruhe ein, und das Blatt wendete sich. Der exzellente 95er Jahrgang bot ihm zum erstenmal hervorragendes Lesegut aus den eigenen Pflanzungen, die auf sehr kalkhaltigen Südhängen rund um das Weingut angelegt worden sind.

Edler Bodega-Neubau

Das erst 1991 fertiggestellte Weingut kann sich wirklich sehen lassen und ist bisher das einzige Beispiel einer ästhetischen Kellereiarchitektur im Duerotal. Die langgestreckte Halle aus Sichtbeton und Stahl ist in den Hang eingegraben, so daß von der Straße aus im Grunde nur ein flacher Aufbau mit Dach zu sehen ist. Man muß sich bei dem weitsichtigen Architekten bedanken, der die herbe Schönheit der nördlichen Tafelbergkette des Duerobeckens nicht mit einer der sonst üblichen Scheußlichkeiten verschandelt hat.

Weinbereitung und Ausbau

Das entrappte Lesegut wird nicht gequetscht, bevor es in die Gärtanks kommt. Diese sind sehr breit konstruiert, um eine möglichst große Oberfläche während der langen Maischegärung zu haben.

In manchen Jahren werden die Trauben vor der Gärung einige Tage in den Tanks kühl gehalten, so daß der freigewordene Most Farbe und Tannin aufnimmt. Besonders die Maischestandzeiten bei der Tinta del País werden sorgfältig überwacht. Hier muß im richtigen Moment abgestochen werden, damit die süßen Tannine nicht verdorben werden. Die Hacienda-Weine reifen ausschließlich in französischer Allier-Eiche.

Nur eine Schönung mit Eiweiß findet etwa nach einem Jahr Holzreife statt. Gefiltert wird nicht.

Eine feste Ausbauzeit gibt es nicht. Eine Crianza reift zwischen 15 und 18 Monaten im Barrique, die Reserva nur wenig mehr. Eine große Frage wirft das Alterungspotential der Hacienda-Qualitäten auf. Die weiche, konzentrierte und saftige Art der letzten Weine ist fraglos beeindruckend. Doch reifebedürftig erschienen sie bisher nicht. Deshalb dürfte es interessant sein, die kommenden Reservas zu beobachten.

Pago de Carraovejas

Camino de Carraovejas, s/n. 47300 Peñafiel (Valladolid)
Tel.: 983 87 80 20 Fax: 983 87 80 22
Besitzer: Aktiengesellschaft
Eigene Weinberge: 70 Hektar
Rebsorten: Tinta del País 75 %, Cabernet Sauvignon 25%
Produktion: 350 000 Flaschen
Weine gemäßigter bis mittlerer Preisklasse

Das Weingut liegt östlich der Festung von Peñafiel. Nach der Ortsausfahrt von Peñafiel in Richtung Aranda führt rechts gegenüber den Getreidesilos ein Schotterweg zur Bodega.

Die Weine

Pago de Carraovejas Tinto Crianza

Pago de Carraovejas Tinto Gran Reserva

Pago de Carraovejas Tinto Reserva

Die Weine zählen zu den aromatischsten, duftintensivsten der Region. Sie können und wollen den relativ hohen Anteil an Cabernet Sauvignon nicht verheimlichen. Im Aroma häufig rotes Fruchtkompott, Brombeeren, in der Jugend mit Elementen von Paprika, von feiner vegetaler Art. Im Mund sehr fleischig und saftig, mit reifen Gerbstoffen versehen. Sie können schon jung getrunken werden, schmecken jedoch nach einigen Jahren besser, vor allem bei Jahrgängen mit vegetalen Elementen im Aroma.

Eine hochmoderne Kellerei

Tómas Postigo, Önologe und Miteigentümer der Bodega, gehört zu den Revolutionären in der Ribera del Duero. Hinsicht-

lich der Rebsortenverwendung, der Gärtechnik und der Lagerung im Holz geht er andere Wege als seine eher traditionell ausgerichteten Kollegen.

Mit vier Partnern initiierte er das mit der Kellerei verknüpfte Projekt, innerhalb dessen 1989 die ersten Weinberge angelegt wurden. Alle Pflanzungen wurden mit Tröpfchenbewässerung versehen und der zulässige Anteil von Cabernet Sauvignon bis an die Grenze ausgeschöpft.

Postigos Weinberge gehören zu den gepflegtesten der Region, er ist im Weinberg wie im Keller Detailfanatiker. Der Cabernet Sauvignon, der in dieser Region immer in der Gefahr schwebt, nicht ganz auszureifen, wird immer mit dem Vollernter gelesen. So bleibt mehr Zeit zur Verfügung, den optimalen Zeitpunkt abzuwarten und innerhalb kürzester Zeit alle Trauben in die Kellerei zu bringen.

Den hochmodernen Komplex baute Postigo mitten in die Weinberge, mit Blick auf das Kastell von Peñafiel. Mit durchschnittlich 300 000 bis 400 000 kg Trauben ist das Gut ausgelastet, und ein weiterer Ausbau ist auch nicht vorgesehen.

Der gesamte Betrieb ist von der Traubenannahme bis zur Füllung in Barriques ganz auf Gravität ausgelegt. Es wird nicht gepumpt, um zu vermeiden, daß grüne Aromen aus den Kernen abgegeben werden. Zu diesem Zweck wurden eigene Tanks und eine fahrbare Hebeinstallation für Maischebehälter und Barriques installiert.

Gleich mit der ersten Abfüllung im Jahr 1991 erregte Postigo Aufsehen und bewies mit diesem erfolgreichen Pago, daß schon in jungen Rebanlagen beachtliche Weine wachsen können.

Weinbereitung und Ausbau

80% der Weine sind Crianzas mit 12-14 Monaten Holzlager. Bedingt durch den extrem fruchtbetonten Ausbaustil, wird bei der Traubenannahme und beim Entrappen darauf geachtet, daß ein möglichst großer Teil der Beeren unzerstört in den Gärtank kommt.

Die Maische gärt in breiten 24 000-Liter-Stahltanks bei 25 bis 28 Grad und bleibt danach bis zu zwei Wochen zur besseren Farb- und Tanninextraktion auf den Schalen liegen. Danach lagern die Weine in Barriques, wobei Cabernet Sauvignon und Tinta del País einige Monate lang getrennt ausgebaut werden und erst im Frühjahr nach der Ernte der Verschnitt erfolgt, bei dem auch dem nach der Gärung weitgehend aus freiem Ablauf entstandenen Wein etwas Preßwein zugegeben wird.

Die Barriques benutzt Postigo über einen Zeitraum von etwa fünf Jahren. Sie stammen zu 60% aus amerikanischer und zu 40% aus französischer Produktion.

D.O. Navarra

Der Weinbau des alten Königreiches Navarra wurde über viele Jahrzehnte von der Rosado-Produktion bestimmt, die das Ergebnis massiver Garnacha-Pflanzungen nach der Reblausplage war. Um diesem Image zu entkommen, hat die Autonome Regierung ihrem Qualitätsweingebiet eines der liberalsten D.O.-Reglements Spaniens zugestanden, welches einen enormen Sortenfächer zuläßt und den Weinbau so gut wie überall dort erlaubt, wo er klimatisch gesehen möglich ist.

In fünf Unterzonen wird unter sehr unterschiedlichen Bedingungen eine beeindruckende Vielfalt an Weinen vinifiziert. Der Norden mit seinem kühlen atlantischen Klima bringt hervorragende Weißweine hervor, aber auch feinfruchtige Rotweine. Im trockeneren Süden wachsen vorwiegend gehaltvolle Rote auf Kalk-, Lehm- und Sandböden.

Eine allgemeingültige Beschreibung der Weine Navarras kann man indes nicht geben. In vier von fünf Teilgebieten bauen Winzer Weißweine, Rosados, junge und faßgereifte Rotweine reinsortig und im Verschnitt aus. Das einzige, was sie in der Regel gemein haben, ist ein hoher Qualitätsstandard und eine von Individualismus geprägte Auffassung vom Weinmachen.

Der Trend geht eindeutig in Richtung konzentrierte und fruchtbetonte Rotweine. Sehr gelungen sind viele der Coupagen aus heimischen und französischen Sorten, aber auch reinsortige Tempranillos, Cabernet Sauvignons oder Merlots werden auf hohem Niveau vinifiziert. Die meisten roten Navarra-Weine tendieren zu einer zunehmend kräftigeren Statur und lassen den eher feinen, an Rioja angelehnten Stil immer weiter zurück. Einige der neueren Bodegas haben sehr tanninbetonte Rotweine entwickelt.

Wie in anderen Gebieten, so entdecken die Winzer auch hier die Möglichkeiten alter Garnacha-Rebgärten wieder, mit dem Ergebnis, daß der eine oder andere reine Garnacha-Rotwein auf den Markt kommt. Nach wie vor dient diese Rebsorte jedoch der Rosado-Herstellung.

In Navarra dürfen die Rosados nur aus reinem Ablaufmost, der ohne Pressung aus dem ersten Abstich stammt, vergoren werden. Typisch sind die berühmte Himbeerbonbonfarbe und die frische Frucht.

Castillo de Monjardín

Viña Rellanada. 31242 Villamayor de Monjardín (Navarra)
Tel.: 948 53 74 12 Fax: 948 53 74 36
Besitzer: Familie del Villar Olano
Eigene Weinberge: 142 Hektar
Rebsorten: Chardonnay 37%, Merlot 28%, Cabernet Sauvignon 14%,
Tempranillo 14%, Pinot Noir 10%
Produktion: 600 000 Flaschen
Weine gemäßigter bis mittlerer Preisklasse

Das Weingut liegt am Fuße
des Dorfes Villamayor de
Monjardín am Jakobsweg.

Die Spitzenweine

Castillo de Monjardín
Blanco Chardonnay

Castillo de Monjardín
Tinto Reserva

Alle drei Chardonnays sind sehr
gelungen. Besondere Eleganz
besitzt jedoch der einfache, im
Stahltank vergorene Chardonnay. Da die Reben auf rund 600
Metern Höhe stehen, kühlt es
selbst im Hochsommer am
Abend empfindlich ab.

Die Chardonnay-Trauben,
die nachts gelesen werden, entwickeln in diesem Klima eine
wunderbar klare Frucht, die ohne Holz besonders gut zur Geltung kommt. Wer also knackige
Weine mit erfrischender Säure
und betont blumig-fruchtigem
Charakter mag, sollte sich für
diesen Typ entscheiden.

Bevorzugt man einen volleren Typ mit Biß, aber schönen
Räucheraromen und weicher
Frucht, bietet sich der Fermentado an. Hervorragend zum
Essen paßt dagegen die schwere, cremig-laktische Reserva.

Es ist erstaunlich, was Victor
del Villar aus seinen doch recht

jungen Reben zaubert. Seine Reserva verströmt ein verhalten animalisches Bukett, mit viel sauberer Himbeer- und Holunderfrucht. Im Mund fest, fleischig, Tannin und Frucht ringen um die Überhand, etwas grüne Paprika, lang mit stabilem Tannin am Gaumen.

Weitere Weine

Castillo de Monjardín Blanco Reserva Chardonnay
Castillo de Monjardín Blanco Chardonnay Fermentado en Barrica
Castillo de Monjardín Tinto
Castillo de Monjardín Tinto Crianza
Castillo de Monjardín Tinto Merlot Crianza

Perle am Jakobsweg

Victor del Villar, aus Villamayor de Monjardín gebürtig, bewohnt dort mit seiner Frau und seinen Kindern das Familienanwesen, das aus dem 13. Jahrhundert stammt. Die Bodega ist mit dem erst kürzlich fertiggestellten Hotel-Restaurant dagegen neu errichtet.

Mit der Bestockung der Weingärten wurde Ende der Achtziger begonnen. Für Victor bedeutet das A und O des Weinmachens, über bestes Lesegut zu verfügen; er achtet sehr darauf, daß die Trauben für die einzelnen Qualitäten im perfekten Reifestadium geerntet werden.

Selbst in widrigen Jahren wartet man, bis die Qualität stimmt. Daß dabei größere Mengen Lesegut auf der Strecke bleiben, wird in Kauf genommen.

Weinbereitung und Ausbau

Victor del Villar liebt die Chardonnay-Traube. Heute bereitet er nicht nur als einziger Winzer Navarras drei verschiedene Chardonnays, sondern kann auch den einzigen Chardonnay Reserva Spaniens anbieten. Dieser recht stämmige, mundfüllende Weißwein vergärt zwei Monate im Barrique und reift weitere sechs Monate im Holz.

Der Chardonnay Fermentado verbringt nur drei Monate im Holz. Beide werden aus dem ohne Pressung frei ablaufenden Most vergoren. Die »normale« Qualität entsteht aus dem Most einer ersten, schonenden Pressung. Für die Reserva baut Victor Cabernet Sauvignon und Merlot getrennt 18 Monate aus. Hier wird auch mal französische mit amerikanischer Eiche gemischt.

Ein reinsortiger Pinot Noir ist auch der einfache Tinto. Etwas Tanklager und sieben Monate Flasche lassen eine weiche, blitzsaubere Frucht entstehen. Aus weingesetzlichen Gründen prangt die Rebsorte nicht deutlich sichtbar auf dem Etikett.

Die Crianza-Coupage mit etwas Tempranillo gibt sich etwas zu holzdominiert, während der Merlot die 14 Monate Faß sehr gut verkraftet und sich mit etwas Luftkontakt schnell öffnet.

Bodegas Guelbenzu

San Juan, 14. 31520 Cascante (Navarra)
Tel.: 948 85 00 55 Fax: 948 85 00 97
Besitzer: Familie Guelbenzu
Eigene Weinberge: 40 Hektar
Rebsorten: Cabernet Sauvignon 50%, Tempranillo 30%, Merlot 20%
Produktion: 200 000 Flaschen
Weine mittlerer Preisklasse

Das Weingut liegt im oberen Teil des Städtchens Cascante.

Die Spitzenweine

Guelbenzu Tinto Evo

Guelbenzu Tinto Lautus

Die letzten Jahrgänge haben gezeigt, daß der Evo einer der animalischsten Rotweine Spaniens ist. Deshalb ist eine zweistündige Lüftungszeit geboten, wenn der Wein frisch auf dem Markt ist. Ein fünf- oder sechsjähriger Evo kann dagegen recht schnell ins Glas. Er hält lange seine dunkle, kirschrote Farbe.

In der Nase animalische Noten (Wild), nasses Leder, sehr tiefes Fruchtaroma von schwarzer Brombeer, Fruchtkompott (Pflaume), sehr aromatisches, aber elegantes Holz.

Im Mund in Übereinstimmung mit dem Bukett dichte, voluminöse, geradezu ausladende Frucht, feine Minzenote, Massen von saftigem, aber weichem Fruchttannin, mit viel Feingefühl dosierter Holzton, mentholischer und fruchtiger Nachhall. In guten Jahrgängen sehr verläßliches Potential.

Guelbenzu Lautus gibt sich feinaromatisch, obwohl hinter der kräftigen Frucht beeindruckende Tiefe lauert. Der »Super-

131

Evo« gibt sich straffer als der normale Evo, dafür aber um so tiefer, viel reifes Tannin umspielt den Gaumen, voluminös aber wunderbar weicher Takt auf der Zunge. Der Wein ist schneller zugänglich, hat die eher spanientypische reife Fruchtnase roter Beeren und Anflüge von Rosinen. Im Körper mittlere Struktur, immer feiner als wuchtig.

Weiterer Wein

Guelbenzu Tinto

Altes Haus mit neuem Ruhm

Urgroßvater Don Miguel Guelbenzu erntete schon im vergangenen Jahrhundert Medaillen für seine Weine. Dann wurde es lange Zeit still um das Weingut.

1980 begannen die acht Geschwister das Weingut zu renovieren und eine umfassende Neubestockung der familieneigenen Parzellen vorzunehmen. Die Reben befinden sich alle in der südlichen D.O.-Unterzone Ribera Baja im Tal des Queiles.

Die in unmittelbarer Nähe gelegene Iberische Gebirgskette mit dem Moncayo-Massiv leitet kalte Winde in die Ebene. Wie auf der kastilischen Hochebene sind späte Fröste die Regel. Dieses Extremklima kann feine, differenzierte Weine hervorbringen, mit sehr guter Frucht und eleganter Säurestruktur.

Die Cabernet-Sauvignon-Trauben der Guelbenzus erreichen in fast allen Jahren eine perfekte Reife, die den Weinen ihre Fülle und Struktur gibt. Die unterschiedliche Lage der vielen Kleinparzellen – der höchste Wingert liegt auf 660, der tiefste in der Flußsenke auf 300 Meter Höhe – erlaubt dem jungen Weinmacher Joseba Altuna in schlechten Jahren, mit den Qualitäten zu jonglieren.

Weinbereitung und Ausbau

Die Kellerphilosophie von Ricardo Guelbenzu basiert auf einer Mischung aus französischen und spanischen Einflüssen. Don Ricardo ist der Überzeugung, daß seine Weine eleganter auf der Flasche als im Faß reifen, deshalb gibt er nie mehr als ein Jahr Holzlager.

Evo reift nur im französischen Barrique und besteht aus einer Coupage von Cabernet, Tempranillo und Merlot. Die Spitzencuvée Lautus führt außerdem Garnacha in der Coupage und ist wesentlich tempranillolastiger. Er reift ebenso rund ein Jahr in neuer französischer Eiche. Da die Guelbenzus keine Freunde der herkömmlichen Qualitätsabstufung sind, könnte er ohne die entsprechende Bezeichnung erscheinen. Die Maischestandzeiten werden nicht zu lange gehalten, der Säureabbau läuft bei einem Teil der Weinpartien in großen 20 000-l-Cuvés aus Eiche ab.

Auch zur Nachreife vor dem Abfüllen werden solche Gebinde benutzt, die den Weinen eine abschließende Glättung geben.

Bodegas Julián Chivite

Ribera, s/n. 31592 Cintruénigo (Navarra)
Tel.: 948 81 10 00 Fax: 948 81 14 07
Besitzer: Familie Chivite
Eigene Weinberge: 350 Hektar
Rebsorten: Tempranillo 40%, Garnacha 15%, Cabernet Sauvignon 15%,
Chardonnay 15%, Merlot, Mazuelo und Viura 15%
Produktion: 3 000 000 Flaschen
Weine gemäßigter bis gehobener Preisklasse

Das Stammhaus befindet sich an der Hauptstraße des Städtchens Cintruénigo, das Landgut Señorío de Arínzano liegt versteckt an einem Fluß in der Nähe von Estella.

Die Spitzenweine

Chivite Colección 125 Blanco Chardonnay Fermentado en Barrica

Chivite Colección 125 Tinto Reserva

Chivite Colección 125 Tinto Gran Reserva

Ein Chardonnay, der nördliche Eleganz mit südlicher Reife verbindet. Er wird aus der Hanglage Las Canteras auf Gut Arínzano gelesen und gilt in der spanischen Fachpresse als der beste seiner Art. Gehaltvolles Bukett mit sehr vielfältigem Aromaspiel. Zitrusfrucht, Birne, etwas Apfel sowie zurückhaltende mineralische Noten. Darauf kommen Blütenduft, Räuchernoten, frische Nüsse und feinste Hefeakzente durch.

Im Mund erste Eindrücke von wohldosierter Säure, dann geht der Körper auf in Frucht; süßes Holz, Hefe und Mandel, sehr gut ausbalancierte Struktur mit feinster Säure am Gaumen und cremigem, aber lang gestrecktem Abgang. Neben seiner außerordentlichen Fülle beeindruckt die disziplinierte, nie plumpe Art dieses Weines.

Die aus einer Tempranillo-Merlot-Coupage (75% / 25%) vinifizierte Reserva Colección öffnet sich nach dezenten medizinalen Noten zu einem feinen Aromenfächer von Frucht (Kirsche, Pflaume) und etwas Pfeffer.

Im Mund schöne Frucht von Brombeer und Himbeer, sehr gekonnt eingebundenes Holz, weiches, saftiges Tannin. Viel feiner Stil, aber nicht wuchtig. Die Gran Reserva hat von allem mehr. Hier dominieren Kirsche, Gewürze und feines Holz in der Nase. Im Mund mehr Struktur mit Kompott aus Früchten, dominanterem Körper und feinem Tannin. Saftig, reif; der »spanischste« Wein der Colección.

Weitere Weine

Chivite Gran Feudo Blanco
 Chardonnay
Chivite Gran Feudo Rosado
Chivite Gran Feudo Tinto
 Crianza
Chivite Gran Feudo Tinto
 Reserva
Chivite Colección 125 Blanco
 Dulce Vendimia Tardía
Chivite Viñas Viejas Tinto
 Reserva

Exporthaus mit langer Tradition

Die Stammkellerei in der Ribera Baja, dem südlichsten Teilgebiet der D.O. Navarra, wurde 1860 gegründet. Im Weinbau ist die Familie schon seit dem 17. Jahrhundert tätig. Mit den durch Mißernten, Mehltau und Reblaus verursachten Schwierigkeiten auf dem französischen Weinsektor in der zweiten Hälfte des 19. Jahrhunderts begannen die Exportaktivitäten der Familie. Heute verkauft sie zwei Drittel ihrer Produktion ins Ausland.

Legendärer Familienverbund

Der erst kürzlich verstorbene Grandseigneur des navarresischen Weinbaus, Don Julián Chivite, hatte es schon sehr früh verstanden, seine Sprößlinge für den Weinbau zu begeistern. Heute sind die verschiedenen Aufgaben unter Tochter Mercedes und den drei Söhnen Carlos, Julián und Fernando genau aufgeteilt.

Der Zusammenhalt der Geschwister Chivite ist legendär, und diese in Spaniens Weinwelt wohl einmalige Familiendynamik war ausschlaggebend dafür, daß die Chivites inzwischen zu den großen Erzeugern des Landes gehören und die Topline der Chivite-Weine in die Qualitätsspitze Spaniens vorgedrungen ist.

Nicht ohne Grund ist die Bodega 1997 von der Creme der nationalen Weinkritiker zur Bodega des Jahres gekürt worden.

Ambitioniertes Weingut im Norden der D.O.

Als Mitte der achtziger Jahre das 350 Hektar große Landgut

Arínzano bei Estella zum Verkauf stand, zögerten die Chivites nicht lange und erwarben das Anwesen. Der Familienpatriarch Don Julián und der Weinmacher Fernando hatten sich für das Projekt ausgesprochen, der eine aus strategischer Weitsicht, der andere, weil er im Gut Arínzano einen Kontrapunkt zur heißeren Ribera Baja sah.

Die kühleren Witterungseinflüsse der Tierra Estella würden es ermöglichen, edlere, feinfruchtigere und langlebigere Weine zu machen. Über die Hälfte der neu angelegten 160 Hektar Rebfläche entfallen auf Tempranillo. Außerdem wurden Cabernet Sauvignon, Merlot und an besonders günstigen Hanglagen Chardonnay gepflanzt.

Die von Architekt Rafael Moneo entworfene Kellerei ist inzwischen fast fertiggestellt. Hier werden alle Colección-Weine vinifiziert.

Weinbereitung und Ausbau

Fernando Chivite, der Weinmacher der Familie, hat in Bordeaux und Geisenheim studiert.

Ihm sind bei seinen Weinen Finesse und Ausgeglichenheit ein besonderes Anliegen.

Für die Colección Reserva, die aus einer Einzellage stammt, verwendet er nur neue französische Eiche. Bei der Gran Reserva, die 24 Monate im Faß reift, wird auch ein- und zweijährige Eiche benutzt. Sie wird aus einer Selektion des besten Tempranillo-Lesegutes verschiedener Lagen gekeltert.

Die reinsortige Moscatel Vendimia Tardía (deutsch: Spätlese) bekommt fünf Monate Holz. Der Süßwein zeigt eine feine Muskateller-Art, ist aber nicht überbetont oder ausladend-süß, sondern vielschichtig mit mineralischen Anklängen. Für die klassische Gran-Feudo-Linie wird dagegen vor allem auf amerikanische Eiche zurückgegriffen.

Der berühmte Rosado der Chivites, der weniger die sehr vordergründigen Bonbonnoten als vielmehr weinige Frische mit feiner Blume aufweist, gehört zu den haltbarsten Rosé-Weinen Navarras – er schmeckt auch nach 16 Monaten noch – und wird aus reinem Garnacha-Ablaufmost ohne Pressung vergoren.

Bodegas Magaña

San Miguel, 9. 31523 Barrillas (Navarra)
Tel.: 948 85 00 34 Fax: 948 85 15 36
Besitzer: Juán Magaña
Eigene Weinberge: 120 Hektar
Rebsorten: Merlot 60%, Cabernet Sauvignon 25%, Syrah, Tempranillo,
Malbec, Cabernet Franc 15%
Produktion: 300.000 Flaschen
Weine mittlerer bis gehobener Preisklasse

Das Weingut liegt im Dorfzentrum von Barrillas im äußersten Süden von Navarra.

Der Spitzenwein

Viña Magaña Tinto Merlot Reserva

Der »dienstälteste« reine Merlot Spaniens. Die Reserva ist normalerweise ab dem sechsten Jahr gut zu trinken. Der Wein weist nicht etwa exzessives Holz auf, welches in den ersten Jahren stören würde. Die hocharomatische Merlot-Frucht ist einfach finessenreicher, wenn sie sich voll entwickelt hat, und dies erreicht man nur durch Flaschenlager.

Sehr reife Fruchtnoten (Kompott) mit Anklängen von Pflaume, Kirsche, Eukalyptus, Minze und edlem Holz. Auf der Zunge sehr weich, feinwürzig, edles, aber recht saftig wirkendes, gut eingearbeitetes Tannin. Es entsteht der Eindruck von gezügelter, geschmeidiger Kraft, wenn der Wein seinen Höhepunkt erreicht hat.

Ein jugendlicher Merlot wirkt dagegen in seinen Fruchtaromen geradezu explosiv, ohne aber sperrig zu sein. Denn das Geheimnis der Magañas liegt in dem perfekt eingepaßten Holz, welches die Frucht

langsam aufbaut, ohne je wirklich in den Vordergrund zu treten.

Weitere Weine

Barón de Magaña Tinto
Dignus Tinto Crianza
Viña Magaña Tinto Reserva
Viña Magaña Tinto Gran
Reserva
Viña Magaña Tinto Selección
Especial Gran Reserva

Hervorragende Crianza

Einen einzelnen Spitzenwein aufzuführen ist den anderen Kreszenzen gegenüber recht unfair, denn es hat von allen Weintypen bereits außerordentliche Qualitäten gegeben.

Kurioserweise ist die einfache Crianza einer der bemerkenswertesten Weine der Bodega. Vom Dignus, ebenso wie von seinem Vorgänger Eventum mit der feurigen Coupage von Cabernet Sauvignon, Cabernet Franc, Merlot und Syrah existierte nie ein mittelmäßiger Wein. Alle waren hervorragend. Dabei ist der Dignus der preiswerteste der Magaña-Familie.

Weinbereitung und Ausbau

Die Philosophie, seine Reservas und Gran Reservas lange Zeit zurückzuhalten, hat Juán Magaña Lob, aber auch viel Kritik eingebracht, denn der Weinmacher tendiert dazu, mitunter die Lebenserwartung seiner Schöpfungen zu überschätzen.

Es ist schon vorgekommen, daß eine Selección zwar auf ihrem Höhepunkt auf den Markt gelangte, dann aber abfiel. Seine Topweine entstehen nur in den besten Jahren und werden schubweise verkauft.

Jahrgänge, die Juan Magaña nicht vollkommen überzeugen, gehen allenfalls als Dignus in den Vertrieb. Als respektierter Techniker hat er die Möglichkeit, Weine, die er ausbaut, aber nicht mit seinem Label versehen möchte, als Faßware zu veräußern.

Sein Merlot ist in der Regel über 30 Tage in Kontakt mit den Schalen. Dann folgen ein zweijähriger Ausbau in französischem Holz – amerikanische Eiche setzt der Navarrese nur versuchsweise ein – und ein ausgedehnter Aufenthalt in Tanks. Durch die abschließende Setzung des noch in geringen Mengen vorhandenen Trubstoffes vermeidet Don Juán eine Filterung vor der Abfüllung. Sämtliche Weine werden zu Beginn alle zwei Monate von Faß zu Faß umgelegt. Das Holz ist dabei mittel bis stark getoastet. Die Gran Reservas ruhen maximal 32 Monate im Faß.

Die neueste Schöpfung trägt den Namen Barón de Magaña (Merlot, Cabernet Sauvignon, Syrah). Zielgruppe des Weines sind Leute, die, wie der Weinmacher sagt, »modern lieben«. Der einzige Wein, der ohne Flaschenlager vermarktet wird, verläßt die Bodega praktisch unmittelbar nach der 14monatigen Faßreife.

Bodegas Nekeas

Las Huertas, s/n. 31154 Añorbe (Navarra)
Tel.: 948 35 02 96 Fax: 948 35 03 00
Besitzer: Genossenschaft
Eigene Weinberge: 195 Hektar
Rebsorten: Tempranillo 36%, Cabernet Sauvignon 22%, Merlot 13%,
Garnacha 8%, Chardonnay 11%, Viura 8%, Moscatel 2%
Produktion: 1 150 000 Flaschen
Weine gemäßigter bis mittlerer Preisklasse

Das Weingut liegt oberhalb des Dorfes Añorbe.

Die Spitzenweine

Nekeas Blanco Chardonnay Fermentado en Barrica

Spaniens am stärksten auf den internationalen Geschmack ausgerichteter Chardonnay. Intensive Chardonnay-Nase, feines Holz mit ansprechenden Röstaromen.

Im Mund überraschend schlank und direkt, cremig, ohne breit zu wirken. Von fast stahliger Art, die sich, vereint mit einer wunderbar harmonisierenden Säure, deutlich absetzt von den dicken Qualitäten ohne Leben, die in südlichen Ländern gerne hergestellt werden. Stößt zuweilen auf massive Kritik, da er kaum etwas Spanisches an sich hat. Trotzdem ein Muß.

Nekeas Tinto Crianza

Eine sich spät öffnende Crianza, die als junger Wein sehr viel Holz aufweist. Die Coupage aus Cabernet Sauvignon, Tempranillo und Merlot strahlt mit feinem, differenziertem Fruchtspiel.

Im Mund zeigt der Wein ungestüme Kraft, viel Struktur und schwarze Frucht (Pflaume, Brombeer).

Am Gaumen weist er über lange Zeit adstringierende Tannine auf, die erst im vierten Jahr aufzuweichen beginnen. Doch dann kommen die Komponenten der reifen Frucht voll zur Geltung.

Weitere Weine

Nekeas Blanco
Nekeas Rosado Cabernet
  Sauvignon
Nekeas Tinto El Chaparral
Nekeas Tinto Merlot
Nekeas Tinto Tempranillo
  Merlot

Das Weingut

»Nekeas« ist baskisch und bedeutet soviel wie: das schwer zu bestellende Tal. Acht Familien taten sich 1993 zusammen, um ihr Land wieder mit Reben zu bestocken und eine Bodega zu gründen.

Das Klima im Gebiet Valdizarbe – so lautet die Bezeichnung dieser nördlichen Unterzone der D.O. Navarra – ist recht kühl, was gute Säurewerte garantiert. Die ersten Tintos wiesen trotz ihrer Jugend beeindruckende Extraktwerte auf. Inzwischen sind die Rotweine von Nekeas ob ihrer Dichte ein gutes Beispiel für das Rotweinpotential Navarras.

Weinbereitung und Ausbau

Die Weinmacherin arbeitete einige Jahre mit Javier Ochoa in der Weinforschungsanstalt E.V.E.N.A. (Estación de Viticultura y Enología de Navarra SA) in Olite zusammen.

Der Chardonnay von Nekeas kommt immer in neue Barriques, die im darauffolgenden Jahr mit Rotwein belegt werden.

Bei der heimischen Weißweinsorte Viura wagt die Weinmacherin eine Kaltmazeration der gequetschten Frucht von fast 50 Stunden, um der Traube ein Maximum an Frucht und Struktur zu entlocken.

Bislang liefen die Versuche der spanischen Winzer, die Viura-Weine interessant zu machen, so gut wie immer über eine Vergärung im Faß. Eine überwältigende Kreszenz wird wohl nie aus dieser Sorte entstehen, doch der Nekeas Blanco kann Vergnügen bereiten.

Obwohl man keine Garnacha-Reben besitzt, gibt es seit 1997 einen Wein aus alten Rebstöcken, El Chaparrral, der fünf Monate in alten Fässern reift.

In Añorbe sind genügend alte Anlagen vorhanden, so daß die Produktion dieses dichten Garnacha-Weines gesteigert werden kann. Die Crianza ruht normalerweise drei Monate im Tank, um dann zwölf Monate in französischen und amerikanischen Barriques zu reifen.

Bodegas Ochoa

Ctra. Zaragoza, 21. 31390 Olite (Navarra)
Tel.: 948 74 00 06 Fax: 948 74 00 48
Besitzer: Familie Ochoa
Eigene Weinberge: 25 Hektar
Rebsorten: Tempranillo 41%, Garnacha 24%, Cabernet Sauvignon 13%,
Merlot 12%, Moscatel Grano Menudo 5%, Viura 5%
Produktion: 850 000 Flaschen
Weine gemäßigter bis mittlerer Preisklasse

Das Stammhaus liegt an
der Hauptstraße von Olite,
die neue Kellerei nur wenig
außerhalb an der Landstraße
nach Zaragoza.

Die Spitzenweine

Ochoa Tinto Reserva

Ochoa Tinto Gran Reserva

Die holzausgebauten Weine
von Javier Ochoa sind in der
Regel sehr haltbar und sollten
nicht zu früh getrunken werden, denn sie brauchen recht
lange, bis das Holz sich ganz in-
tegriert hat.

Es ist immer wieder über-
raschend festzustellen, daß so
manche Reserva, die man immer wieder verkostet und mit
ungeduldiger Miene für ein weiteres Jahr im Keller behält, dann
plötzlich nach acht Jahren auf-
blüht.

Viele vollreife spanische
Qualitäten reifen homogener
und sind deshalb in gewisser
Weise vorhersehbarer, aber
auch oft wesentlich kurzlebiger.

Die Reserva hat eine wun-
derschön glänzende, rubinrote
Farbe, in der Nase fein-rauchig
mit viel Tabak und schwarzen
Beeren. Im Mund straffes Tanningerüst auf der Zunge, am
Gaumen und im langen Ab-
gang. Viel Frucht, sehr gutes
Gleichgewicht.

Die Gran Reserva erscheint in der Nase leichter gewoben, im Mund volle Frucht, kräftiges Holz mit Anklängen von Eukalyptus, Mineralien zu einem sehr vielschichtigen Geschmacksgitter zusammengeführt. Lang mit viel gesundem Tannin und reifer Frucht.

Weitere Weine

Ochoa Blanco
Ochoa Rosado
Ochoa Rosado de Lágrima
Ochoa Tinto
Ochoa Tinto Tempranillo
Ochoa Tinto Tempranillo
Crianza
Ochoa Tinto Cabernet
Sauvignon Crianza
Ochoa Tinto Merlot Crianza

Hochqualifizierter Weinmacher

Javier Ochoa leitete viele Jahre die staatliche Weinforschungsanstalt E.V.E.N.A. in Olite. Die Erfahrungen mit französischen Sorten bringt er in seine Weine ein. Seine Arbeit bewog den Kontrollrat der D.O. Navarra, einen flexiblen Gesetzesrahmen hinsichtlich der zugelassenen Traubensorten zu schaffen.

Er gilt als einer der kompetentesten Weinmacher Spaniens und als Weinmagier in Navarra, der mit allen Weinarten und Trauben gleichermaßen gut umgehen kann. Seine Kreszenzen sind nie gefällig oder glatt, auch wenn es sich um einfachste Jungweine ohne Holzausbau handelt. Die Vorfahren der Familie Ochoa sind schon seit Jahrhunderten mit dem Weinbau in Olite verbunden.

Weinbereitung und Ausbau

Reserva und Gran Reserva sind in der Regel von der Sortenzusammensetzung her identisch. Die jüngste Generation weist 55% Tempranillo, 30% Cabernet Sauvignon und 15% Merlot auf, auch der Ausbau beschränkt sich bei beiden auf 18 Monate Barrique.

Don Javier setzt zunehmend Fässer ein, deren Dauben aus dieser Holzart, die Deckel hingegen aus französischer Eiche sind. Die Verschmelzung von Zimt und Vanillenoten im selben Faß ist hier gewährleistet.

Bei seinen Topqualitäten kommt der fertige Verschnitt ins Barrique. Der Unterschied zwischen Reserva und Gran Reserva liegt ausschließlich in der Traubenselektion.

Das beste Tempranillo-Lesegut stammt aus zwei Parzellen der Lage Salve Reginas mit sehr kargen Böden und hohem Kalkanteil. Die Trauben für seinen vielgelobten Moscatel werden spät gelesen, etwa zwei Wochen über der normalen Reife. Die Gärung wird gestoppt, so daß ein Süßwein mit einem Restzuckergehalt von rund 90 g/l entsteht.

Der Rosado de Lágrima enthält im Gegensatz zum normalen Rosado aus 100% Garnacha einen bedeutenden Anteil an Cabernet-Sauvignon-Trauben.

141

Bodegas Vicente Malumbres

Santa Bárbara, 15. 31591 Corella (Navarra)
Tel.: 948 40 19 20 Fax: 948 40 16 53
Besitzer: Familie Malumbres
Eigene Weinberge: 75 Hektar
Rebsorten: Garnacha 50%, Tempranillo 20%, Chardonnay 7%, Viura 4%,
Mazuelo, Graciano u.a. 19%
Produktion: 400 000 Flaschen
Weine gemäßigter bis mittlerer Preisklasse

Die Kellerei befindet sich im
Ortskern von Corella.

Die Spitzenweine

Malumbres Special Blend Tinto Crianza

Malumbres Tinto Reserva

Oberstes Gebot für die Geschwister Malumbres ist, ihren
Weinen ein harmonisches Ge-
samtgefüge zu geben. Die in
Holz ausgebauten Gewächse des
Hauses sind das beste Beispiel
dafür, daß gute Weine nicht
kompliziert sein müssen.

Der Special Blend kommt
nur in guten Jahren auf den
Markt und ist meist geprägt von
sehr reifer roter Frucht sowie
von Gewürzaromen und feinen
Konditoreinoten, die auf extrem reifes Lesegut schließen
lassen. Im Mund samtig, weich,
dezent eingerahmt von amerikanischem Holz.

Beeindruckende Balance zwischen Nase und Körper dagegen
bei der Reserva. Das ausschweifende Früchtekorbbukett ist
akkurat von reifem Tannin eingerahmt, welches am Gaumen
zunächst schmelzig wirkt, dann
aber dem weichen Körper Tiefe
und Länge verleiht. Die einzelnen Facetten sind sehr sauber

gearbeitet, das beeindruckende an den Reservas des Hauses ist jedoch zweifellos die sorgfältige Verschmelzung aller Komponenten.

Weitere Weine

Malumbres Blanco
Malumbres Chardonnay
Malumbres Chardonnay
    Fermentado en Barrica
Malumbres Rosado
Malumbres Tinto
Malumbres Tinto Crianza
Malumbres Garnacha Tinto
    Crianza
Malumbres Tinto Crianza
    Especial

Lange Familientradition

Als offizielles Gründungsjahr der Kellerei ist 1940 angegeben, aber schon lange vorher haben die Vorfahren der Familie Weinbau betrieben. Bis zum Eintritt des heutigen Geschäftsführers Javier Malumbres, der auf Drängen seines Vaters Don Vicente 1989 ins Familienunternehmen eintrat, produzierte man kaum Flaschenweine. Javier unterzog das Weingut mit Hilfe seiner für den önologischen Teil verantwortlichen Schwester Socorro mit Erfolg strengsten Qualitätskriterien. Schon die ersten Crianzas reihten die Bodegas unter die besten Weingüter Navarras ein. Inzwischen liegt der Schwerpunkt auf dem Exportgeschäft. In Deutschland vermarktet die Bodega ihre Weine auch unter dem Label Vina Ontinar.

Zwischen Tradition und Moderne

Einerseits wird klassisch spanisch auf Trinkreife gesetzt, andererseits wartet man immer wieder mit interessanten Experimenten auf, beispielsweise die Crianza Especial, die nur aus Graciano und Cabernet gekeltert wird.

Eine Rarität in Navarra, wenn man bedenkt, daß nur ein Prozent des Rebspiegels der D.O. auf Graciano entfällt.

Weinbereitung und Ausbau

Die 2000er Chardonnays sind erstmals in Dreitausendlitercuves vergoren worden. Bei den anderen Gewächsen kommen hauptsächlich Barriques aus amerikanischer Eiche zum Einsatz. Allein für die Reserva, deren Cuvée sich zu je 50% aus Tempranillo und Cabernet Sauvignon zusammensetzt, verwendet man ein Fünftel französisches Holz; der Cabernet reift dabei in neuerer Eiche.

Die Maischestandzeiten bei den extrem reifen Trauben für den Special Blend (Tempranillo, Cabernet und Merlot) und die Reserva überschreitet immer 20 Tage.

Neuerdings durchläuft ein Teil des Lesegutes aus der Garnacha-Spitzenlage La Sarda die malolaktische Gärung in neuem Holz, um möglicherweise einen neuen Spitzenwein auf der Basis von Garnacha zu schaffen.

143

D.O. Penedès

Zu Wohlstand gelangt ist das Penedès zweifellos durch die Produktion von Cava sowie die Herstellung von Sektgrundweinen für die Schaumweinherstellung. Dreiviertel der rund 27 000 Hektar großen D.O. in Katalonien ist mit weißen Trauben bestockt. Vor der Reblausplage hatten dagegen die Rotweine das Gebiet über seine Grenzen hinaus bekannt gemacht. In diesem Jahrhundert kam der Durchbruch für die Stillweine erst in den sechziger und siebziger Jahren.

Einige tatkräftige Weinmacher, allen voran Miguel A. Torres, hatten – möglicherweise nicht zuletzt aufgrund der Vergangenheit des Gebietes – damit begonnen, ausländische Sorten, aber auch spanische Qualitätstrauben wie die Tempranillo, hier Ull de Llebre genannt, zu pflanzen.

Die D.O. teilt sich in drei inoffizielle, aber topographisch gesehen logische Unterzonen ein: das untere Penedès, welches sich etwa von Sitges bis El Vendrell an der Küste entlangzieht, das zentrale Penedès, von einem maritimen Gebirgszug gegen das Mittelmeer abgeschirmt, sowie das Hoch-Penedès, welches östlich wiederum durch eine Gebirgskette, die Sierra Litoral, vom Landesinneren getrennt wird.

Die verschiedenen Klimate und Bodenstrukturen erlauben es fast allen europäischen Edelsorten, sich sehr gut zu entfalten. Diese Vielfältigkeit ist zweifellos der Trumpf des Gebietes, abgesehen davon, daß die mehr oder weniger stark vorherrschenden mediterranen Witterungsbedingungen so gut wie überall eine beneidenswerte Reife der Trauben ermöglichen. Hier liegt gleichzeitig auch das Handicap.

Wenn nicht eine sorgfältige Ertragsreduzierung durchgeführt oder gezielt auf bestimmten pagos (spanisch: Lagen) gepflanzt wird, drohen die Weine zwar reif und rund, aber auch zu glatt zu werden. Dies gilt vor allem für rote Gewächse wie die Cabernet Sauvignon, welche die am meisten angebaute fremde rote Sorte stellt.

Die Vielseitigkeit der Weine im Penedès ist enorm. Neben hervorragenden reinsortigen Chardonnays, Cabernets und Tempranillos hat sich eine Vielzahl von Weiß- und Rotwein-Coupagen ergeben, welche die Küche Kataloniens aufs trefflichste begleiten. Wollte man die Weine des Penedès definieren, so wäre hervorzuheben, daß sie die perfekte Integration von europäischen und spanischen Rebsorten bieten, und dies in vollendeter Harmonie.

Albet i Noya

Can Vendrell, s/n. 08739 Subirats (Barcelona)
Tel.: 93 899 40 56 Fax: 93 899 40 15
Besitzer: Familie Albet i Noya
Eigene Weinberge: 50 Hektar
Rebsorten: Tempranillo 16%, Cabernet Sauvignon 13%, Merlot 10%,
Syrah 10%, Pinot Noir 5%, Xarel-Lo 20%, Macabeo 15%, Parellada 6%,
Chardonnay 3%, Moscatel 1,5%, Viognier 0,5%
Produktion: 440 000 Flaschen
Weine gemäßigter bis mittlerer Preisklasse

Das Weingut liegt nur wenige Kilometer südöstlich von Sant Sadurní D'Anoia zwischen dem Örtchen Sant Pau D'Ordal und der N-340 auf der rechten Seite der kleinen Nebenstrecke. Die Entfernung von Sant Pau beträgt rund 900 Meter.

Der Spitzenwein

Albet i Noya Tinto Reserva Martí

Die Reserva Martí ist der einzige Wein der Gebrüder Albet i Noya mit einer nennenswerten Flaschenreife, in diesem Falle vom Gesetz vorgeschrieben, da es sich um eine Reserva handelt. Das Bukett ist opulent und sehr ausdrucksvoll mit überreifen Holundernoten und Paprika. Im Mund viel Struktur, mineralisch, aber viel hartes Tannin. Braucht viel Zeit. Die 94er Reserva auf keinen Fall vor dem Jahre 2000 trinken. Viel Potential.

Weitere Weine und Cavas

Albet i Noya Blanco Chardonnay Col.lecció Fermentado en Barrica
Albet i Noya Blanco Macabeo Col.lecció Fermentado en Barrica
Albet i Noya Blanco Xarel.Lo Col.lecció Fermentado en Barrica
Albet i Noya Blanco Xarel.Lo D'Anyada

Albet i Noya Tinto Pinot Noir-
Merlot D'Anyada
Albet i Noya Tinto Crianza Ca-
bernet Sauvignon Col.lecció
Albet i Noya Tinto Syrah
Col.lecció
Albet i Noya Tinto Tempranillo
Col.lecció
Albet i Noya Tinto Tempranillo
D'Anyada
Albet i Noya Cava Semi Sec
Albet i Noya Cava Dolç de
Postres
Albet i Noya Cava Brut
Albet i Noya Cava Brut Rosat
Albet i Noya Cava Brut Nature
Can Vendrell Blanco
Can Vendrell Negre
Can Vendrell Cava Brut

Die Tempranillos

Der Tempranillo D'Anyada ist
der zugänglichste Tinto des
Hauses. Ein kräftiger Jungwein
mit Frucht und einem sehr eigenen erdigen Geschmack am
Gaumen sowie einer bestechen-
den Länge. Einer der haltbarsten Jungweine Spaniens, der
etwas Zeit braucht, um seine
ungezügelten Fruchttannine zu
glätten. Sehr schön!

Die Col.lecció Tempranillo
ist normalerweise im fünften
Jahr antrinkbar, sollte aber vorher gelüftet werden. Sie weist
ein sehr würziges Bukett von
schwarzer Frucht, Wildkräutern
und weißem Pfeffer auf.

Wegen der Massen von Tan-
nin im Mund und am Gaumen
wirkt der Tempranillo in den
ersten Jahren ungeschlacht.
Dennoch hat er immer sehr viel
Struktur, gute Dichte, die sich

erst langsam herausschält. Die
Frucht ist trotzdem äußerst
stämmig; man merkt, daß sie
sehr reif gelesen worden ist.
Das unruhige Finale braucht
Zeit, um sich zu glätten. Ein
Wein mit viel Persönlichkeit.

Unprätentiöse Bio-Winzer

Antonio und José María Albet i
Noya machen aus der Bereitung biologischer Weine keine
radikale Weltanschauung. Sie
erinnern ihre Kunden auf sympathische und bescheidene Art
daran, daß zumindest in Spanien der Großteil der Topweine
nahezu biologisch angebaut
werde. Aufgrund des trockenen
Klimas benötigten die Reben im
allgemeinen wenig chemische
Behandlung.

Ihre Laufbahn als die einzigen anerkannten Bio-Winzer
im Penedès erhielt den Anstoß
durch die Anfrage einer däni-
schen Firma, die Produkte dieser Art suchte. Ohne jede Erfahrung auf dem Gebiet begannen
sie damit, die ersten Weine zu
machen. In Spanien haben die
Weine der Brüder heute einen
Status, der nur sehr wenig mit
der Tatsache zu tun hat, daß sie
biologisch angebaut werden –
mit der unzweifelhaften Top-
qualität ihrer Kreszenzen dagegen um so mehr.

Vielen Weintrinkern ist überhaupt nicht bekannt, daß es
sich um ein spezielles Erzeug-
nis handelt. Sie unterscheiden
beim Kauf nur zwischen guten
und schlechten Weinen. In Zusammenarbeit mit der Genos-

senschaft in Pobleda haben sich die beiden auch im Priorato engagiert, wo sie ab 1999 ebenfalls biologische Weine produzieren werden.

Keine Maschinenlese

Auf dem Traum-Anwesen im Herzen des Penedès, welches die Brüder den ursprünglichen Besitzern erst abkaufen mußten – der Vater war dort Gutsverwalter gewesen –, experimentiert man vor allem mit verschiedenen Reberziehungsmethoden, um eine möglichst unempfindliche Anbauweise bei bester Traubenqualität zu finden. Gedüngt wird mit einer Mischung aus Rappen, Hühner- und Schafsdung; die Reben werden nur mit Produkten, die auf Kupferbasis beruhen, behandelt.

Die gesamte Ernte wird per Hand eingebracht, denn in dem unbehandelten Laubwerk der Stöcke tummelt sich allerlei Getier, welches mit den Trauben von der Maschine aufgenommen werden würde.

Weinbereitung und Ausbau

Die Weine der gehobenen Linie tragen immer den Namen der Weinmacher. Can Vendrell ist eine Zweitmarke, die vor allem auf der Basis von Coupagen bereitet wird. Die weißen Albet i Noyas mit Holz vergären immer in neuer französischer Eiche und werden zuvor kaltmazeriert. Während der Ernte geht man mindestens zweimal durch die Wingerte, die erstgelesenen Trauben werden zu Sektgrundwein verarbeitet. Aus alten Macabeo-Pflanzungen, die Trauben mit wesentlich höherem Zuckergehalt hervorbringen, entsteht der entsprechende Col.lecció, der dicht wirkt mit feiner Melone und einer belebenden Bitternote im Abgang. Er verweilt nur maximal drei Monate im Barrique. Außer der Coupage Reserva Martí (Tempranillo, Cabernet Sauvignon, Syrah und Merlot) reifen die anderen Col.leccios nie länger als sechs Monate im Holz.

Can Ráfols dels Caus

Can Ráfols dels Caus, s/n. 08739 Avinyonet del Penedès (Barcelona)
Tel.: 938 97 00 13 Fax: 938 97 03 74
Besitzer: Familie Esteva
Eigene Weinberge: 44 Hektar
Rebsorten: Merlot 11,5%, Cabernet Sauvignon 4,5%, Cabernet Franc
4,3%, Tempranillo 2,4%, Chardonnay 3,2%, Chenin Blanc 3,6% und
weitere 11 Sorten
Produktion: 225 000 Flaschen
Weine gemäßigter bis mittlerer Preisklasse

Das Weingut liegt auf der Straße von Avinyonet nach Olesa de Bonesvalls und Begues. Nach 1,8 Kilometern biegt man in einer Kurve links in einen Schotterweg ein.

Die Spitzenweine

Caus Lubis Tinto Reserva

Gran Caus Tinto Reserva

Gran Caus Rosado

Caus Lubis wie Gran Caus Tinto sind im Bukett sehr ausschweifende, generöse Weine mit voller Frucht, eleganten Noten von Eichenlager und diesem Eindruck von warmer Dichte in der Nase, die nur die besten spanischen Tintos entwickeln.

Im Mund harmonisch, konturenreich, sehr komplex, die Konsistenz nicht dick, sondern von differenzierter Fülle, wobei der Caus Lubis nicht ganz so zusammengewachsen wirkt wie sein Reserva-Pendant, da der kleine Cabernet-Sauvignon-Anteil geringfügig heraussteht und im Abgang etwas kräftigere Tannine ausspielt.

Der Gran Caus Rosado Merlot ist sehr distinguiert. Viele Rotweine dürften wohl eine schwächere Struktur aufweisen als dieser wirklich herausragende Rosado, der sich seidig-weich und voller Energie gibt. Man

kann sich nicht vorstellen, daß jemals eine angebrochene Flasche dieses Weines auf dem Tisch zurückbleibt.

Weitere Weine

Petit Caus Blanco
Petit Caus Rosado
Petit Caus Tinto

Viele kleine Parzellen

Auf seinem von Schluchten und schroffen Hügeln umgebenen Landgut hat Carlos Esteva ein Weinparadies geschaffen.

Die mit 18 verschiedenen Rebsorten bestockten Wingerte sind auf kleinen Parzellen in alle Himmelsrichtungen verstreut. Das schroffe Gelände erlaubt keine großen Anlagen. Um so besser, meint Carlos, denn so vereinigen die Klein- und Kleinstlagen eine Vielzahl verschiedener Mikroklimate auf sich, was eine Grundbedingung für seine Weinphilosophie ist, gleichzeitig eine ganze Reihe von Topweinen zu schaffen.

Vom Meer kommt selbst an heißen Tagen gegen Abend eine frische Brise auf, welche den Trauben Kühlung verschafft. Besonders die Toplage La Calma mitten in den Bergen, von der das Lesegut für den Caus Lubis stammt, profitiert von diesem Segen.

Neben den sehr kalkhaltigen Böden gibt es sogar eine Lage mit Kreide, auf der in nächster Zukunft Pinot Noir gepflanzt werden soll.

Weinpersönlichkeiten

Die Familie stand kurz davor, das Gut zu verkaufen, als sich der heutige Besitzer der langen Weinbautradition des Anwesens besann und in mühsamer Arbeit den Rebspiegel erneuerte sowie eine zunächst bescheidene Kellerei einrichtete.

Die ersten Weine unter eigenem Label und wahrscheinlich die ersten Flaschenweine seit 100 Jahren, die das Gut verließen, waren Rosados und Weißweine, bis die neue Bestockung 1984 den ersten Roten aus französischen Sorten lieferte. Den ersten Schritt zu einem sehr eigenen Weinstil tat Carlos mit seiner Gran Caus Blanco.

Die Coupage aus verschiedenen Rebsorten, die teilweise aus alten Wingerten stammten, erwies sich als einer der ganz wenigen Weißweine Spaniens, der sich ohne Barriqueausbau einer mehrjährigen Lebensdauer erfreute. Auch der Rosado war dazu bestimmt, großes Aufsehen zu erregen. Denn wagte da nicht jemand, bestes Lesegut der Edelsorte Merlot für einen minderwertigen Weintyp wie den Rosado einfach so zu verschwenden?

Angesichts seiner unzweifelhaften Originalität und seriösen Qualität entwickelte er sich jedoch bald zu einem der gefeiertsten Weine Kataloniens.

Mit den beiden Reservas des Hauses war dann das Kabinett der Weinpersönlichkeiten komplett. Denn hier findet sich nicht nur die volle Reife, die so viele Weine, die unter der

Sonne des Mittelmeeres wachsen, ganz selbstverständlich entwickeln, sondern eine seltene disziplinierte Fülle.

Weinbereitung
und Ausbau

Die Gran Caus Rosado wird nur aus dem Most vergoren, der ohne jegliche Pressung beim ersten Abstich aus dem Tank läuft. Ein sehr langsamer Gärprozeß garantiert eine sehr feine Frucht.

Caus Lubis, der neben Merlot 5% Cabernet Sauvignon enthält, reift etwas über ein Jahr in französischer Eiche.

Die üppige Gran Caus Reserva aus Merlot, Cabernet Sauvignon und Cabernet Franc wird etwas kürzer im Holz gehalten. Beide sind, wenn man so will, Reserva-Qualitäten, obwohl die Bodega auf diesen Hinweis auf dem Etikett verzichtet.

Carlos Esteva und sein Önologe Jordi Cantí vermarkten alle Weine erst dann, wenn sie wirklich trinkreif sind. Doch keine Sorge. Bei den Tintos ist immer Potential für mindestens fünf weitere Jahre vorhanden.

Cellers Puig i Roca

Ctra. Sant Vicenç, s/n. 43700 El Vendrell (Tarragona)
Tel.: 977 66 69 10 Fax: 977 66 65 90
Besitzer: José Puig, Joan Roca
Eigene Weinberge: 10,3 Hektar
Rebsorten: Cabernet Sauvignon 39,7%, Merlot 20%,
Cabernet Franc 0,3%, Chardonnay 40%
Produktion: 130 000 Flaschen
Weine mittlerer Preisklasse

Das Weingut liegt nahe des Städtchens El Vendrell. Wenn man aus nördlicher Richtung auf der N-340 anreist, nimmt man die dritte der Ausfahrten nach El Vendrell und folgt den Hinweisschildern nach Sant Vicenç. Auf der Straße nach Sant Vicenç Pobla befindet sich die Kellerei auf der linken Seite.

Der Spitzenwein

Augustus Blanco Chardonnay Fermentado en Barrica

Sehr kräftiger Chardonnay, der dank seiner ungeheuren Länge und explosiven Fruchtigkeit weder plump noch zu cremig wirkt. In der Nase Ananas, Birne, Ingwer und ein Hauch von Trockenfrüchten, dezent buttrig, gekonnt eingebunden in sehr elegante Toastnoten.

Im Mund voluminös, erscheint süß, aber sehr schnell kommt die Fruchtsäure hervor, die den massiven Körper weinig und elegant erscheinen läßt, nur ein Anflug von Creme und viel elegante Frucht mit süßem Holztannin im langen, vibrierenden Abgang. In guten Jahren die Quintessenz eines Chardonnays. Ein Weißwein der Extraklasse!

Weitere Weine

Augustus Rosado Cabernet
  Sauvignon
Augustus Tinto Crianza
  Cabernet Sauvignon
Augustus Tinto Crianza
  Cabernet Franc
Augustus Tinto Merlot
Augustus Tinto Crianza
  Cuvée César

Kleines Weingut am Meer

Wie der Name schon sagt, ist die
Kellerei das Projekt von zwei ins
Detail verliebten Genießern;
der eine, José Puig, seines Zei-
chens Tausendsassa, will sagen
Koch, Önologe und Erfinder
des »Puigpulls« (ein populärer
Korkenzieher in Spanien), der
andere, Joan Roca, Winzer und
Excavaproduzent.

Beide beschlossen 1990, sich
aus ihren früheren Berufen
zurückzuziehen und ein Weingut am Meer auf die Beine zu
stellen, dessen Weinberge nach
römischen Kaisern benannt
sind.

Don José hatte über lange
Zeit bei Torres Erfahrung im
Metier gesammelt, erst in Katalonien, später in Chile. Acht
Jahre vor seinem Ausstieg erwarb er neben dem Grundstück
seines Freundes in der Nähe des
Dörfchens Sant Vicenç im unteren Penedès eine Parzelle, und
Joan übernahm die Aufgabe, die
10 Hektar französischer Sorten
zu pflanzen.

Die auf Draht gezogenen Reben sind weit auseinandergezo-
gen und stehen auf sandigen,
mit Kies durchsetzten Böden.
Die Entfernung zum Meer beträgt knapp 4 Kilometer. Nachdem eine Probevinifikation von
zwei Fässern des Jahrgangs 89
ein zufriedenstellendes Ergebnis brachte, bauten sie die Bodega. Der unterirdische Keller
zeugt zweifellos von einem gewissen Selbstbewußtsein, denn
selbst heute, bei einer Produktion von über 100 000 Flaschen,
bietet er noch immer genug
Platz.

Zufällige Essigproduktion

Inzwischen ist ihr Essig fast so
bekannt wie ihre Weine; José
produzierte ihn zum erstenmal
aus einem Barrique von zweifel-
hafter Qualität. Er sieht die
Essigproduktion, die natürlich
in einem abgetrennten Gebäude vonstatten geht, als Garantie
für die Konsumenten, denn jedes nur mit dem Hauch eines
Fehlers behaftete Faß wird nun
in Essig verwandelt. In jedem
Fall, so meint Don José, würde
keine Seite dabei verlieren.

Mit der Produktion ihres
in ganz Spanien einzigartigen
Feinschmeckeressigs verdiene
die Bodega mindestens genausoviel wie mit dem Weinmachen.

Weinbereitung
und Ausbau

Der Chardonnay wird sanft
gepreßt, die Nacht über im Tank
behalten und anschließend ohne Pumpe in den tiefer gelegenen Keller in die Nevers-Barri-

ques geleitet. Die Most-Ausbeute wird sehr gering gehalten; sie beträgt etwa 50 Liter aus 100 kg Chardonnay-Trauben. Dies führt zu einer wunderbar klaren Frucht, die den Augustus immer auszeichnet.

Bevor der Chardonnay auf die Flasche kommt, wird er mit etwas Jungwein versetzt, der den Säurespiegel hebt. Im Normalfall sind die Fässer fünf Jahre im Gebrauch. José Puig brennt sie jedoch alle zwei Jahre selbst neu aus. Der Cabernet Sauvignon bekommt acht Monate Faßlager. Sehr komplex mit sehr sortentypischem Charakter, erscheint er leider viel zu früh auf dem Markt.

Die ersten wirklich gelungenen Jahre mit sehr viel Feuer und Kraft sind 96 und 97. Hier zeigt sich der Wein erstmals als eine homogene Einheit von Frucht, Extrakt und Holz.

José Puig konzipiert seine Weine mit dem Instinkt eines Kochs. Er selbst sagt, daß er beim Verkosten im Keller immer an das passende Essen zu seinem Wein denkt oder auch mal vice versa. Der Merlot kommt deshalb nur neun Wochen ins französische Holz. Der Schmelz und die weiche Frucht dieser Sorte soll (vor allem beim Essen) ungetrübtes Vergnügen bereiten.

Der würzige Cabernet Franc, von dem es leider nur eine verschwindend geringe Menge gibt, wird genauso ausgebaut wie der Merlot.

Ein Kapitel für sich ist die Cuvée César. Nur in den besten Jahren wird diese Assemblage aus Cabernet und Merlot bereitet. Hier sind Anlagen für einen großen Rotwein vorhanden. Tief, komplex, kraftvoll kommt er daher, Frucht und Holz brauchen jedoch eine gewisse Zeit, bis sie zueinanderfinden. Nicht vor dem vierten Jahr zu trinken.

Jean León

Mas D'En Rovira. Afueras, s/n. 08775 Torrelavid (Barcelona)
Tel. und Fax: 938 99 50 33
Besitzer: Familie Torres
Eigene Weinberge: 53 Hektar
Rebsorten: Cabernet Sauvignon 44%, Merlot 13%, Cabernet Franc 8%,
Chardonnay 35%
Produktion: 265 000 Flaschen
Weine mittlerer Preisklasse

Das Weingut liegt etwa 2 Kilometer außerhalb des Dorfes Pla del Penedès. Von der Straße nach Torrelavid geht ein Weg ab, der direkt zum Gut führt.

Die Spitzenweine

Jean León Blanco Chardonnay Fermentado en Barrica

Jean León Cabernet Sauvignon Tinto Reserva

Wenn die Chardonnays von Jean León die Bodega verlassen, wirken sie meist noch recht verschlossen in der Nase, zunächst zugedeckt von Eiche mit einem sich nur zögerlich entwickelnden Bukett von exotischen Früchten.

Im Mund sind sie dagegen sehr ausdrucksvoll und kräftig, mit Substanz, angenehm laktisch mit Geschmacksnoten von gerösteten Mandeln und tropischer Frucht. Kompakter Chardonnay, der sich im dritten Jahr erst richtig öffnet.

Die Cabernet Sauvignon Reserva ist ein Spanier durch und durch. Wunderbar intensive rote Frucht (Himbeerkompott) und ausladende Noten von feiner Holzreife.

Im Mund herzhafte Säure, die erst nach und nach durchkommt, rundliche, sättigende Frucht, am Gaumen mürbes

Tannin, das mit einer rustikalen Note lange im Abgang nachwirkt. Gutes Potential. Allen Weinfreunden zu empfehlen, die gerne mal aus dem typischen Cabernet-Profil ausbrechen wollen.

Weitere Weine

Jean León Blanco Petit
  Chardonnay
Jean León Cabernet Sauvignon
  Tinto Gran Reserva

Der Immigrant aus Kantabrien

Über viele Jahre hinweg galt das Restaurant La Escala als eine der besten Adressen in Beverly Hills (Los Angeles). Sein Besitzer, Jean León, der aus der Hafenstadt Santander in die Vereinigten Staaten ausgewandert war, pflegte eine gehobene, international angehauchte italienische Küche und begeisterte sich für französische Weine.

Sein erstes Projekt, das vorsah, ein Château im Médoc zu erwerben, mußte aus Kostengründen fallengelassen werden. Da er Verwandtschaft in Barcelona besaß, lag nichts näher, als sich im Penedès umzusehen, das auf eine große Rotweintradition in früheren Jahrhunderten verweisen konnte.

Hervorragender Rebbestand

Er ging das Vorhaben mit Ruhe und Umsicht an. Zunächst beauftragte er einen Wissenschaft-ler der Davis-Universität (University of California), die sich damals anschickte, zum amerikanischen Mekka für önologische Studien zu werden, zu prüfen, ob sich die Bedingungen für den Anbau von französischen Rebsorten eigneten.

Schließlich erwarb er ein Landgut, dessen Weinbauvergangenheit über ein Jahrtausend zurückreichte.

Jean León traf auf einen Rebbestand aus Macabeo und anderen typischen Weißweinsorten aus der Postreblausära, den er kurzerhand vollständig entfernen ließ, um an seiner Stelle Chardonnay, Cabernet Sauvignon und Cabernet Franc in Drahtrahmenerziehung anzupflanzen.

Der gesamte Rebbestand, der erst vor wenigen Jahren durch Merlot und neue Chardonnay-Anlagen ergänzt wurde, erhielt eine Südostausrichtung auf leicht abfallendem Gelände in nächster Nähe der Kellerei.

Als der Besitzer 1996 starb, war das Gros seiner Reben 33 Jahre alt. Heute gilt Jean León als Pionier in der katalanischen Rotweinerzeugung, und seine Weingärten gelten als die besten des Gebietes.

Nach seinem Tod übernahm Torres das Aktienpaket. Man kündigte an, den ehrwürdigen Stil der Jean-León-Weine so gut wie unangetastet zu lassen, obwohl eine Tendenz zu mehr heiterer Fruchtigkeit in den Zweitweinen deutlich zu bemerken und durchaus auch zu begrüßen ist.

Weinbereitung und Ausbau

Der klassische Chardonnay des Hauses wird vor der Gärung kaltgemaischt und vergärt anschließend im Holz. Der Önologe Jaume Rovira benutzt hierfür 60% neue amerikanische Eiche, von der ein Zehntel stark getoastet ist. Die kräftigen Röstnoten in diesem Wein sprechen für sich.

Der Petit Chardonnay gärt dagegen im Stahl und bekommt ein Holzgerüst von 40 Tagen. Seine Art ist leichter, unkomplizierter und weniger extraktreich, da er aus dem Lesegut der jungen Anlagen gekeltert wird, wirkt aber immer ansprechend.

Die vielschichtige Cabernet Reserva mit einem Anteil von 15% Cabernet Franc kommt erst im sechsten Jahr mit 24 Monaten Holz auf den Markt. Aus besonderen Jahren wird eine gewisse Menge bei etwas längerer Faßreife und sechs bis sieben Jahren Flaschenlager als Gran Reserva verkauft. Es kommt vor, daß die Kraft dieser Weine überschätzt wird und die Gran Reserva etwas müde wirkt. Zwei Jahre Flasche weniger täten es auch.

Miguel Torres

Comercio, 22. 08720 Vilafranca del Penedès (Barcelona)
Tel.: 93 817 74 00 Fax: 93 817 74 44
Besitzer: Familie Torres
Eigene Weinberge: 1300 Hektar
Rebsorten: In den Weinbergen der Familie Torres im Penedès sind rund
20 Rebsorten angepflanzt. Hauptsorten sind Tempranillo, Cabernet
Sauvignon, Merlot, Parellada und Chardonnay
Produktion: 24 000 000 Flaschen
Weine gemäßigter bis gehobener Preisklasse

Das Weingut liegt nahe des Dörfchens Pacs del Penedès. Man nimmt die Straße von Vilafranca del Penedès in Richtung Sant Martí Sarroca. Nach einigen Kilometern biegt man den Hinweisschildern folgend links ab.

Die Spitzenweine

Milmanda Blanco Chardonnay

Fransola Etiqueta Verde Blanco

Gran Coronas Mas La Plana Tinto Gran Reserva

Die großen Weine von Torres gehören immer zu den besten Weinen Spaniens, obwohl sie in manchen Jahren nur wenig von der Typizität des Landes aufweisen.

Ein gutes Beispiel ist der zweifellos hervorragende Chardonnay Milmanda, der in den letzten Jahren feiner geworden ist und viel von seiner kräftigen, buttrigen Art abgelegt hat.

Hinzu kommt eine geradlinige Säure, die verblüfft und die Kraft dieses Chardonnays verschleiert. Bei Fransola, der aus 85% Sauvignon Blanc und 15% Parellada vinifiziert wird, beeindruckt das ungemein vielfältige Fruchtbukett mit den typischen Noten der Sauvignon Blanc, vermischt mit feinem Holz. Im Mund ist er geschmei-

dig, so profund wie lang, sehr harmonisch und ausgeglichen. Selten findet man in einem südlichen Weißwein mit kräftigem Körper eine solch frische, klar konturierte Frucht.

Mas La Plana ist aufgrund seiner Vielschichtigkeit und des Nuancenreichtums ein mächtiger Wein, ohne wuchtig zu sein. In jungen Jahren weist er neben einem wundervollen beerigen Bukett (sehr reife Brombeer, Johannisbeer) animalische Noten auf. Im Mund weich, voluminös, mit guter Fruchtsüße, Anflüge von Teer und viel gesundes, saftiges Tannin am Gaumen.

Obwohl die ersten 90er Jahrgänge insgesamt schwächer und nicht mehr ganz so komplex waren, sind die Mas La Planas nach wie vor volle, harmonische Rotweine. Sie müssen nicht lange gelüftet werden (ein bis zwei Stunden), denn sie entwickeln sich recht schnell im Glas.

Weitere Weine

Viña Sol Blanco
San Valentin Blanco
Gran Viña Sol Blanco
Viña Esmeralda Blanco
Waltraud Blanco
De Casta Rosado
Sangre de Toro Tinto
Coronas Tinto
Viña Las Torres Tinto
Viña Magdala Tinto
Mas Borrás Tinto
Gran Sangre de Toro Tinto
  Reserva
Gran Coronas Tinto Reserva

Begabter Weinmacher

Ausschlaggebend für die Erfolge der Torres-Gruppe ist neben einem intelligenten Marketing die Begabung des Önologen Miguel Agustín Torres. Er kreierte einen großen Teil der verschiedenen Markenweine, die heute das Gesicht der Gruppe ausmachen.

Als er in den sechziger Jahren nach seiner Ausbildung in Barcelona und Dijon in das Unternehmen eintrat, vermarktete das Haus schon über 20 Jahre lang ausschließlich Flaschenweine, eine für die damalige Zeit ungewöhnliche Qualitätsphilosophie. Unter anderem unter seiner Leitung wurden die ersten französischen Rebsorten in Katalonien angepflanzt.

Miguel Torres hatte ausführliche Bodenuntersuchungen und Testpflanzungen vorgenommen, um die Akklimatisierung der fremden Sorten zu beobachten. Wie kein anderer hat er es schließlich verstanden, jeder Sorte eine adäquate Lage zuzuweisen und auf diese Weise die Kenntnisse über Böden und Klone zu verarbeiten, die er aus seinem Studium in Burgund mitgebracht hatte. Er erwarb beste Rebgärten, ähnlich den Grand-Cru-Lagen in Frankreich, um seine Spitzenweine produzieren zu können.

Kaum ein anderer Önologe war zu dieser Zeit besser ausgebildet als der heutige Direktor des katalanischen Weinimperiums, und noch wichtiger, niemand besaß eine ähnliche weintechnische Weitsicht.

Lagenweine

Vielen Weingenießern ist nicht bewußt, daß die Linie der besten Torres-Produkte eigentlich Lagenweine sind, deren Produktion schwankt, da nahezu 100% des Lesegutes eines Milmanda, Fransola, Mas Borrás oder Mas La Plana aus der jeweiligen Lage stammen.

Wegweisend für die Qualität im gesamten Penedès war mit Sicherheit der reine Cabernet Sauvignon Gran Coronas Mas La Plana, der auf einem Weingarten in der Nähe des Stammhauses bei Pacs del Penedès wächst. Schon in den siebziger Jahren galt er als einer der großen Cabernets des Kontinents.

Trotz des mediterranen Klimas, das bekannt dafür ist, deftige und reife, aber nur in geringem Maße subtile Weine zu produzieren, sind die Mas La Planas, die nur aus guten und sehr guten Jahrgängen ausgebaut werden, bemerkenswert fein.

Das Lesegut für Milmanda stammt aus einer Lage in der D.O. Conca de Barberá, die unter kontinentalen Klimaeinflüssen steht und somit diesem Chardonnay Nerv und Frucht garantiert. Die Stärke der Bodega liegt jedoch nicht nur in den großen Weinen. Torres hat die Qualität der gängigen Marken immer sehr gepflegt, was dem

Unternehmen, das inzwischen in Chile und in Kalifornien Weine keltert, wie keinem anderen spanischen Weinproduzenten die internationalen Märkte geöffnet hat.

Weinbereitung und Ausbau

Der Holzausbau ist ebenfalls ein zentrales Versuchsfeld im Hause Torres. In der eigenen Küferei werden zahlreiche französische und amerikanische Hölzer verarbeitet. Ziel ist es, die bestmögliche Eleganz und Reife zu erreichen, gleichzeitig aber die Ausbauzeiten zu verkürzen und so eine Melange zwischen spanisch-traditionellem Stil und dem internationalen Geschmack zu entwickeln. Man hat sogar mit Stahltanks experimentiert, die innen mit Holz ausgekleidet waren.

Die beiden weißen Barriques reifen in französischer Eiche, wobei der Chardonnay zehn Monate im Holz bleibt.

Der sortenreine Pinot Noir Mas Borrás reift zwischen zwei und fünf Monaten in neuer französischer Eiche. Er wächst in einer Höhenlage bei Igualada und weist als einziger der Torres-Crus nicht immer in zufriedenstellendem Maße sortentypische Aromen auf, dafür aber eine beeindruckende Länge.

Mas La Plana bekommt erst sechs Monate neues französisches Barrique verordnet und dann als glättende Maßnahme über ein Jahr altes amerikanisches Holz.

D.O. Priorato

Wie alle guten Dinge dieser Welt sind die Priorato-Weine ein rares Gut. Das kleine Weingebiet im Bergland von Tarragona kann nur mit 1 800 Hektar Rebland aufwarten, von dem – man mag es kaum für möglich halten – immer noch fast die Hälfte mehr oder weniger unbestellt ein kümmerliches Dasein fristet. Denn die exzellenten und sehr teuren Clos-Weine, wie man die Gewächse der letzten Generation nennt, sind nur eine Seite der Wirklichkeit. Die Gesamtproduktion schwankt zwischen 1,0 bis 1,3 Millionen Litern, von denen gerade mal 700 000 abgefüllt werden.

Das Priorato ist ein geologisch in sich geschlossenes Weingebiet. Dort, wo die kargen Schieferböden enden, verlaufen auch die Grenzen der D.O. Das Gebiet ist ringsherum von einem schroffen Bergkranz eingeschlossen. Innerhalb dieser natürlichen Barriere erstreckt sich eine faszinierende Landschaft aus engen Tälern und dürftig bewachsenen, steilen Hügeln. An diesen Hängen, die mitunter so unwegsam sind, daß in früheren Zeiten während der Lese Seile gespannt wurden, um Mensch und Maultier Halt zu geben, wächst der berühmte Priorato-Wein.

Der Rebspiegel wird nach wie vor zu drei Vierteln von den beiden traditionellen Sorten des Gebietes, der Garnacha und der Cariñena, beherrscht. Nur rund 15% entfallen auf neu eingeführte Trauben wie Cabernet Sauvignon, Merlot oder Syrah.

Früher war das Gebiet für starke Rot- wie Weißweine mit einer oxidativen Reife bekannt. Die Prioratos der zugereisten Winzer-Pioniere, die sich in den Siebzigern auf der Suche nach unentdecktem Weinbaupotential hier ansiedelten, weisen nun Alkoholgehalte von 13,5% bis 14% auf; sie werden modern bereitet und in Barriques gereift. Ausschlaggebend für den schnellen Ruhm der Weine der neuen Welle ist ihre ungeheure Dichte und Tiefe, begleitet von einer hochkonzentrierten Frucht.

Kaum ein anderer Wein Spaniens ist so sehr von den Bodenverhältnissen beeinflußt. Die Reben bringen auf den berühmten Schieferböden, licorella genannt, erstaunliche mineralische Noten in die Weine. Da sie auf dem trockenen Untergrund, der, abgesehen von den Lagen in den Tälern, nur eine minimale Humusdecke aufweist, ums Überleben kämpfen müssen, sind die Erträge sehr gering. Für die Garnacha, und in geringerem Maße auch für die Cariñena, bis vor kurzem noch als Massenträger geächtete Sorten, bedeutet der Ruhm der neuen Prioratos eine Art späte Rehabilitation.

Alvaro Palacios

Parcela, 26-Pol. 6. 43737 Gratallops (Tarragona)
Tel.: 977 83 91 95 Fax: 977 83 91 97
Besitzer: Alvaro Palacios
Eigene Weinberge: 25 Hektar
Rebsorten: Garnacha 70%, Cabernet Sauvignon 15%, Merlot 10%,
Syrah 10%, Cariñena 5%
Produktion: 200 000 Flaschen
Weine mittlerer bis gehobener Preisklasse

Das neue Weingut liegt kurz vor der Ortseinfahrt von Gratallops auf der linken Seite. Der alte Keller im Ort selbst wird noch für den Ausbau von L'Ermita genutzt.

Der Spitzenwein

L'Ermita Tinto Crianza

Ein enorm konzentrierter, fruchtbetonter und geschliffen-eleganter Wein aus sehr alten Garnacha- und Cariñena-Reben und einem kleineren Anteil aus einer relativ neu umgepfropften Cabernet-Sauvignon-Anlage. In der Nase häufig leicht säuerliche Johannisbeere und Sauerkirsche, aber auch Röstbrot und Räucheraromen. Die ungewöhnliche Verbindung von Dichte und Komplexität mit Eleganz macht ihn zum großen Wein.

Weitere Weine

Finca Dofí Tinto Crianza
Les Terrasses Tinto Crianza

Das Weingut

Ihren Anfang nahm die Geschichte der Bodega vor etwa 15 Jahren, als vier Freunde die alte Region Priorato für sich entdeckten. Die ersten Jahrgänge wurden gemeinsam ausgebaut, dann gründete jeder der vier ein eigenes Weingut.

Alvaro Palacios, Sproß einer Bodeguero-Familie aus der Rioja, ist vielleicht inzwischen der bekannteste unter ihnen. Der junge Önologe, der in Bordeaux unter anderem bei Château Petrus und in Napa Valley, dem anerkannten Weingebiet Kaliforniens, Erfahrungen gesammelt hat, brachte mit L'Ermita einen Kultwein auf die Flasche, für dessen ersten Jahrgang, den 93er, bereits heute Sammler über 400 DM pro Flasche bezahlen.

Auch für den Finca Dofí, der einige Jahre unter der Bezeichnung Clos Dofí auf dem Markt war, wurde die Bodega von der Fachpresse gelobt.

Die Weinberge der Bodega sind durchweg mehrere Jahrzehnte alt. Auf dem steilen, trockenen Gelände mit seinen sehr steinigen, kargen Böden sind sie extrem mühsam zu bearbeiten.

Alvaro Palacios hat sicherlich zur Renaissance des Prioratos beigetragen. Inzwischen interessieren sich auch Investoren anderer Regionen für das Gebiet. Palacios selbst ist zwar inzwischen auf 14 Hektar gewachsen, will sich aber auf alte Weinberge beschränken.

Weinbereitung und Ausbau

Das Priorato befand sich über lange Jahre wie in einem Dämmerzustand. Fast alle Weinberge sind noch im alten Gobelet-Stil angelegt und wirken häufig verkümmert.

Da wenig investiert und kaum neu gepflanzt wurde, sind die Weinberge alt, die Reben wurzeln tief und bringen wenig Ertrag.

Das Ergebnis aber sind kleinbeerige Trauben von höchstem Wert. Es gibt in Spanien kaum konzentriertere Weine.

Die Erntemenge bei L'Ermita liegt mit rund 1 000 Litern pro Hektar extrem niedrig. Der Wein vergärt im großen 3 000-Liter-Holzfaß und wird danach 30 Tage mazeriert.

Er reift vor der Flaschenabfüllung 20 Monate in 500 Liter fassenden Fässern, die zu 80% aus französischer Alliereiche und zu 20% aus amerikanischer Eiche bestehen.

Auch die anderen Weine werden mit niedrigen Erntemengen von weniger als 2 000 Litern pro Hektar erzeugt, lange mazeriert und im Barrique gelagert. Beim Finca Dofí handelt es sich um einen hochwertigen Zweitwein aus einer weiteren Einzellage. Der 93er, der erste Jahrgang, ist noch lange nicht trinkreif.

Die Trauben für Les Terrasses kauft Palacio teilweise zu und lagert den Wein in bereits für die anderen beiden Weine verwendeten Barriques.

Clos Mogador

Camí Manyetes, s/n. 43737 Gratallops (Tarragona)
Tel.: 977 83 91 71 Fax: 977 83 94 26
Besitzer: Familie Barbier
Eigene Weinberge: 20 Hektar
Rebsorten: Cabernet Sauvignon 40%, Garnacha 40%, Syrah 20%
Produktion: 15 000 Flaschen
Wein gehobener Preisklasse

Die Bodega liegt kurz vor der Ortseinfahrt von Gratallops auf der linken Seite.

Der Wein

Clos Mogador
Tinto Reserva

Ehre, wem Ehre gebührt. Man kann ohne Übertreibung behaupten, daß der Clos Mogador eines der ganz großen Gewächse Spaniens ist.

Stets ein wuchtiger Wein von tiefdunklem Rot mit einer vielschichtigen Duftkomposition von überreifer Frucht, Pflaumen, Feigen, Brombeer und Teer.

Im Mund muskulös mit fester Struktur. Er hinterläßt immer einen Eindruck von enormer Fülle und Konzentration. Der Wein braucht Zeit.

Das unbändige Tannin läßt ihn als Jungwein recht hart und grobschlächtig erscheinen. Dennoch kann dieser herausragende Wein auch schon im dritten oder vierten Jahr viel Freude bereiten.

Die Opulenz des Clos Mogador mit seiner sehr würzigen Garnacha-Komponente läßt auch für diejenigen Leute, die nicht mit Geduld gesegnet sind, den Höhepunkt dieses Weines abzuwarten, immer eine Hintertür offen.

Der Priorato-Pionier

Der Sproß einer bekannten Winzerfamilie, der mit ansehen mußte, wie der später von der spanischen Regierung enteignete Rumasa-Konzern das Familienunternehmen übernahm, widmete sich zunächst einige Jahre dem Weinvertrieb in der Rioja, nachdem er seine Ausbildung an der Weinbauschule in Bordeaux abgeschlossen hatte.

Schon als Kind war René Barbier durch seinen Vater mit dem so gut wie brachliegenden Anbaugebiet Priorato in Berührung gekommen. In reinster Hippie-Manier, wie er selbst sagt, siedelte er mit seiner Frau und René Barbier junior mitten ins Nichts der wildromantischen Landschaft des Berglandes von Tarragona um, kaufte ein Grundstück und gründete mit Hilfe des aus der Extremadura gebürtigen und in Gratallops verheirateten Antonio Rosario Ballestros mit primitivsten Mitteln eine winzige Kellerei.

Nach eigenem Bekunden hielt es damals keiner der beiden für möglich, jemals vom Wein leben zu können. Aus der Familie Barbier und ihrem Clos Mogador ist dennoch eine spanische Weinlegende geworden.

Die Anlage

Die Rebberge befinden sich an einem Hanghalbrund, das sich wie ein römisches Amphitheater zum Flußtal des Siurana öffnet. Allein die obere Garnacha-Lage, die etwa einen Hektar umfaßt, ist älter als 40 Jahre, der Rest wurde in mühsamer Handarbeit über die letzten 16 Jahre hinweg angepflanzt.

Die extrem kargen Böden und die geringen Niederschläge sorgen schon von sich aus für eine strenge Selektion. Hinzu kommt eine zusätzliche Auswahl während der Lese.

Die Fässer, die den Qualitätsvorstellungen von Vater und Sohn nicht entsprechen, werden im privaten Kreis mit Freunden getrunken.

Weinbereitung und Ausbau

Gepreßt wird mit einer aus dem letzten Jahrhundert stammenden Olivenölpresse, die es ermöglicht, den Most laufend zu verkosten und den Preßvorgang im richtigen Moment zu stoppen. In manchen Jahren wird nur ein Drittel des Mostpotentials ausgeschöpft. Maischegärung und zweite Gärung finden in Epoxitanks statt. Die bis dahin separat vinifizierten Weine kommen ins Faß, Cabernet und Garnacha werden hier verschnitten.

Beide Weinmacher halten nicht viel von amerikanischer Eiche, so daß der Wein in 66 Barriques aus französischer Eiche reift, in der Regel zwischen zwölf und 18 Monaten.

Der Syrah wird in 500-l-Fässern getrennt ausgebaut. Erst kurz vor der Flaschenfüllung wird die endgültige Coupage aus den drei Rebsorten entschieden.

Costers del Siurana

Camí Manyetes s/n. 43737 Gratallops (Tarragona)
Tel.: 977 83 92 76 Fax: 977 83 93 71
Besitzer: Familie Pastrana Jarque
Eigene Weinberge: 130 Hektar
Rebsorten: Garnacha 35%, Cabernet Sauvignon 35%, Syrah 8%,
Merlot 8%, Tempranillo 8%, Cariñena 6%
Produktion: 70 000 Flaschen
Weine gehobener Preisklasse

Das Weingut liegt kurz vor der Ortseinfahrt Gratallops auf der linken Seite, etwa 400 m von der Straße entfernt.

Der Spitzenwein

Clos de L'Obac Tinto Crianza

Der Clos de L'Obac gehört sicherlich nicht zu den mächtigsten Weinen des Priorato, dafür aber zu den feinsten. Die Nase wird von edlen Holzaromen, Gewürz und Wildbeeren bestimmt.

Im Mund ungemein breite Geschmacksfülle, jedoch ohne die für die Gegend typische übermächtige Tanninstruktur. Feine reife Frucht, adstringierende Präsenz von Tinte auf der Zunge, weiche, ja fast glatte Tannine am Gaumen, lang mit Eindrücken von Menthol und Holzharz.

Weitere Weine

Dolç de L'Obac Tinto
Miserere Tinto Crianza
Usatjes Tinto

Vielseitiger Weinmacher

Carlos Pastrana und seine Frau gehören zu der ersten Gruppe der Priorato-Abenteurer. 1988 siedelten sie endgültig in das

Dorf Gratallops über, um ein Jahr später ihren ersten Wein vorzustellen. Die meisten Reben hatten sie völlig neu angelegt, die vorhandene, klägliche Bestockung bis auf die sehr alten Cariñena-Pflanzen herausgerissen. Heute geben gerade diese Trauben ihren Weinen eine edle Würze.

Zweifellos ist das Ehepaar maßgebend für die Entwicklung des Priorato-Stiles gewesen, und der unterschiedliche Zuschnitt ihrer Weine zeugt von Experimentierfreudigkeit und einer gewissen visionären Schöpfungskraft.

Der Miserere, von vielen Trinkern leicht als herkömmlicher Zweitwein unterschätzt, ist etwas leichter, aber dennoch feurig.

Er wächst auf dem im 13. Jahrhundert gegründeten Anwesen Mas d'en Bruno, das heute im Besitz des Ehepaares ist. Der Wein hat mehr Charakter als viele »Erstweine« anderer Erzeuger im Lande.

Als echter Zweitwein ist der Usatjes konzipiert, in den das Lesegut der zweiten Wahl eingeht.

Aus der Einzellage Camp dels Espills mit 2 500 Garnacha-Stöcken, ebenfalls erst kürzlich dem Weingut angegliedert, werden die extrem reifen Trauben für den Dolç, den Süßwein des Hauses, geholt. Mit einem Restzuckergehalt von rund 80 Gramm zeigt er sich sehr weinig, weil er nicht zu dick fließt und die Frucht sich losgelöst und fein gibt.

Weinbereitung und Ausbau

Über 1 500 Traubenproben werden in den verschiedenen Lagen vor und während der Ernte genommen, um den Reifegrad des Lesegutes zu bestimmen. In den neun Weinbergen, die sich in der Nähe des Weingutes befinden, kann der Reifezustand von Zeile zu Zeile verschieden sein. Die Sonneneinstrahlung in den steilen Hanglagen, aus denen die Trauben für den Clos de L'Obac stammen, ist sehr unterschiedlich.

Der Name L'Obac bedeutet »Schattenseite« und spielt auf die feuchten, sonnenabgewandten Teile der Wingerte an. Die Lese kann durchaus bis zu 45 Tagen dauern. Lange Maischestandzeiten sind bei allen Weinen üblich.

Erstaunlicherweise werden die Sorten nicht getrennt ausgebaut. Nach Bekunden von Carlos Pastrana werden die Trauben in dem Maße, wie es ihre Reife erlaubt, und schon dem Verhältnis der Coupage des späteren Weines entsprechend – im Falle des L'Obac 35% Cabernet, 35% Garnacha und jeweils 10% Merlot, Syrah und Cariñena – zusammen vergoren. Nur der Spitzenwein kommt in neues, schwach getoastetes französisches Holz.

Der Miserere ist weniger holzbetont und hat eine aromatischere, aber weniger saftige Frucht, die durch den hohen Anteil an Tempranillo zu erklären ist.

166

Mas Martinet Viticultors

Ctra. Falset – Gratallops, Km. 6. 43730 Falset (Tarragona)
Tel. und Fax: 977 83 05 77
Besitzer: Familie Pérez Ovejero
Eigene Weinberge: 7 Hektar
Rebsorten: Garnacha 40%, Cabernet Sauvignon 25%, Merlot 20%,
Syrah 15%
Produktion: 40000 Flaschen
Weine mittlere bis gehobene Preisklasse

Das Weingut liegt an der Straße von Falset in Richtung Gratallops nach etwa 6 Kilometern auf der linken Seite. Kurz vor der Einfahrt erhebt sich gut sichtbar eine große Palme.

Die Spitzenweine

Clos Martinet Tinto Crianza

Cims de Porrera Tinto Crianza

Mit ihrer hohen Konzentration und großen Traubenreife typische Prioratos. Der Clos Martinet ist der modernere, elegantere und fruchtbetontere Typ, der schon relativ jung getrunken werden kann.

Cims de Porrera ist fleischiger, würziger, erinnert an Veilchen und Pflaume und ist jung schwerer zugänglich; entspricht eher dem traditionellen, nach langem Flaschenlager trinkfertigen Priorato-Typ.

Weitere Weine

Martinet Bru Tinto Crianza
Martinet Especial

Experimente mit moderner Gärtechnik

José Luis Pérez ist der geistige Vater der neuen Priorato-Winzer. Der Weinbaulehrer und Berater einiger bekannter Erzeuger in Katalonien hat die ersten Weine der vier Partner vinifiziert, die das Priorato für den Weinbau erschlossen haben.

Nach der Trennung 1992, als jeder sein eigenes Weingut gründete, baute er an der Straße von Falset nach Gratallops in einer Senke eine kleine Kellerei und legte in teilweise recht unwegsamem Gelände Weinberge an, testete verschiedene Rebsorten sowie verschiedene Anbauweisen und ist heute überzeugt davon, daß gezielte Tröpfchenbewässerung trotz einer Erntemenge von 4 000 kg pro Hektar bessere Trauben bringt als trockenstehende Weinberge mit nur 2 000 kg. Syrah, Merlot, Cabernet Sauvignon und Garnacha wachsen jeweils in einem eigenen, sich in diesem Gebiet sehr rasch wandelnden Mikroklima.

Mit dem Jahrgang 96 startete Pérez (gemeinsam mit dem Sänger Luis Llach) sein Projekt Cims de Porrera. Er übernahm die Räumlichkeiten und die Trauben der veralteten, kleinen Genossenschaft in Porrera und baut nun mit Hilfe moderner Gärtechnik aus den Trauben uralter Reben einen komplexen, hochkonzentrierten Wein aus, der langes Flaschenlager benötigt, um sein Trinkoptimum zu erreichen. Die Weinberge sind trockene Hanglagen mit geringsten Erträgen von unter 1 000 Liter pro Hektar.

Neben seinen Weinen Clos Martinet, Cims de Porrera und Martinet Bru vinifizert Pérez jedes Jahr Weine verschiedenster Art auf experimenteller Basis, die er auf seinen Reisen und bei Vorträgen präsentiert. Angesichts der vielen kleinen Projekte, die Pérez mit viel Liebe und Vergnügen pflegt, ist das Weingut fast als eine Art private Forschungsanstalt zur Förderung des Priorato-Weinbaus anzusehen.

Weinbereitung und Ausbau

Über die Weinbereitung gibt Don Pérez kaum Auskunft, denn sie führe nur fort, was im Weinberg begründet wurde. Die Weinbereitung der beiden – wie Pérez sich ausdrückt – »ernsthaften« Weine, des Clos Martinet und des Cims de Porrera, geschieht durch Entrappen, Vergären in kleinen Stahltanks, die kaum Temperaturkontrolle erfordern, und langes Maischelager. Da die Rebsorten zu unterschiedlichen Zeiten reifen, werden sie getrennt ausgebaut, aber auch getrennt in neuen Barriques gelagert. Die Entwicklung im Holzfaß wird über einige Monate verfolgt, dann beginnt der endgültige Verschnitt, der von Jahr zu Jahr etwas unterschiedlich ausfallen kann.

Beim Cims de Porrera, der fast nur aus Garnacha und Cariñena sowie 5% Cabernet Sauvignon besteht, wird nur das beste Drittel der Trauben verwendet. Für diesen Wein baut Pérez die Trauben aus Süd- und Nordlagen, die sich deutlich unterscheiden, zunächst getrennt aus.

Cellers Vilella de la Cartoixa

Ereta, 10. 43375 La Vilella Alta (Tarragona)
Tel.: 977 83 92 99 Fax: 977 83 91 36
Besitzer: Antonio Alcover, Carles Boy, Francés Sanchez
Keine eigenen Weinberge
Produktion: 10 000 Flaschen
Weine mittlerer bis gehobener Preisklasse

Das Weingut liegt im Dorf Vilella Alta hinter der Kirche. Vilella befindet sich zwischen den Ortschaften Scala Dei und Gratallops.

Die Weine

Fra Fulcó Tinto

Fra Fulcó Selección Tinto

Diese sich wie ein dichtgewobener flüssiger Teppich über Zunge und Gaumen ausbreitende Garnacha-Selektion mit einem Fünftel Cabernet-Anteil gehört mit zum Eindrucksvollsten, was die Levante an roten Qualitäten zu bieten hat.

Auslese aus den besten Genossenschaftstrauben

Der Weinmacher dieser kleinen Kellerei versorgt sich mit Lesegut aus den Weinbergen der örtlichen Genossenschaft. Seit 1994 besteht eine Übereinkunft, die es Antonio Alvarado erlaubt, nach eigenem Gutdünken das beste Lesegut aus alten Hanglagen zu selektionieren.

Ein besonderes Faible hat er für die kräftige Cariñena-Traube, die von vielen Önologen noch immer als ordinär betrachtet wird. Antonio versichert dagegen, daß gerade die Kombination aus kräftigem Tannin und lebendiger Säure hochinteressante Weine entstehen läßt, insbesondere in der

Coupage mit Garnacha-Trauben. Ganz will er jedoch nicht auf eine moderne Schattierung verzichten und gibt seinem Fra Fulcó neben 60% Cariñena und 30% Garnacha etwas Cabernet Sauvignon.

Ein langer Weg bis zum eigenen Wein

Nach abgebrochenem Elektrotechnikstudium kehrte Antonio 1984 in das Dorf seiner Großmutter im Priorato zurück. Schon während seiner Ausbildung an der Weinbauschule in Falset engagierte er sich bei verschiedenen Bodegas der Priorato-Pioniere, lernte bei Pérez von Mas Martinet Kellerarbeit und Weinbau, bei Alvaro Palacio die Kunst der Assemblage und den Ausbau in Eiche. Bis heute hilft er aus, wo es nötig ist, und fungiert inzwischen selbst als Lehrer in Falset.

Sein eigentliches Interesse lag jedoch darin, den langsamen Verfall des Weinbaus in Vilella zu bremsen, das heute kaum mehr 140 Einwohner zählt, die meisten von ihnen zu alt, um noch aktiv im Weinbau zu arbeiten. Das Projekt einer eigenen Bodega realisierte er erst spät.

Weinbereitung und Ausbau

Die eigentliche Weinbereitung findet in einem bislang noch beängstigend kleinen Keller in Vilella statt, der Ausbau in einem nicht viel geräumigeren Gebäude direkt nebenan.

Bei der Garnacha befürwortet Antonio lange Maischestandzeiten, bei der Cariñena muß er wegen der rauhen Tannine Vorsicht walten lassen. Die Wahl beim Barrique ist für ihn klar. Die eleganten Röstnoten neuer französischer Eiche unterlegen die Fülle seiner Weine am besten.

Die Garnacha-Moste durchlaufen die malolaktische Gärung im Faß. Um der Wucht und Konzentration seiner Selektionsweine etwas entgegenzusetzen, bleibt der Fra Fulcó Selección ungefähr 15 Monate im Holz, zwei mehr als seine normale Qualität.

D.O. Rías Baixas

Noch vor 15 Jahren waren die Weißweine aus der D.O. Rías Baixas völlig unbekannt, die Rebfläche betrug weniger als ein Drittel der heutigen Ausdehnung von rund 2 500 Hektar. Zunächst wollte man eine reine Albariño-Denominación schaffen. Da jedoch am südwestlichen Ende der Provinz Pontevedra traditionell Verschnitte vinifiziert wurden, entschloß man sich, der Tradition zumindest in dieser Hinsicht Rechnung zu tragen und alle alteingesessenen Rebsorten in das Reglement aufzunehmen.

Man änderte die provisorische Bezeichnung von Albariño in Rías Baixas. Die D.O. im Nordwesten Spaniens unterteilt sich in vier Unterzonen mit unterschiedlichen Boden- und Klimaverhältnissen.

Reinsortige Albariños sind im ganzen Gebiet üblich, das Zentrum dieser Rebe bildet die Unterzone El Salnés mit dem gemütlichen Städtchen Cambados, das jedes Jahr ein Fest zu Ehren dieser Traube feiert. Bei der Albariño handelt es sich um eine sehr aromatische Sorte, die neben einer eleganten Frucht guten Extrakt und eine feine Säure aufweist. Wenn ein Wein nur die Bezeichnung Rías Baixas trägt, enthält er außer mindestens 70% Albariño je nach Unterzone die Sorten Caíño, Loureira, Torrontés oder Treixadura. Die Rotweinproduktion im Gebiet ist unwesentlich. Etwas weiter südlich, nahe der Provinzhauptstadt Pontevedra, befindet sich die Zone Soutomaior und an der portugiesischen Grenze O Rosal und Condado de Tea. Die rauhesten Witterungsbedingungen mit späten Frösten herrschen im Condado. Ansonsten ist das Klima sehr mild.

In den Buchten am Atlantik findet sich die größte Vielfalt von Meeresfrüchten Europas, und die Gastronomie dreht sich folglich in erster Linie um Fisch und begehrtes Meeresgetier. Dafür sind die Rías-Baixas-Weine wie geschaffen: Die wunderbare Frucht, die oft exotische Noten annimmt, sowie die schlanke, aber kräftige Struktur machen aus diesen Weinen ideale Essensbegleiter.

So gut wie alle Betriebe bauen ihre Weine in modernen Stahltanks aus. Sie kommen zum Teil schon vor Weihnachten in den Verkauf und geben sich spritzig und mit frischer Frucht. Ein guter Rías Baixas ist immer hocharomatisch. In Mode kommt es jedoch, die Weine länger im Tank liegen zu lassen, um komplexere Fruchtaromen zu erreichen. Trotzdem sollten sie – dies gilt so gut wie für alle galicischen Weißen – im zweiten Jahr nach der Ernte getrunken sein. Mit den holzausgebauten Gewächsen tut man sich noch schwer.

Adegas Galegas

Meder. 36457 Salvatierra do Miño (Pontevedra)
Tel.: 986 65 74 00 Fax: 986 65 73 71
Besitzer: Aktiengesellschaft
Eigene Weinberge: 37 Hektar
Rebsorten: Albariño 95%, Treixadura, Loureira, Espadeira 5%
Produktion: 250 000 Flaschen
Weine gemäßigter bis mittlerer Preisklasse

Das Weingut liegt etwas außerhalb des Weilers Meder. Man nimmt von der Straße Ponteareas nach As Neves den Abzweig nach Meder und folgt dann den Hinweisschildern zur Bodega.

Der Spitzenwein

Don Pedro de Soutomaior Blanco Albariño

Ein sehr hellfarbiger schlanker Albariño, der durch eine perfekte Balance zwischen einer bemerkenswerten Säure und einer sehr dezenten, aber gut eingebauten Fruchtsüße auffällt. Ausgeprägtes Fruchtaroma (Apfel, Zitrus) und blumige Noten. Im Mund von mittlerer Struktur, sehr gute weinige Säure am Gaumen, dabei geschmeidig, mit sanftem Biß, neben der Frucht feine Anklänge von Lorbeer, die sich im Nachhall noch verstärken. Ein sehr lebendiger und vitaler Albariño-Typ, der mit seiner Säure nicht so schnell ermüden dürfte. Trotzdem, wie praktisch für alle galicischen Weißweine gilt auch hier: bald trinken, das heißt nicht länger als zwei Jahre nach der Ernte.

Weitere Weine

Dionisos Blanco Albariño
Veigadares Blanco Fermentado
    en Barrica
Señorio de Rubios Tinto
    Fermentado en Barrica

172

Eine gegensätzliche, aber gut funktionierende Interessengemeinschaft hat sich um José Rodríguez geschart, um das Projekt Adegas Galegas voranzutreiben. 1995 schlossen sich eine Gruppe von Kleinunternehmern (Viñedos Goian), der Spirituosenriese Larios und Don José zusammen, um die mehr schlecht als recht laufende Genossenschaft Condesat zu übernehmen und daraus Adegas Galegas zu schaffen.

»Pepe« Rodríguez gehörte schon zu den Gründungsmitgliedern von Adegas das Eiras, der heutigen Bodegas Terras Gauda, und gilt als einer der innovativsten und energischsten Figuren des galicischen Weinsektors.

Weinbereitung und Ausbau

Für den technischen Part ebenso wie für die Koordinierung der Arbeit im Weinberg sind zwei junge Damen, Christina Mantilla, Önologin, und Christina Carrera, Agraringenieurin, verantwortlich.

Da das Weingut unterschiedliche Qualitäten vinifiziert, ist es unerläßlich, mit einem Selektionstisch zu arbeiten. Das Lesegut stammt aus verschiedenen Lagen, die über mehrere Teilgebiete der D.O. verteilt sind.

So gut wie alle Weinberge weisen Drahtrahmen-Erziehung vor, da die traditionelle Pergola-Erziehung, so die Auffassung der Agraringenieurin, zu große Mengen Trauben erzeuge, die dünnere Moste brächten. Während des Transportes werden die Erntekisten vorgekühlt, anschließend wird entrappt und zunächst nur gequetscht. Die entstandene Maische wird nochmals gekühlt und sechs Stunden in Mazerationstanks gefüllt. Danach preßt man ab und vergärt sehr lange.

Für den weißen Barrique Veigadares, der zu 85% Albariño sowie Treixadura und Loureira enthält, vergärt man nur ein Drittel des Mostes im Faß. Nach fünf Monaten in französischem und amerikanischem Holz wird er mit den restlichen zwei Dritteln Tankmost verschnitten. Der Wein hat wie kaum ein anderer weißer Barrique aus Rías Baixas Lob eingeheimst, möglicherweise weil sein Holzgeschmack nicht so ausgeprägt ist wie bei vergleichbaren Produkten. Immer mehr Bodegas schließen sich der Mode der weißen Barriques mit mehr oder weniger Fortüne an.

Der Rotwein von Adegas besitzt eine Sonderstellung im Gebiet, denn mit eigenem Etikett und konstanter Regelmäßigkeit produzieren weniger als eine Handvoll Betriebe einen Wein dieser Art. Nicht weniger als fünf Rebsorten vermählen sich hier zu einem einfachen, etwas rauhen Tinto mit leichter Holznote, aber interessanter, leicht mineralischer Nase, der eigentlich im Gebiet selbst, vielleicht zu einem kräftigen pulpo a la gallega, dem typischen gekochten Oktopus, einmal verkostet werden sollte.

Agro de Bazán

Tremoedo, 46. 36628 Villanueva de Arosa (Pontevedra)
Tel.: 986 55 55 62 Fax: 986 55 57 99
Besitzer: Familie Otero Candeira
Eigene Weinberge: 13 Hektar
Rebsorten: Albariño 100%
Produktion: 400 000 Flaschen
Weine mittlerer Preisklasse

Das Weingut liegt 4 km von Cambados entfernt an der Straße nach Tremoedo auf der rechten Seite.

Der Spitzenwein

Granbazán Ambar Blanco

Granbazán Ambar hat in mehrerer Hinsicht im Laufe der letzten Jahre Meilensteine gesetzt, was kontinuierliche Qualität und Geschmacksintensität angeht. Bei moderaten 12% Alkoholgehalt wartet dieser Wein mit einer Fülle und Komplexität auf, die überrascht.

Statt oxidativer Noten, die man bei dieser Konsistenz und der mit goldgelben Reflexen durchsetzten kräftigen Farbe eines schon recht entwickelten Weißweines erwartet, präsentieren sich sauberste Aromen von reifen Früchten, Anflüge von Lorbeer und Vanille, obwohl der Ambar kein Holzlager bekommt. Im Mund beeindruckt er mit Struktur und einem schönen Wechselspiel zwischen Frucht und Säure.

Weitere Weine

Contrapunto Blanco
Granbazán Verde Blanco
Granbazán Limousin Blanc

Das Weingut

Manuel Otero, Gründer und Seele der Kellerei, gehört zu den Pionieren des modernen galicischen Weinbaus. Auf einem mit Wald und Gebüsch bewachsenen Stück Land nahe der Weinbau-Kapitale Cambados begann er 1981 einige Hektar mit Albariño zu bestocken. Fünf Jahre später erfolgte der Baubeginn der Kellerei.

Als Besucher reagiert man zunächst einmal verblüfft, wenn Don Manuel versichert, daß es sich bei dem Gebäude um einen Neubau handelt, der erst im Jahr 1990 unter Verwendung alter Bruchsteine und Fenstergewände fertiggestellt wurde.

Im Keller finden sich auch moderne Tanks zur Kaltmazeration der noch unvergorenen Maische.

Weinbereitung und Ausbau

Die Weine aus dem Hause Agro de Bazán stehen für eine ganz eigene Weinphilosophie, die zwar Nachahmer in Rías Baixas gefunden hat, deren Qualität jedoch kaum mit dem legendären Granbazán mithalten kann.

Als sich viele Erzeuger noch mit dem Mysterium der modernen Weißweinbereitung, das heißt, klar strukturierte fruchtige Weine ohne breite Oxidationstöne zu keltern, auseinandersetzten, dachte Manuel Otero schon über den nächsten Schritt nach. Welche Möglich-keiten bestanden, einen halt-baren Albariño zu machen, der dem anspruchsvollen Weintrinker zwei oder mehr Jahre höchsten Genuß versprach und nicht schon nach 14 Monaten fade und müde wurde?

Das Ziel heißt Reifepotential

Zusammen mit seiner Önologin entwickelte er schließlich folgendes Konzept: Erst einmal werden die entrappten und gequetschten Trauben vor der Gärung gekühlt und in Mazerationstanks gefüllt, wo der auslaufende Most acht Stunden mit dem Fruchtfleisch in Kontakt bleibt und so Frucht und Extrakt aufnimmt. Der Most wird abgelassen, die Maische gepreßt, und beide Moste werden separat vergoren. Danach läßt man die Weine bis zum Juli in Tanks ruhen, verschneidet sie und bringt sie anschließend auf die Flasche.

Trotz der späten Vermarktung wirkt kaum ein Albariño makelloser als der von Don Manuel! Der Unterschied zwischen den beiden Granbazán-Typen besteht darin, daß der Verde mehr Preßwein, der Ambar dagegen mehr natürlich abgelaufenen und damit feineren Most enthält. Die lange Haltbarkeit ist auf die lange Ruhe im Tank zurückzuführen, die den Weinen Komplexität, Eleganz und Struktur gibt. Die Bodega war der erste Betrieb, der auf die segnende Wirkung eines längeren Tanklagers vertraute.

Bodegas Martín Códax

Burgáns, 91. Vilariño. 36633 Cambados (Pontevedra)
Tel.: 986 52 60 40 Fax: 986 52 69 01
Besitzer: GmbH
Keine eigenen Weinberge
Rebsorten: Albariño 100%
Produktion: 1 250 000 Flaschen
Weine mittlerer Preisklasse

In Villariño fährt man, von Cambados kommend, an der ersten Kreuzung rechts ab und erreicht nach 250 Metern die Kellerei.

Die Spitzenweine

Martín Códax Blanco

Organistrum Blanco

Martín Códax verströmt einen feinen Duft von Veilchen, Jasmin und Flieder, dann Birne, etwas grünem Apfel, schon in der Nase bemerkt man den süßen Fruchtextrakt, der den weichen Abgang trägt. Auf der Zunge sanft, mit dezenter Säure und einem Geschmack von reifen Weißburgundertrauben.

Organistrum ist ein angenehmes und gelungenes Beispiel für einen barriquevergorenen Albariño. In der Nase Pfirsich, aber auch tropische Frucht. Feine Blume. Das akurat eingesetzte Holz verleiht der sehr reifen Frucht lediglich einen dezent cremigen Charakter, der sich geradezu an den Gaumen schmiegt, ohne dabei plump zu wirken. Feste Struktur, getragen von einer dezenten aber lebendigen Säure.

Weitere Weine

Burgáns Blanco
Martín Códax Gallaecia Blanco
  Vendimia Tardía

176

Bedeutendster Albariño-Produzent

Heute ist Martín Códax – der Name ist einem galicischen Troubadour entlehnt – der wohl wichtigste Albariño-Produzent in Rías Baixas und damit natürlich weltweit.

Die erst vor wenigen Jahren völlig neu konstruierte Kellerei verfügt durch die ehemaligen Genossenschaftler über 1200 Klein- und Kleinstparzellen im Salnés-Tal nahe Cambados, der Wiege des Albariño. Ende der achtziger Jahre begann man noch unter dem ehemaligen Genossenschaftsnamen Vilariño-Cambados, die ersten Martín Códax auf die Flasche zu bringen, und machte die Marke bald zum populärsten Albariño in Galicien.

Anfänglich überzeugte man mehr durch Kontinuität und vergleichsweise moderate Preise als durch absolute Spitzenqualität. Mit dem jungen Önologen Luciano Amoedo kam der Wandel, und seit einigen Jahren gehört Martín Códax zu der kleinen, elitären Gruppe von Albariños, an denen sich alle anderen Weine des Gebietes messen müssen.

Weinbereitung und Ausbau

Müßig ist es, bei dieser Bodega das Hohelied der modernen Technik zu singen. Sieht man den futuristischen Bau, weiß man Bescheid. Das wichtigste ist jedoch, daß Techniker Luciano die Mittel intelligent einsetzt. Aufgrund von Erfahrungswerten und Analysen verschneidet man die Weine bestimmter Parzellen in einem Tank. Schon der nächste Tank kann völlig verschieden sein.

Martín Códax, wie alle Weine der Kellerei ein reinsortiger Albariño, macht 80% der Produktion aus und wird aus Partien mit typischen Apfel-Zitrus-Jasmin-Aromen gewonnen.

Burgáns dagegen entsteht aus Mosten mit weicherem, etwas ins Exotischere gehendem Fruchtausdruck. Manchmal bekommt er etwas Süßreserve mit auf den Weg. Burgáns zeigt sich durch seine vier bis fünf Gramm Restzucker schmeichlerischer als seine Kollegen.

Die Moste für Organistrum bringen die alkoholische Gärung im Tank hinter sich, um dann die malolaktische Gärung vollständig im neuen Allier zu durchlaufen.

Der »Spätlesen-Exot« Gallaecia ist bislang nur einmal 1996 aus drei Ende Oktober gelesenen Parzellen entstanden. Halb eingetrocknete Trauben mit viel Extrakt und hohen Oechslewerten gibt es im feuchten Galicien nur alle Jubeljahre einmal, obwohl in der Bodega ein Tank des Jahrgangs 99 mit ähnlichen Eigenschaften auf seine weitere Verwendung wartet.

Bodegas Terras Gauda

Ctra. Tuy – La Guardia, Km. 46. 36760 As Eiras-O Rosal (Pontevedra)
Tel.: 986 62 10 01 Fax: 986 62 10 84
Besitzer: Aktiengesellschaft
Eigene Weinberge: 60 Hektar
Rebsorten: Albariño 65%, Loureira 20%, Caiño 10%, Treixadura 5%
Produktion: 700 000 Flaschen
Weine gemäßigter bis mittlerer Preisklasse

Das Weingut liegt direkt an der Straße von Tuy nach La Guardia rechts auf der Höhe des Kilometersteins 46.

Der Spitzenwein

Terras Gauda Blanco

Ein äußerst gelungener O Rosal mit exzellenter Frucht und kräftigem Bau. Immens aromatisches Bukett von tropischer Zitrusfrucht, Steinobst (Mirabelle), Passionsfrucht und einem Hauch von Lorbeer und grüner Paprika. Später deutliche Ananas.

Im Mund voll, anfänglich stramme Säure am Gaumen, entwickelt nach und nach angenehmen Eukalyptuston. Langer, mit angenehmer Fruchtsäure unterlegter Nachhall. Ein in jeder Hinsicht ausdrucksvoller Weißwein.

Weitere Weine

Abadía San Campio
  Blanco Albariño
Terras Gauda
  Etiqueta Negra Blanco

Das Weingut

Ästhetik geht nicht immer einher mit Qualität. Wer würde angesichts dieses etwas vernachlässigt wirkenden Zweckbaus vermuten, daß hier einer der

besten Weißweine Spaniens gekeltert wird?

Am Fuße der Bodega befindet
sich glücklicherweise ein kleiner Laden, der die Möglichkeit
bietet, die Weine zu verkosten
und selbstverständlich auch
zu kaufen. Das für die doch
große Produktion räumlich sehr
knapp bemessene Kellereigebäude ist jedoch technisch hervorragend ausgerüstet und immer blitzsauber.

In nächster Zukunft soll ein
architektonisch anspruchsvol-
lerer Bau direkt davorgesetzt
werden, der einen Verkostungs-
raum und möglicherweise das
Flaschenlager beherbergen
wird, um dem Önologen mehr
Platz für seine Arbeit einzuräu-
men.

Kellereigründung
im großen Stil

Die wohl spektakulärste Bode-
ga-Gründung in der noch jungen Geschichte der D.O. Rías
Baixas erfolgte im Jahr 1988, als
eine Gruppe von Investoren im
Teilgebiet O Rosal nahe der
Grenzstadt Tuy 60 Hektar be-
waldetes Hügelland roden ließ,
um dort Reben anzulegen.
Noch heute ist dieser Weinberg
das größte zusammenhängende
Rebstück des gesamten Gebietes.

Einer der spanischen Weinmagier, José Hidalgo, heute in
den Diensten von Bodegas Bil-
bainas, wurde unter Vertrag genommen, um den Weintyp zu
entwerfen. Mit großem Erfolg,
denn schon mit dem zweiten

Jahrgang gelang es ihm, mit der
Assemblage aus Albariño (80%),
Loureira (15%) und Caiño Bran-
co (5%) in die Reihe der besten
Weißweine Spaniens vorzu-
stoßen. Terras Gauda war in aller Munde.

Trotz zunehmender Konkur-
renz ist dieser Rosal ein Maßstab für Qualität in der aufstrebenden D.O. geblieben.

Toplage mit Süd-
Südost-Ausrichtung

Der sozusagen in einem Ruck
gepflanzte Weinberg zieht sich
von 75 bis auf fast 150 Meter
Höhe in die Hügelkette hinauf,
deren Gipfelgrat mit Eukalyptusbäumen bewachsen ist. Die
in der Gegend häufig auftau-
chenden böenartigen Winde
aus dem Nordwesten werden
durch diesen niedrigen Gebirgszug abgehalten.

Trotzdem ist eine gemäßigte
Luftzirkulation gewährleistet,
welche die Pflanzen trocknet,
was bei 1 200 bis 1 400 mm
Niederschlag im Jahr dringend
nötig ist. Für galicische Verhältnisse sind die mit Sand und
sehr viel Flußkiesel durchsetzten Lehmböden wenig profund
und recht arm; die Moste fallen
dementsprechend extraktreich
aus und entwickeln sehr feine
Fruchtaromen.

Man kann diese Lage als eine
echte Ausnahme betrachten,
denn normalerweise ist die Unterzone O Rosal mit sehr fruchtbaren Böden gesegnet; daher
der Name Terras Gauda, das
»fröhliche« Land.

Der gesamte Wingert ist in der Drahtrahmenerziehung angelegt, die von den Technikern den klimatischen Bedingungen angepaßt wurde.

Seit 1997 hat man über die Rebzeilen einen Doppeldraht gezogen, über den die fruchttragenden Ruten gehängt werden, so daß sie nach außen baumeln und mehr Sonne einfangen. Micro parra nennt man dieses System, in Anlehnung an die für das Gebiet klassische Pergola-Erziehung (parra, spanisch: Pergola).

Weinbereitung und Ausbau

Die gesamte Produktion wird in Plastikkisten eingebracht, entrappt und im Anschluß zwischen sechs und acht Stunden in Rotationstanks kaltgemaischt. Der Önologe verzichtet auf Reinzuchthefen, er bereitet einen Gäransatz vor, der in die Tanks gegeben wird.

Bodegas Terras Gauda möchte Geschmacksveränderungen durch fremde Hefen vermeiden. Der Charakter des Terrains soll in den Weinen so unverfälscht wie möglich durchkommen.

Unter der Marke San Campio wird auch ein reinsortiger Albariño angeboten, der sich nicht ganz so komplex gibt wie der Terras Gauda. Die letzten Ernten zeigten sich jedoch ausgewogen mit einer prononcierten Birnen-Ananas-Nase, mittlerer Struktur, Menthol und Frucht im Mund sowie gerbstoffbetont am Gaumen.

Schwieriger präsentiert sich dagegen der faßgereifte Etiqueta Negra, der von guter Konsistenz ist, jedoch leider wie so viele holzausgebaute Rías-Baixas-Weine eine echte Harmonie zwischen Frucht und Holz vermissen läßt.

Granja Fillaboa

36457 Salvaterra do Miño (Pontevedra)
Tel.: 986 65 81 32 Fax: 986 65 82 89
Besitzer: Familie Barreras
Eigene Weinberge: 25 Hektar
Rebsorten: Albariño 100%
Produktion: 185 000 Flaschen
Weine gemäßigter Preisklasse

Das Weingut liegt direkt am Fluß Tea. Man nimmt die Autobahnausfahrt Salvaterra-Porriño und fährt in Richtung Salvaterra. Direkt vor der Brücke über den Tea biegt man rechts ein.

Der Wein

Fillaboa Blanco Albariño

Prototyp des frischen und rassigen Albariños von sehr heller, klarer Farbe mit grünlichen Reflexen. Sehr ausgeprägte Fruchtnase, Limetten, tropische Früchte, ein Hauch von Banane und feine Säure. Sehr geradlinig, die Eindrücke der Nase setzen sich im Mund fort, begleitet von elegant herben vegetalen Tönen (sehr dezente Spargelnuance), wunderbar rassiger Säure und feinen mineralischen Noten. Albariño der Extraklasse.

Weitere Weine

Fillaboa Blanco
Fermentado en Barrica

Traumhaftes Anwesen nahe der portugiesischen Grenze

Die Finca Fillaboa (galicisch: das gute Kind) trägt nicht umsonst diesen Namen. Das am Tea gelegene Anwesen mit etwa 30 Hektar Land war der bevorzugte Landsitz der Grafen von Salvatierra.

Obwohl die Straße nicht weit entfernt ist, überkommt den Besucher, sobald er die Finca betreten hat, ein Gefühl von Ruhe und völliger Abgeschiedenheit inmitten der üppigen südgalicischen Vegetation.

Nicht immer diente das Gut der Weinerzeugung. In den düsteren Zeiten des galicischen Weinbaus, als kein Markt für die Weine bestand, versuchte man sein Glück mit Viehwirtschaft und Kiwi-Plantagen. Wie ein altes Etikett beweist, gab es Vino de la Fillaboa schon vor hundert Jahren.

Nur Albariño

Der Eindruck von fast subtropischer Vegetation ist irreführend, wie Geschäftsführer Javier Luca de Tena versichert. Trotz einer relativ hohen Durchschnittstemperatur treten hier in der D.O.-Unterzone Condado bis Anfang Mai Spätfröste auf. Das für die meeresnahe Gegend extreme Klima macht den Weinbau nicht gerade zum Kinderspiel. Dafür garantiert es sauberste Fruchtnoten und gute Säurewerte, das A und O eines rassigen Weißweines.

Die Reben, die sich von der von Eukalyptusbäumen eingerahmten Hügelkuppe bis zum Fluß hinunterziehen, sind in mehreren Phasen gepflanzt worden. Die Pergola-Anlagen am Flußufer, die auf Sand und Kies stehen, stammen von 1981, die Hanglagen, in denen Lehmböden vorherrschen, sind sieben Jahre älter. Es wird nur Albariño angebaut. Die Böden werden mineralisch gedüngt und alle vier Jahre mit Schafsmist aufgefrischt.

Weinbereitung und Ausbau

Von der ersten Ernte des Jahres 1986 an zählten die Weine zur absoluten Spitze in Galicien. Der Nerv und die Rasse der Fillaboas erregte sogleich Aufsehen. Besonders gelungen ist das Gleichgewicht zwischen Säure und Frucht.

Für die Gärung werden in der Regel eigene Hefen verwendet. Man läßt die Weine nicht ganz durchgären, ein kleiner Restzuckergehalt von 3 bis 4 Gramm geben dem Wein Fülle, stützen das wunderbar florale und fruchtige Aroma und bilden einen gelungenen Kontrapunkt zur Säure, welche die Fillaboa-Weine ohne Probleme drei Jahre am Leben erhält. Aus diesem Grund wird kein Säureabbau vorgenommen.

Bei der Stabilisierung wird nicht unter Null Grad gekühlt, so daß die Weine biologisch intakt in die Flasche kommen. Die Abfüllungen werden je nach Nachfrage gestaffelt. Je später sich dieser Vorgang vollzieht, desto länger sind die Weine der stabilisierenden Wirkung des Lagers im großen Stahltank ausgesetzt, wo sie deutlich an Reife und Harmonie gewinnen.

182

Pazo de Señorans

Vilanoviña. 36616 Meis (Pontevedra)
Tel. und Fax: 986 71 53 73
Besitzer: Javier Mareque, María Soledad Bueno
Eigene Weinberge: 10 Hektar
Rebsorten: Albariño 10%
Produktion: 180 000 Flaschen
Weine gemäßigter bis mittlerer Preisklasse

Das Weingut liegt etwas abseits der N-550. Man fährt die Nationalstraße in Richtung Vilagarcía und biegt kurz vor der Abzweigung nach Portas links gegenüber der Bar Samuel in eine kleine Seitenstraße ein und folgt dem grünen Rutado-Viño-Schild.

Die Weine

**Pazo de Señorans
Blanco Albariño**

**Pazo de Señorans
Blanco Albariño
Selección de Añada**

Die Albariños dieses Hauses sind immer recht gehaltvoll, komplex und nicht so stark von der Säure getragen. Es tut den Weinen gut, wenn man sie eine halbe Stunde lüftet. Die Nase braucht etwas Zeit, bis sie sich öffnet, dann verströmt der Albariño einen intensiven Duft von Birne, Pfirsich, Zitrusfrucht und weißen Blüten. Im Mund feines Säureband, gute Struktur, Eindruck von frischem Apfel, entwickelt eine elegante Süße auf der Zunge.

Die Selección weist einen noch breiteren Fruchtfächer auf (Quitten, Birne). Im Mund elegant gezügelte Säure, die diesen deftigen Wein bis zum langen Abgang in Verbindung mit enorm reifen Fruchtnoten trägt. Leichte Nuancen von Waldboden. Der stämmigste Albariño Galiciens.

Neue Albariño-Pflanzungen

Pazo de Señorans liegt in der nördlichsten Unterzone der D.O. Rías Baixas – dem Val do Salnés. Das Klima nimmt sich geringfügig kühler aus als in O Rosal; der ausgleichende Einfluß des nahen Atlantiks ist durch eine kleine Hügelbarriere abgeschwächt.

Die Albariño-Wingerte mußten neu angelegt werden, die vorhandene Bestockung minderwertiger Sorten wurde eliminiert.

Behutsamer Anfang

Als das Ehepaar Mareque-Bueno das geschichtsträchtige Anwesen aus dem 16. Jahrhundert erwarb – 1903 diente es dem portugiesischen König als Residenz im Exil –, begann man zunächst mit Aufräumarbeiten. Erst 1981 wurde dazu übergegangen, Albariño zu setzen. 13 Jahre später überschritt die Jahresproduktion 25 000 Flaschen. Noch heute versorgt sich die Önologin Ana Quintela, auch wenn die Menge immer kleiner wird, bei umliegenden Weinbauern mit Trauben.

Weniger Sonne

Aufgrund der gestaffelten Pflanzungen sind die verschiedenen Lagen klar unterteilt. Die Böden sind recht sauer, die Humusdecke ist dünn. Die Sonneneinstrahlung im Salnéstal, bekannt für seine hohen Niederschläge, ist weniger üppig als im Grenzgebiet zu Portugal. Im Sommer muß mehrmals entblättert werden, um den Trauben eine optimale Reife zu ermöglichen.

Weinbereitung und Ausbau

Die Trauben werden parzellenweise gelesen, in der Presse zwei Stunden kaltmazeriert und sanft gepreßt. Im kleinen Keller, der inzwischen erweitert worden ist, finden sich nur Tanks mit kleinem Fassungsvermögen, so daß die Önologin selbst Kleinstparzellen separat vergären kann – eine aufwendige Arbeitsweise, die in Spanien durchaus nicht selbstverständlich ist. Selbst der Hefeansatz wird den Eigenschaften der Moste aus den jeweiligen Lagen angepaßt.

Die ersten Abfüllungen des normalen Albariños sind vor Weihnachten auf dem Markt. Aus der Lage mit der meisten Sonne und einem steinig-sandigen Boden, los bancales, entsteht eine Traubenselektion, die weit länger im Weingut zurückgehalten wird.

Die Weine der zwei besten Tanks ruhen und reifen rund eineinhalb Jahre, um dann unter der Bezeichnung Selección de Añada angeboten zu werden. Die biologische Stabilität im Stahl läßt diese Auslese ein perfektes Gleichgewicht zwischen Nase und Mund entwickeln.

Valdamor

Valdamor, s/n. 36968 Xil-Meaño (Pontevedra)
Tel.: 986 74 71 11 Fax: 986 74 73 43
Besitzer: Manuel Cabezas und Manuel Domínguez
Keine eigenen Weinberge
Produktion: 400 000 Flaschen
Weine mittlerer Preisklasse

Das Weingut liegt kurz hinter der Ausfahrt Meaño von der Schnellstraße nach Sanxenxo auf der Straße nach Xil auf der linken Seite.

Die Weine

Valdamor Blanco

Valdamor Blanco Fermentado en Barrica

Eher kräftig und duftintensiv; goldgelb im Glas. Der traditionelle Wein aus dem Stahltank mit einer weichen Butternote im Aroma, manchmal auch an reife Birnen und Zuckermelonen erinnernd. Körperreich und sehr mild in der Säure, durch sein kräftiges Aroma und etwas Kohlensäure, dennoch anhaltend im Geschmack. Der Wein ist ein ausgezeichneter Speisebegleiter. Der barriqueausgebaute Valdamor Blanco mit viel süßlichem Holzaroma, das ihn frischer und leichter erscheinen läßt als den stahlausgebauten Wein.

Mit seiner schlanken, eleganten, dunklen Flasche mit schmalem Hals fällt der Valdamor in jedem Weinregal auf.

Das Weingut

Das hübsche und gepflegte Weingut mit gemütlicher Probierstube entstand im Jahr 1990 durch Investition eines Madrider Gastronomen. Es ist für die

Traubenannahme und Gärung sowie die Lagerung mit modernster, kühlbarer Stahltechnik ausgerüstet. Valdamor besitzt keine eigenen Weinberge und bezieht seine Trauben von über 100 Vertragswinzern aus dem nahe gelegenen Ort im Val do Salnés, denen genaue Vorgaben in Anbaumaßnahmen und Erntezeitpunkt gemacht werden. Valdamor soll ein mittleres Weingut bleiben, das Produktionsvolumen von 400 000 Flaschen nicht übersteigen.

Weinbereitung und Ausbau

Die Trauben werden in kleinen Plastikkisten angeliefert und gemaischt. Dann mazerieren sie acht bis zehn Stunden zur besseren Fruchtextraktion und zur Aromaverbesserung auf den Schalen. Auch die Säure baut sich dadurch etwas ab, so daß nach der alkoholischen Gärung die malolaktische Gärung, die beim stahlausgebauten Wein vollständig durchgeführt wird, nicht mehr zu stark in die Aromenentwicklung eingreift. Der Wein wird relativ bald nach diesem Prozeß kältestabilisiert, filtriert und abgefüllt. Ziel des Ausbaues ist ein Wein mit nicht mehr als knapp 6 Gramm Säure pro Liter.

Der Blanco Fermentado en Barrica, von dem nur kleinere Mengen hergestellt werden, gärt bereits in den Holzfässern. Er bleibt je nach Jahrgang etwa sechs Monate lang in französischen Neversfässern, bevor er filtriert und auf die Flasche gefüllt wird, und braucht etwa ein Jahr, um Holz- und Fruchtaromen zu harmonisieren.

D.O. Rueda

Eingebettet zwischen den Rotweingebieten Toro im Westen und Ribera del Duero im Osten, liegt das traditionsreichste Weißweingebiet Zentralspaniens, die D.O. Rueda.

Der weitaus größte Teil des Qualitätsweingebietes entfällt auf die Provinz Valladolid. Im Süden reicht es bis in die Provinz Avila hinein; hier bildet das historische Städtchen Madrigal de las Altas Torres die Grenze, und im Südosten beansprucht die Provinz Segovia 17 Gemeinden für sich. Das Weingebiet ist nach dem gleichnamigen Ort Rueda benannt, in dem sich der zuständige Kontrollrat befindet. Außerdem beherbergt Rueda die Önologische Forschungsstation von Kastilien-León.

Die Geschichte des Gebietes, welches heute der D.O. Rueda entspricht, ist eng mit den dort wachsenden Weißweinen verknüpft. Im 16. und 17. Jahrhundert waren die Weine aus Rueda, die ausschließlich aus der weißen Sorte Verdejo gekeltert wurden, unter der Bezeichnung »Tierra de Medina« bekannt. Die Nachfrage nach diesen Weinen war so groß, daß fast die gesamte Wirtschaft des Gebietes vom Weinanbau und der Kellerwirtschaft abhängig war. Nach der Reblausplage zu Anfang des 20. Jahrhunderts wurde das Gebiet mit den Massenträgern Palomino Fino und Viura bestockt, die Verdejo hingegen geriet mehr und mehr ins Hintertreffen. Produziert wurden sherryähnliche Weine, die nichts mit den heutigen reduktiv ausgebauten Ruedas zu tun hatten.

Die Geschichte der »Neuen Rueda-Weine« begann im Jahre 1972 mit der Bodega Marqués de Riscal. Die berühmte Kellerei suchte außerhalb der Rioja ein Gebiet, um moderne stilvolle Weißweine zu keltern, entschloß sich nach Versuchen mit der dort heimischen Rebsorte Verdejo für Rueda und baute die erste moderne Bodega.

Der unangefochtene Star des Gebietes ist die Verdejo-Traube, die Weine mit Struktur, Körper und einer angenehmen Fruchtigkeit aufweist. Charakteristisch sind Aromen von Fenchel und Anis sowie mineralische Noten und ein sehr typischer eleganter Bitterton im Mund. Gute Resultate erbringt die Sauvignon Blanc, die im Zuge der neuen Rueda-Ära ganz neu angepflanzt wurde. Als komplementäre Sorte ist nach wie vor die Viura in Gebrauch. Die Basis der reinen Weißwein-D.O. bilden die Weintypen Rueda (mindestens 50% Verdejo-Anteil), Rueda Superior (mindestens 85% Verdejo-Anteil) und Sauvignon Blanc.

Bodegas Alvarez y Diez

Juan Antonio Carmona, 16. 47500 Nava del Rey (Valladolid)
Tel. und Fax: 983 85 01 36
Besitzer: Enrique de Benito
Keine eigenen Weinberge
Produktion: 850 000 Flaschen
Weine gemäßigter Preisklasse

Das Weingut liegt im Dorf Nava del Rey in der Nähe der Stierkampfarena und des Bahnhofs.

Die Spitzenweine

Mantel Blanco
Rueda Superior

Mantel Blanco
Verdejo-Sauvignon Blanc

Rueda Superior mit 75% Verdejo und 25% Viura. Feines Bukett von Aprikose und Melone, zurückhaltenden Zitrusnoten. Blumig. Im Mund aromatisch, fein, mineralisch mit zurückhaltender Säure und dem typischen elegant-bitteren Finale der Verdejo.

Der Verdejo mit 25% Sauvignon zeigt sich ähnlich blumig, jedoch eher von tropischer Frucht geprägt. Im Mund stoffig-erdig mit Struktur und elegantem fein-herbem Abgang.

Weitere Weine

Mantel Blanco Sauvignon Blanc
Escriño Blanco

Mutige Investition

Als der damalige Syndikus der Madrider Börse, Enrique de Benito, 1984 im unscheinbaren Dorf Nava del Rey sieben Bodegas aufkaufte und sie zu einer verschmolz, befand sich die

188

D.O. immer noch im Dämmerzustand.

Nur langsam kristallisierte sich eine Gruppe von Weinmachern heraus, die einen zeitgemäßen Weißweinstil vertraten. Man sollte sich nicht durch das einfache, etwas vernachlässigte Äußere der Kellereigebäude täuschen lassen. Noch heute beeindruckt die technische Einrichtung des Weingutes, und damals gehörte es sicherlich zu den am besten ausgestatteten Weißweinerzeugern Spaniens.

Ökologische Anfänge

Am Anfang stand die Idee, ein ökologisches Produkt zu schaffen. Ein ebenso gewagtes wie innovatives Projekt, wenn man bedenkt, daß zu diesen Zeiten das Wort Ökologie in Spanien noch wenig verbreitet war, und man keine Erfahrung hatte, wie der Markt reagieren würde. Dies verlangte labor- und kellertechnische Anschaffungen, die heute noch in der Kellerei zu bewundern sind.

Das Experiment mißlang. Die fehlende Erfahrung schlug schnell zu Buche. Man hatte Probleme mit den selbstkultivierten Hefen; die verschiedenen Alternativen, getestet, um Schwefel zu ersetzen, erwiesen sich als unzureichend, die Weine zeigten aufgrund fehlender Konservierung schon im März nach der Ernte frappierende Oxidationstöne. Selbst direkt nach der Vermarktung wirkten die Weine matt und eindimensional.

Radikaler Wandel

Der katastrophale 93er Jahrgang, in dem Alvarez y Diez keinen Wein kelterte, fiel mit einem Wechsel in der Firmenleitung zusammen.

Juan de Benito, Sohn des Kellereigründers, schuf neue Qualitätsrichtlinien. Mit Hilfe des Franzosen Jacques Lurton wurde ein saftiger, fruchtiger Rueda-Stil aus der Taufe gehoben, der sich mit den Jahrgängen 94 und 95 schnell einen Namen unter den Weinen der D.O. machte. Inzwischen zeichnet Eulogio Callejo für die Kellerarbeit verantwortlich.

Weinbereitung und Ausbau

Eulogio Callejo läßt die gepreßten, unvergorenen Moste etwa sechs Tage bei Niedrigtemperaturen stehen und durchmischt sie ein- bis zweimal mit den Trubstoffen, die sich unten in den Tanks abgesetzt haben.

Nach seinem Dafürhalten bekommen die Weine auf diese Weise mehr Struktur; sie werden üppiger und klarer in den Aromen. Hinzu kommt, daß die Gärung, die bisweilen recht zögerlich anläuft, auf diese Weise zügig beginnt. Lange Gärprozesse, die sich hier bei niedrigen Temperaturen vollziehen, sind nichts Ungewöhnliches.

Die Weine der gehobenen Linie, das heißt Rueda Superior, Verdejo-Sauvignon Blanc sowie der sortenreine Sauvignon Blanc, werden nur sehr leicht gefiltert.

Belondrade y Lurton

Juan Antonio Carmona, 12. 47500 Nava del Rey (Valladolid)

Tel. und Fax: 983 85 01 36

Tel.: 05 56 96 92 38 Fax: 05 56 96 92 44 (Frankreich)

Besitzer: Familie Belondrade Lurton

Keine eigenen Weinberge

Produktion: 24 000 Flaschen

Weine mittlerer Preisklasse

Das Ehepaar hat einen Teil des Gebäudekomplexes von Bodegas Alvarez y Diez gemietet.

Der Wein

Belondrade y Lurton Blanco Fermentado en Barrica

Ein kompakter und generöser Wein, der zu den wenigen weißen Barriques des Landes gehört, die trotz langem Barriqueausbau und moderater Säure nicht plump oder klotzig wirken. Feine Hefesüße in der Nase, reife exotische Frucht und cremige Holznoten von Vanille und Toast. Im Mund weich, opulent, mit süßem Schmelz und zarter Säure. Frucht und Tannin halten sich die Waage.

Weinprojekt aus Frankreich

Belondrade y Lurton ist das Weinprojekt eines französischen Ehepaares gleichen Namens, die seit 1994 in der D.O. aktiv sind.

Der aus Toulouse stammende Didier Belondrade hegte schon lange den Traum, einen großen Weißwein in Spanien zu machen. Er fand schließlich in der Person seiner Frau Brigitte Lurton, deren Familie mehrere Weingüter in Bordeaux besitzt, die notwendige Unterstützung.

Die Wahl fiel auf Rueda, als die beiden einen Verdejo verkosteten, den Jacques Lurton, der Cousin von Brigitte, dort probeweise gekeltert hatte. Sie beschlossen, diesem Beispiel zu folgen, und mieteten ein Kellereigebäude in Nava del Rey.

Reiner Barriquewein

Die 10 000 Flaschen ihres Erstweines des Jahrgangs 94 wurden nach Burgunderart im neuen Holz vergoren und einige Monate auf der Hefe gelassen. Vollkommen ungewiß war, wie die Spanier diesen opulenten, cremigen Stil aufnehmen würden.

Es stellte sich jedoch schnell heraus, daß die Sorgen der beiden völlig unbegründet waren. Der erste Belondrade y Lurton verkaufte sich wie von selbst, denn der Wein kam zu einem Zeitpunkt auf den Markt, als sich eine Barriqueweißwein-Euphorie über ganz Spanien verbreitete. Der Wein konnte sich guter Kritiken sicher sein.

Daß er wirklich gut war, zeigten die Folgeweine von 95 und 96. Sie übertrafen den ersten Versuch bei weitem, da inzwischen mit einem großen Anteil an gebrauchten Fässern gearbeitet wurde, die mit einem dezenteren Holzton die Opulenz des Weines stützten und nicht überlagerten.

Weinbereitung und Ausbau

Unter der Leitung von Jacques Lurton wird das reine Verdejo-Lesegut kurz mazeriert, in französischer Eiche vergoren und nach neun Monaten auf die Flasche gebracht. Erst im darauffolgenden Januar steht er dann zum Verkauf.

Bodegas Antaño

Arribas, 7. 47490 Rueda (Valladolid)
Tel.: 983 86 85 33 Fax: 983 86 85 14
Besitzer: José Luis Ruiz Solaguren
Eigene Weinberge: 140 Hektar
Rebsorten: Verdejo 30%, Sauvignon Blanc 10%, Viura 10%,
Tempranillo 25%, Cabernet Sauvignon 15%, Merlot 10%
Produktion: 1 300 000 Flaschen
Weine gemäßigter Preisklasse

Das Weingut liegt im alten Dorfkern von Rueda. Man findet Hinweisschilder auf der Ausfallstraße nach Nava del Rey.

Die Spitzenweine

Viña Mocén Rueda Superior Blanco

Der aus 90% Verdejo und 10% Sauvignon Blanc gekelterte Rueda Superior hat sich in einer geringen Anzahl von Jahren zu einem Vorzeigewein des Gebietes gemausert: ein Weißwein mit Eleganz und Biß. Leuchtende hellgelbe Farbe mit grünem Schimmer. Klare, für einen Verdejo sehr intensive Fruchtnase von Zitrus und Melone.

Im Mund frische Säure, geschliffene Konturen auf der Zunge, schön ausbalanciert mit schlankem Bau und einem feinherben, anhaltenden Nachzug.

Viña Cobranza Tinto Reserva (ohne D.O.)

Der Debüt-Wein des Hauses in der Reservaklasse verströmt einen kräftigen Beerenduft, der sich mit starken Holznoten vermischt. Tiefes, undurchdringliches Rubinrot.

Im Mund erst saftig, mit viel Frucht, die dann von trockenem Tannin verdeckt wird. Anklänge von Gewürznelken.

192

Massiver Körper, der sich noch strecken muß, um elegant zu wirken. Gutes Potential.

Weitere Topweine

Viña Mocén Blanco Sauvignon
Viña Mocén Blanco
Viña Cobranza Tinto Crianza

Andere Weine

Vega Bravía Rosado
Vega Bravía Tinto

Schön restaurierte Kellerei

Einen Besuch ist Bodegas Antaño allemal wert. Versteckt im alten Dorfkern von Rueda, läßt die makellose, aber unspektakuläre Fassade des alten kastilischen Hauses durch nichts darauf schließen, daß man vor einer der beeindruckendsten Bodegas des ganzen Umkreises steht. Steigt man jedoch erst einmal hinab in die Kellertunnel, so wird man schnell eines Besseren belehrt.

Auf verschiedenen Ebenen schlängeln sich über 4 Kilometer Länge mit der Hand herausgeschlagene Gänge durch die Erde, die aus dem 15. und 16. Jahrhundert stammen. Alle 3 bis 4 Meter sind Stützbögen aus dem klassischen Baumaterial Kastiliens gemauert, dem flachen Mudéjar-Ziegel.

Kontinuierlich werden weitere Tunnelabschnitte der angrenzenden Grundstücke hinzugekauft und nach und nach restauriert.

Da der gesamte Unterboden von Rueda in seiner Struktur einem Schweizer Käse gleicht, sind der Expansion, sofern man das Glück besitzt, auf wohlwollende Nachbarn zu treffen, theoretisch keine Grenzen gesetzt.

Weingut der zweiten Generation

Antaño wurde im Jahr 1992 eingeweiht, nachdem das ruinöse Gebäude mit seinen verfallenen Kellern vier Jahre zuvor in den Besitz des prominenten Madrider Gastronomen José Luis Ruiz Solaguren übergegangen war. Die Bodega gehört zur zweiten Welle von Kellerei-Neugründungen in einem Anbaugebiet, das erst im Jahr 1980 einen D.O.-Status zuerkannt bekam.

Don José ließ gleich zu Anfang altes Rebgelände roden und pflanzte auf der nahe gelegenen Finca Valverde nach und nach verschiedene Rebsorten, wobei man einige alte Bestände schonte.

Inzwischen stehen in dieser für Rueda typischen topfebenen Lage ungefähr 140 Hektar Rebgärten.

Die Böden geben ein ödes und tristes Bild ab, sind aber hervorragend für den Weinbau geeignet. Die etwa 40 Zentimeter dicke, sehr lockere und durchlässige Erdschicht ist durchsetzt mit Geröll und Flußabraum, der den Weißweinen einen mineralischen Charakter gibt.

Weinbereitung und Ausbau

Bisher sind die Kellertechniken bei Antaño als eher konventionell, aber effektiv zu bezeichnen. Die Weißweine werden ganz normal in Stahl vergoren. Die Grundprinzipien sind simpel: Reifes, sehr gesundes Lesegut und saubere, sorgfältige Arbeit bei der Weinbereitung.

Mit einem neuen Wein, einer Coupage aus Chardonnay und Verdejo, die drei Monate im Holz gelegen ist, wird man möglicherweise die Weißweinrange erweitern.

Es ist sehr zu begrüßen, daß der junge Techniker des Hauses auf eine malolaktische Gärung verzichtet hat. Die lebendige Säure wirkt dem Holz entgegen. So entsteht ein schönes Wechselspiel zwischen Schmelz und Frucht. Noch ist nicht entschieden, ob und wann dieser Wein die Verbraucherbühne betreten wird.

Die Rotweine reifen in amerikanischer und französischer Eiche, obwohl in Zukunft nur noch in Holz aus Missouri und Kentucky ausgebaut werden soll.

Trotz der Cabernet-Sauvignon- und Merlot-Anteile in der Reserva, denen eigentlich französische Eiche gut steht, ist man der Meinung, daß diese auf den Stil der Antaño-Weine wie ein Fremdkörper wirkt. Man kehrt also zurück zum traditionell spanischen Geschmack, was angesichts der sich wandelnden Moden als eine durchaus mutige Entscheidung zu bewerten ist.

194

Bodegas de Crianza de Castilla la Vieja

Ctra. Madrid–La Coruña, Km. 170,6. 47490 Rueda (Valladolid)
Tel.: 983 86 81 16 Fax: 983 86 84 32
Besitzer: Familie Sanz
Eigene Weinberge: 120 Hektar
Rebsorten: Verdejo 60%, Sauvignon blanc 30%, Viura, Chardonnay 10%
Produktion: 2 500 000 Flaschen
Weine gemäßigter bis mittlerer Preisklasse

Die Bodega liegt an der südlichen Ortseinfahrt von Rueda auf der rechten Seite.

Die Spitzenweine

Bornos Sauvignon Blanc

Die Lanzenspitze der spanischen Sauvignon Blancs. Äußerst ausdrucksvolle Nase mit Noten von Pfirsich, exotischer Frucht, frischer Feige und verschiedenen, sehr ausgeprägten Zitrusfrüchten, die ihm Frische und Nerv verleihen.

Im Mund ausdrucksvolle Mischung von Frucht und Säure auf der Zunge und am Gaumen. Neben der Frische gute Präsenz im Mund mit einem feinen, angenehm trockenen und langen Abgang.

Almirantazgo de Castilla Tinto Reserva (ohne D.O.)

In der Regel ein sehr gelungener kastilischer Tafelwein, der sich nur langsam entwickelt. Entsprechend tiefrote Farbe, mit einem Bukett von reifer roter Frucht sowie Zimt und Kokosnoten. Gute Struktur, die sich sofort entwickelt, aber nicht vordergründig wirkt. Schöne Kirsche und Bitterschokolade im Mund. Kräftiges, trockenes

Tannin am Gaumen. Langer, tanninbetonter Abgang.

Weitere Topweine

Palacio de Bornos Blanco Rueda Superior

Palacio de Bornos Blanco Fermentado en Barrica

Palacio de Bornos Brut Nature (Schaumwein)

BCCV Chardonnay Fermentado en Barrica (ohne D.O.)

Andere Weine

Colagón Blanco

Huerta del Rey Rosado (ohne D.O.)

Don Lotario Rosado (ohne D.O.)

Don Lotario Tinto

Vallebueno Tinto (D.O. Ribera del Duero)

Vallebueno Tinto Crianza (D.O. Ribera del Duero)

Weinfamilie mit Tradition

Der Name Sanz steht für mindestens sechs Generationen von Weinmachern, die alle in der Region von Medina del Campo aktiv waren. Der alte Familiensitz befindet sich im Dorf La Seca und beherbergt seit einigen Jahren eine kleine, aber modern ausgerüstete Kellerei namens Bodegas Con Class.

Hier hatte der Urgroßvater Roque Sanz einst die erste familieneigene Bodega gegründet. Auf Initiative der beiden Söhne des Weinpatriarchen Antonio Sanz hat das Gebäude ein neues Gesicht bekommen und wurde wieder seiner alten Bestimmung zugeführt.

Hier produzieren die beiden jungen Weinmacher Ricardo und Marco Antonio Sanz unter der Marke Con Class ihre eigene Weinlinie, die sich in Kastilien und Madrid sehr schnell einen Namen gemacht hat.

Bis zu seinem Tod führte zudem der Vater von Antonio das renommierte Weingut Vinos Sanz, das sich heute in den Händen einer großen Weinvertriebsgesellschaft befindet.

Weinmacher mit Erfahrung

BCCV oder Bodegas de Crianza Castilla la Vieja, das eigentliche Stammhaus der Familie und Ausgangspunkt aller Aktivitäten der drei Weinmacher, wurde von Vater Antonio 1976 in Rueda gegründet, sechs Jahre bevor das Gebiet um dieses verschlafene Dorf die endgültige Anerkennung als Denominación de Origen erhielt.

Nach seiner Ausbildung in Madrid hatte er in fast allen Weingebieten Kastiliens gearbeitet und sich intensiv mit französischen Weinen beschäftigt. Er gehörte zu den ersten Önologen, welche die Zeichen der Zeit erkannten und zielstrebig eine fruchtige Variante der alten, sehr schweren und oxidierten Ruedas konzipierte.

Sein großes Verdienst liegt jedoch darin, daß er, obwohl er sie nicht als erster in Rueda anpflanzte, das Potential des französischen Sauvignon Blanc auf der trockenen Hochebene Kastiliens richtig einschätzte.

Lange Jahre feilte er an seinem Sauvignon, bis sich ein eigenständiges Gewächs herausschälte. Nicht so fein elegant wie die guten französischen Vertreter, nicht so unbändig fruchtig wie die neuseeländische Variante. Dafür aber mit weitaus markanterer Struktur und Konsistenz, die seinen Bornos Sauvignon Blanc zu einem idealen Begleiter eines kräftigen Essens machen.

BCCV bietet übrigens inzwischen einen eigenen Essig an, der aus Verdejo-Trauben gewonnen wird.

Weinbereitung und Ausbau

In den eigenen Weinbergen wird der Weißwein in der Regel nachts mit einem Vollernter gelesen. Wenn es die Traubenqualität erlaubt, wird das entrappte Lesegut einige Stunden in der Presse kaltgemaischt, anschließend gepreßt und im Tank einige Tage bei sehr niedrigen Temperaturen stehengelassen.

Ricardo sticht den Trub ab, filtriert ihn und gibt ihn wieder in den unvergorenen Most, um dann die Gärung zu beginnen. Außer der neuen Selektion werden alle Weißweine kältestabilisiert. Bei diesem Debüt-Selektionswein handelt es sich um einen reinsortigen Verdejo aus uralten Rebstöcken, der mit dem Trub im Eichenfaß vergoren und ohne malolaktische Gärung sechs Monate ausgebaut wird.

Neben einer äußerst lebendigen Säure weist er eine phantastische Fruchtvielfalt auf, die ebenso an Albariño wie an sehr reife Chardonnays erinnert. Aller Wahrscheinlichkeit nach wird dieser Wein Bornos Selección heißen und das erste Mal in nennenswerter Menge im Jahr 1999 im Verkauf sein.

Der normale, im Eichenfaß vergorene Verdejo des Gutes erhält dieselbe Reife im Holz und zusätzlich etwas Flaschenlager.

Vinos Blancos de Castilla

Tel.: 983 86 80 83 Fax: 983 86 85 63
Besitzer: Vinos de los Herederos del Marqués de Riscal
Eigene Weinberge: 150 Hektar
Rebsorten: Verdejo 60%, Sauvignon blanc 40%
Produktion: 1 500 000 Flaschen
Weine gemäßigter bis mittlerer Preisklasse

Das Weingut liegt am Nord-
ausgang von Rueda.

Die Weine

Marqués de Riscal Blanco
Rueda Superior

Marqués de Riscal Blanco
Sauvignon

Marqués de Riscal Blanco
Reserva Limousin

Die beiden jungen Weine aus
diesem Weingut sind von
großer Eleganz. Der Rueda Superior mit seiner traditionellen
Mischung aus 85% Verdejo und
15% Viura verkörpert das moderne Rueda in Reinform. Feiner Limonen- und Blütenduft
in der Nase, dezenter, jedoch
langer Bitterton im Mund, der
den Wein elegant einfaßt, sehr
ausgewogen mit mineralischen
Noten, gut fundiert.

Der Sauvignon weist die
typischen Fruchtaromen der
Sorte auf. Je nach Jahr Lychee,
Stachelbeere, exotische Frucht
und unaufdringliche Minze. Im
Mund von mittlerer Fülle, mit
dezenter Süße und guter Frucht.

Nach einigen etwas matten
Jahren zeigt sich auch der einzige sortenreine Verdejo des
Hauses, die Reserva Limousin,
den hohen Qualitätsansprüchen der Bodega würdig. Har-

monisch, mit sehr balsamischem Charakter und einer Säure, die den Körper in die Länge zieht und trotz langer Faßreife lebendig erscheinen läßt.

Schwieriger Anlauf

Ende der 60er Jahre befand sich die historische Kellerei Herederos del Marqués de Riscal in einem Dilemma. Die Produktion von Weißweinen in der Rioja wie auch im Penedès gewann langsam an Bedeutung, und die Familie hatte sich wohl entschlossen, an dieser Entwicklung teilzuhaben. Man war jedoch mit den Perspektiven am eigenen Standort nicht zufrieden und wollte eine Weißweinlinie von den weltberühmten roten Riscals klar trennen.

Was für ein Weintyp sollte gemacht werden und vor allem, wo sollte er wachsen? Nach zweijähriger Suche entschied man sich auf Anraten des französischen Önologen Emile Peynaud für Rueda. Die Techniker sahen sich in der schwierigen Lage, einen völlig neuen Weinstil für die Region zu kreieren.

Ein neuer Weinstil

Die ersten Weißweine waren zwar reduktiv mit Hilfe von moderner Technik bereitet, erschienen aber flach und wenig ausdrucksvoll. Zielstrebig begann man, auf die einheimische Verdejo-Traube zu bauen und ihren sehr eigenwilligen Sortentypus herauszuarbeiten. Zweifellos war es der junge Önologe

der Familie, Pedro Aznar, der als erster erkannte, daß die Stärke der Verdejo nicht in der Fruchtigkeit zu suchen ist, sondern in ihrer kernigen Struktur und dem mineralischen, zartbittrigen Charakter.

Vielleicht waren sie Pioniere wider Willen, aber sie machten ihre Sache gut. Ihre Rueda-Superior-Weine blieben wegweisend für alle Nachfolger.

Die ersten Sauvignon-Reben der Region gehen auf diese Bodega zurück, und auch die ersten Versuche mit Ausbau in Holz kann Don Pedro für sich verbuchen.

Weinbereitung und Ausbau

Auch im Keller arbeitet das Weingut immer mit den neuesten Techniken. Die auf Draht gezogenen Rebgärten werden per Hand oder je nach Witterungslage auch mal nachts mit dem Vollernter eingebracht.

Wenn nötig wird das Lesegut bei Ankunft in der Bodega vorgekühlt, um die Oxidation möglichst gering zu halten. Kaltmazeration für alle Trauben ist eine Selbstverständlichkeit. Der Önologe läßt seine Weine recht lange im Tank stehen und stabilisiert nur ganz leicht.

Vor allem der Verdejo entfaltet so seine ausgeprägte glycerinige Art, die ihn seine markante Präsenz im Mund entfalten läßt. Die Reserva Limousin wird zwischen 14 und 15 Monaten im Faß gereift, dort aber nicht vergoren.

Weitere D.O.- und Tafelweine, geordnet nach autonomen Regionen

Viñas del Vero

Ctra. Barbastro – Naval, Km. 3,7. 22300 Barbastro (Huesca)
Tel.: 974 30 22 16 Fax: 974 30 20 98
Besitzer: Aktiengesellschaft
Eigene Weinberge: 580 Hektar
Rebsorten: Cabernet Sauvignon 25%, Merlot 16%, Tempranillo 14%,
Moristel 11%, Pinot noir 9%, Chardonnay 16%, Macabeo 6%,
Gewürztraminer 3%
Produktion: 5 800 000 Flaschen
Weine gemäßigter bis mittlerer Preisklasse

Die Bodega befindet sich
kurz hinter der Kreuzung
in Richtung Salas Altas auf
der rechten Seite.

Die Spitzenweine

Viñas del Vero Gran Vos Tinto Reserva

Viñas del Vero Tinto Merlot

Beide Weine beeindrucken in
erster Linie durch ihre wunderbar tiefen Fruchtaromen. Gran
Vos zeigt sich nach sieben Jahren immer noch mit jugendlich
glänzendem Purpurrot.

Intensive Fruchtaromen in
der Nase (schwarze Johannisbeer, Brombeer), dazu Heilkräu-
ter, Eukalyptus. Dezente Röstnoten.

Im Mund weich, Noten
von Maulbeer, Schokolade und
Menthol, sehr zurückhaltendes,
weiches Tannin am Gaumen.

Wer klare Linien liebt, wird
diesen Wein mögen, der in der
Balance eher kopflastig und
sehr fruchtbe-tont wirkt. Das
Holz ist wunderbar subtil eingebunden und erst am Gaumen
etwas spürbar. Elegant.

Der Merlot ist dagegen voluminöser, konsistenter mit satter
Präsenz auf der Zunge und deutlichem Holztannin am Gau-
men.

Weitere Weine

Viñas del Vero Blanco
Viñas del Vero Blanco
  Chardonnay
Viñas del Vero Blanco Char-
  donnay Fermentado en Barrica
Viñas del Vero Blanco
  Gewürztraminer
Viñas del Vero Clarión Blanco
Viñas del Vero Rosado
Viñas del Vero Tinto
Viñas del Vero Tinto Cabernet
  Sauvignon
Viñas del Vero Tinto Pinot Noir
Viñas del Vero Tinto
  Tempranillo
Viñas del Vero Duque de Azara
  Tinto Crianza
Viñas del Vero Val de Vos Tinto
  Reserva

Das Weingut

Viñas del Vero wurde 1986 unter dem Namen Compañía Vitivinícola Aragonesa (COVISA) als Bestandteil eines Strukturförderungsprogramms von zwei Banken, einer Minengesellschaft und einer regionalen Behörde gegründet.

Erst sieben Jahre später schloß man die Bauarbeiten für die Kellerei ab, hatte aber in einer provisorischen Einrichtung bei Salas Bajas, oberhalb des heutigen Gebäudekomplexes, schon 1990 den ersten Wein vermarktet. Fast der gesamte Rebbestand, der sich auf mehrere Großlagen unterschiedlicher Höhe verteilt, mußte neu angelegt werden.

Der terrassenförmig angelegte Bodegabau hat seinen Sinn, denn die Arbeitsgänge der Weinbereitung laufen abgestuft von oben nach unten, der natürlichen Schwerkraft folgend ab, so daß für die Trauben- und Mostbewegung keine Pumpen eingesetzt werden müssen.

Weinbereitung und Ausbau

Schon bei der Traubenannahme sondert man die Produktionslinien für die Weiß- und Rotweinbereitung voneinander ab. Das gesamte weiße Lesegut wird vor der Gärung kaltmazeriert.

Der normale Chardonnay, ein sehr sauberer, spritziger und frisch wirkender Blanco, bekommt etwas im Barrique vergorenen Wein dazu, der ihm eine größere Festigkeit und mehr Aromatiefe verleiht.

Die traditionelle Linie der Tintos, Duque de Azara (Tempranillo, Moristel, Cabernet Sauvignon) und Val de Vos (Cabernet Sauvignon, Merlot), wird in amerikanischer Eiche vergoren. Sie entwickeln einen sehr reifen spanischen Gout mit klassischer Crianza-Holznote.

Alle *varietales*, wie man reinsortige Weine nennt, reifen fünf bis sechs Monate in französischem Holz.

Die Autorenweine Gran Vos (Cabernet Sauvignon, Merlot, Pinot Noir) und Clarión entstehen je nach Jahr aus einer Assemblage der besten Moste.

Der Clarión ist sehr differenziert im Aroma, am Gaumen eher leicht, mit angenehmer, diskreter Säure.

Viñedos y Crianzas del Alto Aragón (Enate)

Ctra. Barbastro – Naval, Km. 9,2. 22314 Salas Bajas (Huesca)
Tel.: 974 30 23 23 Fax: 974 30 00 46
Besitzer: Familie Nozaleda Arenas
Eigene Weinberge: 235 Hektar
Rebsorten: Tempranillo 30%, Cabernet Sauvignon 27%, Merlot 23%,
Moristel 3,5%, Chardonnay 13%, Macabeo 3%, Gewürztraminer 0,5%
Produktion: 2 000 000 Flaschen
Weine gemäßigter bis mittlerer Preisklasse

Das Weingut liegt am Ortseingang von Salas Bajas.

Die Spitzenweine

Enate Blanco Chardonnay 234

Geradliniger, überraschend säurebetonter Chardonnay, der aus dem nördlichsten und höchsten Wingert der Bodega geerntet wird. Typische Chardonnay-Fruchtaromen, aber auch Anklänge von Apfel und Zitrusfrucht.

Die Rasse und spielerische Lebendigkeit sowie der betörende Schaukeleffekt zwischen Säure und Fruchtsüße lassen viele langweilige Chardonnay-Erlebnisse mit Vergnügen vergessen.

Enate Tinto Reserva Cabernet Sauvignon

Der Veteran des Weingutes. Feine Holunderaromen, würziges, mit üppiger vollreifer Frucht durchsetztes Bukett. Fest und feinfruchtig auf der Zunge, mittlere Struktur, deutliches Holztannin am Gaumen. Angenehmer, nicht zu wuchtiger Cabernet-Typ.

Weitere Weine

Enate Blanco Chardonnay
Fermentado en Barrica
Enate Blanco Gewürztraminer
Enate Blanco Macabeo
Chardonnay
Enate Rosado Cabernet
Sauvignon
Enate Tinto Cabernet
Sauvignon Merlot
Enate Tinto Crianza Tempra-
nillo Cabernet Sauvignon
Enate Tinto Reserva Especial

Keine Historie

Futuristische Architektur, bis
ins Detail durchgestylte Inte-
rieurs, eine Kellerei, die mit
ihrem neuen Anbau monu-
mentale Ausmaße annehmen
wird, moderne Kunst auf den
Etiketten – dazu dann die
Bemerkung eines Enate-Mitar-
beiters: »Wir können auf keine
Tradition stolz sein, denn wir
haben keine. Wir arbeiten für die
Zukunft.« Man wird wirklich
neugierig, wenn es nach der Be-
sichtigungsrunde ans Verkosten
geht.

Schon bei den ersten Schluk-
ken stellt man fest: Die Weine
sind akkurat und haben Charme. Enate als Gesamteindruck
hat einen Geruch, einen Geschmack bekommen. Alle Qualitäten sind sehr sauber und
konturiert bereitet.

Der Barrique-Chardonnay
ist angenehm unprätentiös,
jegliche schwere, buttrige oder
breite Art geht ihm – Gott sei
Dank – völlig ab. Dennoch sehr
weich, mit feinem Holz. Er ver-

körpert ganz die schlanke Eleganz, die man sich bei einem
nordspanischen Weißwein
wünscht.

Der Rosenduft des Gewürz-
traminers fällt etwas aus dem
Rahmen, hier hätte man sich
indes etwas mehr Fülle ge-
wünscht.

Hervorragend ist der Rosado,
der ein perfektes Gleichgewicht
zwischen Kraft und vollmundi-
ger Frucht besitzt. Er wirkt energiegeladen mit Nerv und Rasse.

Der junge Cabernet Sauvi-
gnon Merlot mit drei Monaten
Barrique zeigt sich locker gewoben und unkompliziert, eine
leichte Übung mit sauberer
Frucht.

Dagegen ist die Crianza saftig, mit mehr Tiefe, schöner ab-
gestimmter Fruchtigkeit im
Mund und sehr zugänglichen
Tanninen. Fazit: Schnittig ge-
machte Weine mit Rasse, denen
der letzte Schritt zum unverwechselbaren Charakter noch
fehlt, was jedoch angesichts des
Könnens des erfahrenen Önologen Jesús Atajona nur eine Frage der Zeit ist.

Junge Reben

Die eigenen Reben sind über
viele Parzellen verteilt und zumeist auf Drahtrahmen gezogen. Das flache Tal, in dem sich
das Weingut befindet, bildet das
erste sedimentäre Bassin der Py-
renäen. Der Boden ist durchsetzt mit dunklen Mineralien
der längst verstummten Vulka-
ne. Hier stehen fast 40% der
Rebfläche.

Der andere Teil befindet sich an den Talflanken und in der Nähe des Dorfes Enate. Die Achillesferse des Weingutes ist die Jugend der Rebstöcke, die noch keine optimale Traubenqualität bringen. Aus diesem Grund wird ausgedünnt und bei der Lese streng selektioniert.

Die mit etwas über 20 Jahren ältesten Stöcke hat Jesús Sese, der eigentliche Initiator des Projektes, miteingebracht; er war bei seiner Suche nach einem Investor für eine kleine Kellerei auf die Familie Nozaleda gestoßen. Aus dieser Verbindung entstand 1991 das wohl ambitionierteste Weinbauprojekt Aragoniens.

Weinbereitung und Ausbau

Nur der Gewürztraminer, von dem nur knapp 2 500 Flaschen produziert werden, wird kaltmazeriert. Bei den Rotweinen werden mittellange Maischestandzeiten vorgenommen; für den Ausbau wird fast nur französische Eiche benutzt.

Die neue Reserva Especial gärt im Tank und im Holz, wo sie etwa drei Monate in Verbindung mit der Hefe lagert, um anschließend in französische Eiche umgelegt zu werden. Hier reift sie etwa ein Jahr. Der Önologe experimentiert auch mit ungarischem Holz.

Venta d'Aubert

Apartado 20. 44580 Valderrobres (Teruel)
Tel. und Fax: 978 76 90 21
Besitzer: Hans-Peter Mühlemann, Ruth Brandestini
Eigene Weinberge: 14 Hektar
Rebsorten: Cabernet Sauvignon 40%, Garnacha 25%, Merlot 20%,
Syrah 10%, Chardonnay, Garnacha Blanca, Viognier 5%
Produktion: 60 000 Flaschen
Weine gemäßigter bis mittlerer Preisklasse

Das Weingut liegt zwischen dem Dorf Arnés und Valderrobres links an der Regionalstraße T 330.

Der Spitzenwein

Dionus Tinto (ohne D.O.)

Dunkelrubinrote Farbe, Bukett von schwarzen Beeren, feine, süße Edelholznoten und für die Cabernet Sauvignon typische Anklänge von Eukalyptus. Im Mund viel dunkle Frucht, Mengen von saftigem Fruchttannin, kräftige Struktur und feine Süße (Garnacha). Am Gaumen etwas Holz, gut eingebundene Säure, recht wuchtig und lang im Nachhall.

Eher ein Wein stämmiger Natur, der durch die Garnacha früh weich wird, aber vom Cabernet Sauvignon Potential erhält. Bereits im dritten Jahr gut zu trinken.

Weitere Weine

Venta d'Aubert Blanco
Venta d'Aubert Tinto

Gehaltvoller Tinto aus dem Bajo Aragón

Aufmerksamkeit erregte der Domus, da der Debüt-Jahrgang 95 von Alvaro Palacios vinifiziert worden ist.

206

Inzwischen untersteht die technische Leitung einem jungen Deutschen, der diesem bislang noch unbekannten Spitzentafelwein noch mehr Schliff und Komplexität gegeben hat.

Aus rechtlichen Gründen mußte seit dem 97er Jahrgang der Name Domus durch Dionus ersetzt werden. Der Wein ist jedoch an sich derselbe geblieben. In der Coupage wurden lediglich die Anteile von Cabernet und Merlot etwas angehoben.

Alle Reben, mit Ausnahme der weißen Garnacha, sind auf Drahtrahmen gezogen. Die Böden sind arm. Das Klima ist wie fast überall im Inland Nordspaniens rauh und trocken, weist aber eine sehr hohe Sonneneinstrahlung auf, was die sehr reife Art der Venta d'Aubert-Weine erklärt.

Der Schweizer Hans-Peter Mühlemann kaufte die alte Venta in den achtziger Jahren und pflanzte mit Hilfe eines spanischen Önologen französische Edelsorten und etwas einheimische Garnacha an. Auf dem Grundstück befand sich außerdem ein Weinberg mit 70jährigen weißen Garnacha-Reben, die zusammen mit Viognier und Chardonnay zum Blanco des Hauses verarbeitet werden.

Weinbereitung und Ausbau

Dionus besteht aus einer Coupage von Cabernet Sauvignon, Garnacha, Merlot und Syrah. Die Sorten werden separat ausgebaut, wobei amerikanisches wie französisches Holz zum Einsatz kommt.

Der einfachere Tinto Venta d'Aubert enthält denselben Sortenspiegel, jedoch weniger Cabernet. Dionus durchläuft ein zweijähriges Barriquelager mit einem größeren Anteil französischer Eiche.

Für den roten Venta gilt ein ähnliches Holzverhältnis, wobei er nur etwa zehn Prozent neues Barrique aufweist. Dieser Wein soll keinen kleinen Bruder des Spitzenweines Dionus darstellen. Durch einen hohen Garnacha-Anteil entsteht ein saftiger, weicher Wein, der leichter zugänglich ist und etwas gebietstypischer ausfällt als der internationaler wirkende Dionus.

Für die weiße Venta-Coupage wird das Chardonnay-Drittel im neuen Holz vergoren, die zwei Drittel Garnacha Blanca und Viognier vinifiziert man in Stahl. Kellermeister Stefan Dorst entwickelt so eine der subtilsten weißen Cuvées Ostspaniens.

207

Bodegas Centro Españolas

Ctra. de Alcázar, Km. 1. 13700 Tomelloso (Ciudad Real)
Tel.: 926 50 56 53 Fax: 926 50 56 52
Besitzer: Aktiengesellschaft
Eigene Weinberge: 220 Hektar
Rebsorten: Tempranillo 68%, Cabernet Sauvignon 4,5%, Airén 23%, Viura 4,5%
Produktion: 1 900 000 Flaschen
Weine gemäßigter Preisklasse

Das Weingut liegt kurz hinter der nördlichen Ortsausfahrt von Tomelloso in Richtung Alcázar de San Juan auf der linken Seite.

Die Spitzenweine

Allozo Tinto

Leichter, eleganter Jungwein-Typ aus 100% Tempranillo. Blumiges Bukett mit Aromen von roten Früchten. Ein Wein mittlerer Statur mit schöner Frische, weich, mit einprägsamen, klaren Konturen. Süßes Tannin.

Allozo Tinto Crianza

Ebenfalls ein reinsortiger Tempranillo. Sehr sauberes Bukett von frischem Fruchtkompott, im Mund angenehm weich, mittelgewichtig, spielerische Frucht, die in glatte, aber etwas trockene Tannine eingebettet ist, die im Nachzug zu Tage treten.

Weitere Weine

Verdial Blanco
Verdial Tinto
Allozo Blanco
Allozo Rosado
Allozo Tinto Reserva
Fuente Del Ritmo Tinto
Rama Corta Tinto

Qualitätsrotweinerzeuger in der spanischen Destillationshochburg

Ausgerechnet die Kleinstadt Tomelloso, den weltweit größten Weinalkoholerzeuger, hatten sich die 14 Unternehmer als Sitz für eine der spektakulärsten Bodega-Neugründungen der D.O. La Mancha herausgesucht.

Hier werden fast 1,5 Millionen Flaschen Rotwein gekeltert, die meisten davon von beachtenswerter Qualität. Ganz aus dem Dunstkreis der Alkoholdestillation hat sich die Bodega jedoch nicht heraushalten können. Dafür ist das Angebot an alten Brandyvorräten in der Gemeinde zu verlockend.

Bodegas Centro Españolas vermarktet verschiedene Qualitäten unter dem Namen der alteingesessenen Familie Casajuana, deren ältester verfügbarer Brandy Solera Gran Reserva aus dem Jahre 1892 stammt.

Rotwein-Weingut in einer Weißweingegend

Zur Verwirklichung eines Kellereiprojekts, welches vorwiegend auf Rotwein ausgerichtet war, mußten von 1986 bis 1992 große Flächen Tempranillo- und Cabernet-Sauvignon-Anlagen gepflanzt werden. Das Gebiet um Tomelloso bot fast nur Airén-Lesegut.

1993 begann man schließlich mit der Produktion, die aufgrund der beeindruckenden Flaschenzahl auf den Export ausgerichtet war.

Ein erfahrener Weinmacher sorgt für Qualität

Für die Weinbereitung zeigt sich Miguel Angel Valentin verantwortlich, der sich nach zwölf Jahren technischer Leitung beim Bodega-Klassiker Faustino in der Rioja Alavesa nach La Mancha wagte. Bei seinen Weinen stehen immer Frucht und strukturelle Harmonie, aber fast nie das Holz im Vordergrund. Auffallend ist zudem, daß der typische leicht erdige Ton, der gute, aber auch schlechte Manchego-Weine schon immer bestimmt hat, fast nicht wahrnehmbar ist. Statt dessen prägt eine sehr duftige Art die jungen Roten.

Bei der mit nur wenig Holz unterlegten Marke Ramo Corto kommen sehr klare Noten der Cabernet Sauvignon zur Geltung, die natürlich in der sonnendurchfluteten Mancha eine beneidenswerte Reife erreicht.

Allein die Allozo Reserva zeigt klare Geschmackskomponenten eines langen Holzausbaus. 18 Monate liegt der Wein in französischer und amerikanischer Eiche.

Daß die Rotweine nicht auf den ersten Schluck als manchatypisch erscheinen, mag für Liebhaber der traditionellen Kreszenzen ein Kritikpunkt sein. Doch kann man davon ausgehen, daß die noch zu jungen Reben mit zunehmendem Alter Eigenschaften entwickeln, welche diese Weine noch interessanter machen werden.

Bodegas Torres Filoso

Ctra. San Clemente, Km. 3. 02600 Villarrobledo (Albacete)
Tel.: 967 14 44 26 Fax: 967 14 34 54
Besitzer: José Luis Torres Gómez
Eigene Weinberge: 40 Hektar
Rebsorten: Cencibel 30%, Cabernet Sauvignon 10%, Airén 50%,
Chardonnay 5%, Macabeo 5%
Produktion: 100 000 Flaschen
Weine gemäßigter bis mittlerer Preisklasse

Das Weingut liegt an der Landstraße nach San Clemente, etwa drei Kilometer hinter Villarrobledo auf der linken Seite.

Die Spitzenweine

Ad Pater Tinto

Arboles de Castillejo Tinto

Juan José Tinto

Charaktervolle, auffallend dichte Manchego-Rotweine mit deutlichem Holzton.

Ad Pater Tinto: Ein reinsortiger Cabernet Sauvignon mit 15 Monaten Faßlager. Sehr reife Fruchtnoten von schwarzen Beeren und zurückhaltender, trockener Holznase von amerikanischer Eiche. Im Mund rund, Anklänge von Gewürz, entwickelt mit schon mürbem Tannin am Gaumen.

Arboles de Castillejo präsentiert sich mit Aromen von roten und schwarzen Beeren und deutlichen Röstnoten neuer Eiche. Im Mund saftig, mit viel Frucht und leicht erdigen Zügen, überraschende Säure. Eine gelungene Coupage aus Tempranillo und Cabernet. Juan José ist etwas weniger konzentriert mit weicheren Holznoten und gut bemessenem Tannin, zarter Würzton im Nachzug.

210

Weitere Weine

Torres Filoso Blanco
Arboles de Castillejo Blanco
Torres Filoso Tinto

Ehemaliger Großerzeuger

In weniger als einem Jahrzehnt hat Weingutbesitzer José Luis Torres Gómez die Produktion seines Weingutes von 1,3 Millionen Flaschen auf knapp 100 000 reduziert. Schon seit 1921 besteht die Kellerei. Abgefüllt wird seit 35 Jahren.

Der Massenproduktion überdrüssig, schlug Don José schließlich einen Weg ein, der ihn zu einem Avantgardisten in La Mancha machte; statt seine Kellerinstallationen stetig zu erweitern und den Ausschuß zu optimieren, schrumpfte er sein Weingut zu einem kleinen »Château« zusammen, das sich ausschließlich aus den besten Lagen seiner eigenen Reben versorgt.

Struktur und Frucht

Er veräußerte ein Drittel seiner Lagen und behielt die Pflanzungen, die ihm seinen persönlichen Weinstil zu entwickeln erlaubten. Trauben verkauft er indes immer noch in großen Mengen. Er war einer der ersten, der für einen Weintyp in La Mancha plädierte, der hier praktisch inexistent war: Rotweine mit tiefer Farbe, ausdrucksvoller Frucht und guter Struktur, die für den Holzausbau geeignet waren.

Weg von der Uniformität

Heute nimmt der Weinmacher, der den gesamten Betrieb nur mit Hilfe seines Adlatus Diego Sanchez und der gelegentlichen Unterstützung seiner Frau Esperanza führt, Rücksicht auf die Eigenarten eines jeden Jahrgangs. So baut er seinen weißen Arboles de Castillejo zuweilen als sortenreinen Chardonnay im Holz aus, in anderen Jahren entsteht eine Coupage mit etwas Macabeo ohne Holz.

Juan José entsteht nur in besonderen Jahren, von Ad Pater gibt es nur den Jahrgang 1988.

Weinbereitung und Ausbau

Die Rotweine sind nicht immer auf Gegenliebe gestoßen. Ihr relativ kräftiges Tannin und eine Gesamtsäure von 6 Gramm pro Liter weisen sie im Direktvergleich mit anderen roten Manchegos zuweilen als Sonderlinge aus. Dafür altern sie mit Eleganz. Don José baut nur in kräftig getoasteter amerikanischer Eiche aus.

Auf den Weinen der Bodega wird seit einigen Jahren keine Qualitätsbezeichnung mehr angegeben. Wer also Crianza-, Reserva- oder Gran-Reserva-Termini sucht, wird enttäuscht.

Dennoch lagern Arboles de Castillejo und Juan José in der Regel sechs Monate im Holz. Der Torres Filoso ist ein Jungwein, der als einzige Qualität einen Anteil von Garnacha-Trauben aufweist.

Vinícola de Tomelloso

Ctra. Toledo – Albacete, Km. 130,8. 13700 Tomelloso (Ciudad Real)
Tel.: 926 51 30 04 Fax: 926 53 80 01
Besitzer: Genossenschaft
Eigene Weinberge: 1.800 Hektar
Rebsorten: Airén 55%, Macabeo 15%, Cencibel 20%, Cabernet Sauvignon 10%
Produktion: 600 000 Flaschen
Weine gemäßigter bis mittlerer Preisklasse

Die Kellerei liegt, von Alcázar de San Juan aus gesehen, etwa 1,8 Kilometer hinter dem Kreisverkehr an der Straße in Richtung Villarobledo auf der linken Seite.

Der Spitzenwein

Torre de Gazate Tinto Reserva

Bei diesem verführerisch weichen Cabernet Sauvignon beginnt und endet alles mit der Frucht. Von dem fast eineinhalbjährigen Holzausbau ist nur ein feiner stützender Hintergrund zu schmecken.

In der Nase sehr reife Frucht (Johannisbeer und Maulbeer), Fruchtsüße, feine grüne Paprika, im Mund von mittlerer Statur, wieder viel reife Frucht (Kompott) und feine Tannine der Cabernet-Traube am Gaumen, weicher und angenehmer Abgang mit Anklängen von Rosinen und süßlichem Harz. Ein rundherum eingängiger und weicher Wein.

Weitere Weine

Añil
Torre de Gazate Blanco
Torre de Gazate Semidulce
  Blanco
Torre de Gazate Rosado
Torre de Gazate Tinto
Torre de Gazate Crianza

212

Von Mancha-Romantik keine Spur

Diese Kellerei, die von einer Genossenschaft geführt wird, aber wie ein Privatunternehmen funktioniert, befindet sich im Herzen der Faßweinhersteller-Hegemonie und stellt, wie wäre es anders möglich, auch Faßweine bzw. Sektgrundweine unter anderem für die deutschen Sektkellereien her.

Auffallend ist die Tatsache, daß der gesamte Rotwein, für den strengste Qualitätskriterien bei der Bereitung wie beim Ausbau gelten, auf die Flasche gefüllt wird. Schlechtes Lesegut wird verkauft, die Destillerien am Ort sind dankbare Abnehmer.

Das 1986 errichtete Kellereigebäude ist nüchtern und allein nach funktionalen Gesichtspunkten konzipiert. Von weißgetünchter Mancha-Romantik keine Spur.

Weinbereitung und Ausbau

Weinmacher Luis Cuadrado äußert sich zurückhaltend, aber präzise zu seinen Weinen. Nichts ist spektakulär an seiner Kellerarbeit. Keine ausgefallenen Techniken werden angewendet. Die Reifezeiten im Barrique sind recht kurz; im Gebrauch ist nur amerikanische Eiche, ganz im Sinne der klassisch spanischen Crianza-Tradition.

Trotzdem gehören die Weine der Genossenschaft zum Besten, was La Mancha zu bieten hat. Der Grund hierfür liegt auf der Hand: Don Luis kann aus einem Meer von Rebflächen das allerbeste Lesegut auswählen. Die guten Lagen einerseits und die Trauben mit dem jeweils erwünschten Reifegrad andererseits stehen ihm zur Verfügung.

Die Airén wird beispielsweise von Anfang September bis Mitte Oktober gelesen – eine bemerkenswert lange Ernte für ein Gebiet, das auf den ersten Blick klimatisch eintönig und uniform wirkt.

Die ersten, sehr leichten Trauben mit guter Säure gelangen in den Blanco, die etwas reiferen werden teilweise für den Schaumwein benutzt; das überreife Lesegut wird zu Traubenmost verarbeitet.

Der reine Macabeo, Añil, war einer der ersten seiner Art in der Mancha. Bei seinen Rotweinen kommt es ihm auf die Frucht an und weniger auf das Holzgerüst. Deshalb liegt die Cabernet Sauvignon Reserva nur in älterer Eiche.

Die Tempranillo-Cabernet Sauvignon Crianza reift in etwas neuerem Holz, aber nie länger als sechs Monate. Alles ist sehr einfach, aber akkurat. Don Luis mag weinige Weine, reife Frucht und Harmonie in der Struktur. Was kann man mehr erwarten?

Bodegas Real

Finca Marisánchez, Ctra. Cózar. Km. 12,8. 13300 Valdepeñas (Ciudad Real)
Tel. und Fax: 926 33 80 01
Besitzer: Sergio Barroso
Eigene Weinberge: 400 Hektar
Rebsorten: Cencibel 90%, Viura 5%, Macabeo, Garnacha,
Cabernet Sauvignon 5%
Produktion: 1 000 000 Flaschen
Weine gemäßigter Preisklasse

Das Weingut liegt östlich von Valdepeñas. Von der Straße nach Cózar geht es nach 12,8 Kilometern nach links ab, dem Hinweisschild folgend.

Die Spitzenweine

Vega Ibor Tinto Cencibel

Gekonnt gemachter Nachfolger der ohne Barrique gereiften klassischen Rotweine aus Valdepeñas. Aus diesem Grund trägt er kein Prädikat, das ihn als Crianza ausweist. Viel vorstehende frische Frucht in der Nase, die Weichheit, aber nicht unbedingt rundliche Wärme ausstrahlt. Im Mund sehr harmonisch, wieder mit viel Frucht und stahligen, gut eingebundenen Tanninen sowie angenehm weiniger Säure am Gaumen; insgesamt ein knackiger Rotwein, der Charakter zeigt, ohne Holz zu benötigen.

Palacio de Ibor Tinto Crianza

Würziges, noch rauchiges Bukett, Süßholz und reife rote Frucht in der Nase. Im Mund sehr viel Wärme, aber fest mit Tiefe. Viel junges Holztannin am Gaumen. Ein Hauch von süßer Würze, Frucht und balsamischen Anklängen im zarten, aber persistenten Abgang. Der Wein hat Charakter. Er hat die

Konzentration und die Länge eines seriösen Tintos, doch etwas mehr Wucht könnte er als Gegengewicht zum neuen Holz vertragen.

Weitere Weine

Viñaluz Blanco
Viñaluz Rosado
Vega Ibor Varietal
Bonal Tinto

Ein Extremeño in der Mancha

Auf den ersten Blick wirkt das Gut Marisánchez wie der Inbegriff eines klassischen Großgrundbesitzes, erstarrt in feudalistischer Tradition. Sobald man sich jedoch ein wenig umgesehen hat, muß man feststellen, daß genau das Gegenteil der Fall ist.

Bodegas Real ist eine äußerst effizient arbeitende Kellerei, die nicht nur über modernste Technik verfügt, sondern sie auch umsichtig und mit Intelligenz einsetzt.

Kellereigründer Sergio Barroso und sein Önologe Carmelo Contreras sind alles andere als technikbesessen. Ihr Ziel lautet einzig und allein, die Möglichkeiten der Produktion von seriösen Weinen gründlich auszuloten.

Der aus der Extremadura stammende Wein- und Naturliebhaber Sergio Barroso gründete die Bodega im Jahr 1989 und benannte den Rotwein nach seiner Heimat, dem malerischen Ibortal.

Weinbereitung und Ausbau

Carmelo Contreras besitzt noch wenig Erfahrung mit dem Faßausbau. Um so respektabler ist die erste Crianza des Hauses, die ein Jahr im Holz lag, mit einem größeren Anteil an Limousin-Eiche. Cencibel-Trauben aus dem Spitzenwingert La Balsa, aber auch etwas Cabernet Sauvignon sind in den Wein eingegangen. Die sehr reife Frucht kommt trotz einer recht kurzen Maischestandzeit gut gegen die rauchige Holznote an.

Die feste Note der Crianza läßt für die Nachfolgeweine sehr viel hoffen, denn es sieht so aus, als könnte Bodegas Real einen für Valdepeñas ungewohnt konzentrierten Rotweinstil entwickeln.

Vega Ibor ist dagegen ein Wein ohne Holzlager, der über zwei Jahre im Stahltank ruht. Wenn überhaupt einmal Holz ins Spiel kam, waren es alte Großgebinde, die mit der heutigen Barriquekultur nichts gemein hatten. Es war ein Wagnis, diese Art von Weinkonzept in Zeiten der Holzanbetung wiederaufleben zu lassen. Wer ihn probiert, zeigt sich von der ausdrucksvollen, reinen Frucht angenehm überrascht.

Der Vega Ibor Varietal, ebenso wie der große Bruder reinsortig aus Cencibel gekeltert, kommt als Jungwein auf den Markt.

Solide und ungewohnt fruchtig präsentiert sich der weiße Viñaluz.

Casa de la Viña

Ctra. La Solana – Villanueva de los Infantes, Km. 15. 13240 La Solana
(Ciudad Real)
Tel.: 926 69 60 44 Fax: 926 69 60 68
Besitzer: Gruppe Bodegas y Bebidas
Eigene Weinberge: 300 Hektar
Rebsorten: Cencibel 83%, Cabernet Sauvignon, Pinot Noir 10%, Airén 7%
Produktion: 1 000 000 Flaschen
Weine gemäßigter Preisklasse

Das Weingut grenzt direkt
an die Landstraße von La
Solana nach Villanueva de
los Infantes.

Die Spitzenweine

Casa de la Viña
Tinto Crianza

Casa de la Viña
Tinto Reserva

Glänzendes Kirschrot, dezente
Fruchtnase (Himbeer, Erdbeer),
sehr zurückhaltendes Holz, im
Mund mittlere Struktur, erdige
Note, die meist in reife Frucht
übergeht (Pflaume); lebendige
Säure am Gaumen. Erst im Abgang sind leichte Rauchnoten
von Holz zu bemerken.

Überraschend feste Crianza,
die ohne spürbaren Holzfond
Länge und gute Präsenz im
Mund zeigt. Man sollte sie eine
Stunde vor dem Genuß öffnen,
die Säure glättet sich schnell.
Die Reserva ist meist etwas rau-
chiger, würziger, im Mund mehr
Fleisch, am Gaumen viel trocke-
nes Tannin.

Weitere Weine

Casa de la Viña Blanco
Casa de la Viña Rosado
Casa de la Viña Tinto
Ribera del Azuer Tinto
Señorío del Val Tinto

216

Ein weites Land

Im Gegensatz zu den meisten Bodegas der D.O. Valdepeñas liegt das Gut Viña de la Casa nicht in der gleichnamigen Kleinstadt, sondern eingebettet in das weite, offene Land. Wein- und Getreidefelder wechseln sich ab; der Blick, nur auf einer Seite durch die Sierra del Alhambra begrenzt, verliert sich am Horizont.

Erstaunen erwecken die endlosen, schnurgeraden Rebzeilen, die sich wie ein gigantisches Rasternetz durch die Landschaft schneiden. Bis vor kurzem wurden hier mehr als 4 Millionen kg Trauben von dem Unternehmen geerntet. Die Rebfläche betrug weit über 800 Hektar. Offenbar in der Absicht, die Produktion überschaubarer zu gestalten, ist nun von Bodegas y Bebidas ein großer Teil der Wingerte an umliegende Weinbauern verkauft worden.

Ob sich damit schon bald die Weinherstellung ausschließlich auf die restlichen 300 Hektar Land stützen wird, die im Besitz der Casa de la Viña verbleiben, ist noch ungeklärt. Es scheinen aber mit dieser Umstrukturierung die Weichen für die Realisierung eines Weingutes mit elitären Qualitätsansprüchen gestellt zu sein.

Weingut mit großer Wirkung

Mit ihrer Gründung beabsichtigte der Weinkonzern, aus Casa de la Viña die »Perle« der Gruppe zu schaffen. Der mit den Crianzas entworfene weiche Stil wurde aufgrund seiner Reinheit und Direktheit als modern empfunden. Viel Frucht, schöne Konzentration, nicht zu dominantes Holz und eine gute Lebensdauer kennzeichneten die Weine von Beginn an.

Sie zeigten in dem Gebiet große Wirkung: Gab es Anfang der achtziger Jahre nicht einmal eine Handvoll Bodegas in Valdepeñas, die mit ähnlicher Sorgfalt arbeiteten, so verfolgt heute die gesamte D.O. diese Linie. Dennoch hebt sich das Weingut von den meisten der hier ansässigen Erzeuger durch die ungewöhnliche Lebensdauer seiner Weine ab. Eine Crianza zeigt sich meist erst nach sechs Jahren in ihrer ganzen Fülle, was für südliche Landstriche wahrhaftig keine Selbstverständlichkeit bedeutet. Die Stärke der Casa-de-la-Viña-Weine liegt in ihrer Harmonie; dabei sind sie so unprätentiös, daß sie oft unterschätzt werden. Doch ein würdiger Wein muß nicht immer wuchtig sein.

Weinbereitung und Ausbau

Der für die Produktion verantwortliche Don Francisco richtet sich in der Herstellung nach der weichen Frucht der Cencibel und hält die Maischestandzeit begrenzt. Der Most des Jungweines ist nicht länger als drei Tage mit den Schalen und dem Fruchtfleisch in Kontakt, der der Crianzas und Reservas selten mehr als sechs. Hartes Tannin wird energisch abgelehnt.

Die Fässer aus amerikanischer Eiche sind kaum getoastet, der Faßausbau verläuft schonend und der Fruchtqualität der jeweiligen Jahrgänge angepaßt. Jahrgänge, die sich durch konzentrierte Frucht und stabiles Tannin auszeichnen, können gelegentlich einmal 16 Monate Holzlager erhalten, in der Regel aber sind es zwölf bis 14 Monate.

Alle Casa-de-la-Viña-Weine sind, abgesehen vom Blanco, reinsortig aus Cencibel bereitet. Als Reminiszenz an die Tradition keltert das Gut auch einen Tinto de Valdepeñas, der angesichts des Klimas sicher seine Berechtigung hat. Eine Coupage aus mehrheitlich weißem Most wird mit dem roten Pendant vermischt, dann vergoren und ergibt einen leichten, erfrischenden Wein, der an warmen Tagen am besten schmeckt. Er trägt den Namen des kleinen Flusses Azuer, der das Gelände der Bodega durchzieht.

Cosecheros Abastecedores; Bodegas Los Llanos

Ctra. N-IV, Km. 200. 13300 Valdepeñas (Ciudad Real)
Tel.: 926 32 03 00 Fax: 926 32 27 24
Besitzer: Cosecheros Abastecedores
Eigene Weinberge: 300 Hektar
Rebsorten: Cencibel 96%, Cabernet Sauvignon 4%
Produktion: 13 000 000 Flaschen
Weine gemäßigter Preisklasse

Das Weingut liegt am Rande des Städtchens Valdepeñas direkt an der Autovía nach Andalusien. Man nimmt die Ausfahrt Ciudad Real, Alcaraz, Valdepeñas und fährt am Kreisverkehr in Richtung Madrid, Manzanares. Die Bodega ist ausgeschildert.

Die Spitzenweine

Señorio de los Llanos Tinto Reserva

Señorio de los Llanos Tinto Gran Reserva

Die Señorío de los Llanos sind sehr abgerundete, in manchen Fällen fast mild zu nennende Weine mit der rustikalen, manchmal etwas erdigen Note klassischer Valdepeñas-Tintos. Das leicht trockene Holz kommt durch, ist aber so harmonisch mit der Himbeer- und Kirschfrucht verschmolzen, daß man sich vor dieser runden, unkomplizierten Harmonie nur verneigen kann.

Die Gran Reserva fällt etwas gehaltvoller aus, obwohl auch hier die sehr ausgewogene Art und die angenehme, disziplinierte Länge den Wein bestimmt. Los Llanos ist ein wohlgelungener, harmonischer Tinto, der die Tugenden eines Weines aus südlichen Gefilden in samtige Eleganz einbindet.

Weitere Weine

Armonioso Blanco
Armonioso Rosado
Armonioso Tinto
Loma de la Gloria Tinto
  Cabernet Sauvignon
Pata Negra Tinto Gran Reserva
Señorio de los Llanos Blanco
  Crianza
Señorio de los Llanos Tinto
  Crianza

Andere Weine

Don Opas Blanco
Don Opas Tinto
Torneo Tinto

Bekannt für klassische Barriquequalität

Die Auffassung, mit zunehmender Größe der Weingüter nehme umgekehrt proportional die Qualität ihrer Weine ab, ist oft als ein unnötiger Gemeinplatz zu werten. Ein gutes Beispiel für Qualität und Menge ist Bodegas Los Llanos in Valdepeñas.

Auch wenn sie nicht mehr als Aushängeschild für die südöstliche Meseta gelten kann, produziert die Bodega mit einem Barriquepark von 29 000 Fässern in der Reserva- und Gran-Reserva-Klasse immer noch allseits anerkannte Qualität. Die Weine haben die Tugend, ohne viel Konzentration oder ein kräftiges Tanningerüst eine vernünftige Lebenserwartung aufzuweisen, obwohl sie natürlich nicht als vinos de guarda, als Lagerweine,

konzipiert sind. Sie kommen genußfertig auf den Markt und sollten in den folgenden Jahren auch getrunken werden.

Als Kellerei schon im 19. Jahrhundert gegründet, wurde Los Llanos 1973 von einer Gruppe von 16 Winzerfamilien, die sich nach wie vor Cosecheros Abastecedores nennt, übernommen und zu einer Großkellerei ausgebaut. Trotz der enormen Kapazität produziert die Kellerei nur D.O.-Weine.

Weinbereitung und Ausbau

Bodegas Los Llanos erzeugt reife, trinkfertige Weine und nimmt für sich in Anspruch, zu den ersten Bodegas in Spanien gehört zu haben, die dem Flaschenlager genausoviel Bedeutung beigemessen haben wie dem Faßausbau. Die Weine haben tatsächlich nie eine starke Holznote und tun sich immer durch eine weiche, sanfte Art hervor. Weder bei der Reserva noch bei der Gran Reserva ist der Most besonders lange in Kontakt mit den Schalen und dem Fruchtfleisch.

Die Maischestandzeit beträgt 13 bis 16 Tage. Diese reinsortigen Cencibel-Weine sind dementsprechend fein und nie fett oder sehr konzentriert. Der Faßausbau der Señorío de los Llanos Gran Reserva ist von längerer Dauer als bei Pata Negra, dafür ist die Flaschenreife kürzer.

Marqués de Griñón

Finca Dominio de Valdepusa. 45692 Malpica de Tajo (Toledo)
Tel.: 925 87 72 92 Fax: 925 87 71 11
Besitzer: Carlos Falcó y Fernández de Córdova
Eigene Weinberge: 33 Hektar
Rebsorten: Syrah 42%, Cabernet Sauvignon 40%, Petit Verdot 8%,
Chardonnay 8%
Produktion: 300 000 Flaschen
Weine mittlerer Preisklasse

Das Weingut befindet sich 6 Kilometer außerhalb des Dorfes Malpica an der Straße nach San Martín de Pusa auf der rechten Seite.

Die Spitzenweine

Dominio de Valdepusa Tinto Cabernet Sauvignon

Ein sehr spanischer, weil vollreifer und harmonischer Cabernet-Typ. In der Nase beeindruckend komplexe Aromenfächer von Leder, Tabak und Frucht, das Bukett ist eher zart als voll und erscheint so sehr differenziert. Im Mund Dörrpflaume, Trockenfrüchte (Rosinen) und samtenes Tannin.

Der Wein strahlt ein inneres Feuer aus, wirkt dabei aber nicht klotzig südländisch und ist auf eine unaufdringliche, unbeschwerende Art lang. Er sollte eine Stunde vor dem Genuß dekantiert werden. Selten findet man Feingliedrigkeit und südliche Reife so wunderbar vereint.

Dominio de Valdepusa Tinto Syrah

Sehr feiner Syrah mit Zedernholz und Noten von schwarzem Fruchtkompott in der Nase. Auf der Zunge ebenfalls Trockenfrüchte, Backpflaumen, geröstete Kaffeebohnen. Am Gaumen saftiges, jedoch völlig unaggressives Tannin. Ein Wein von vollendeter Reife, der sich trotz seiner offensichtlichen Feinheit als extraktreich erweist und Rückgrat besitzt.

Weitere Weine

Dominio de Valdepusa Blanco
   Chardonnay
Dominio de Valdepusa Blanco
   Eméritus
Dominio de Valdepusa Tinto
   Petit Verdot

Alter Adel

Das Gut Dominio de Valdepusa befindet sich schon seit 1292 im Besitz der Familie von Don Carlos Falcó, Marqués de Griñón und Marqués de Castelmoncayo. Der Agraringenieur legte dort 1974 die ersten Cabernet-Sauvignon-Reben an. Die Reben sind alle auf Draht gezogen und werden bewässert. Verschiedene Erziehungsmethoden werden angewendet, unter anderem Scott-Henry, bei der die Ruten nach oben bzw. nach unten gebunden werden.

Der 2000 vorgestellte Eméritus ist eine Coupage aus den roten Sorten des Gutes.

Das 1989 völlig renovierte Weingut liegt weit ab von der D.O. La Mancha, was dem Marqués sehr gelegen kommt. Er kann frei von allen Gesetzeszwängen mit französischen Sorten arbeiten. Sein feinfruchtiger Petit Verdot ist der einzige reinsortige Wein dieser Art in Europa.

Zusammenarbeit mit Berberana

Aus marktstrategischen Gründen, aber auch um die finanzielle Lage seiner eigenen Bodega abzusichern, ist der Marqués vor einigen Jahren ein Jointventure mit dem Bodega-Riesen Berberana in der Rioja eingegangen.

Berberana wie Don Carlos Falcó profitieren von der Kooperation. Dem adligen Weinpionier steht die ganze Logistik eines Konzernes zur Verfügung, die Rioja-Bodega gewinnt indes enorm an Prestige durch die Mitarbeit des Marqués, der in der alten Kellerei von Berberana in Ollauri (Rioja Alta) einen Rioja nach seiner Façon ausbaut.

Weinbereitung und Ausbau

Nur beim Chardonnay, der ganz kurz mazeriert wird, handelt es sich um recht lange Ausbauzeiten im Holz. Zunächst gären zwei Drittel des Lesegutes im Faß, das restliche Drittel im Tank.

Der Verschnitt kommt danach zehn Monate in Eichenfässer, die zu drei Vierteln aus Frankreich stammen – ein recht langer Holzausbau für einen südlichen Chardonnay.

Bei den Rotweinen bekommt Syrah ein Jahr Eiche.

Der robuste Cabernet reift maximal 15 Monate in Eiche, die ihm Dank seiner Dichte gut stehen.

Manuel Manzaneque

Ctra. Ossa de Montiel – El Bonillo. Finca Elez. 02610 El Bonillo (Albacete)

Tel. und Fax: 967 58 50 03

Besitzer: Manuel Manzaneque

Eigene Weinberge: 36 Hektar

Rebsorten: Cabernet Sauvignon 50%, Merlot 19%, Tempranillo 10,5%,
Syrah 3%, Chardonnay 15%, Viognier 2,5%

Produktion: 275 000 Flaschen

Weine gemäßigter bis mittlerer Preisklasse

Das Weingut liegt 11 Kilometer von El Bonillo entfernt. Man nimmt die Landstraße in Richtung Ossa de Montiel und findet die Einfahrt zur Finca, einem Hinweisschild folgend, auf der linken Seite.

Die Spitzenweine

Manuel Manzaneque Tinto Crianza

Manuel Manzaneque Tinto Finca Elez

Beide Weine haben sich sehr in ihrer Qualität steigern können. Gegenüber den ersten Jahren haben sie vor allem an Aromen gewonnen, die in immer stärkerem Maße das spezielle Terrain des dürftig bewachsenen Ödlandes des Gutes Finca Elez widerspiegeln.

Die Crianza ist wohl momentan der voluminöseste Wein aus Kastilien–La Mancha, ohne dabei jedoch fett zu wirken. In der Nase animalisch, Duft nach fruchtbarer, nasser Erde, vermengt mit Gewürzkräutern und einer sich langsam entwickelnden Frucht.

Im Mund voluminös, fleischig, kräftige, dichte Frucht mit weichem Tannin, am Gaumen etwas trockenes Holz, das sich bis in den Abgang zieht.

Wenn sich die Entwicklung der Crianzas dieses Hauses in dieser Weise fortsetzt, kann daraus ein großer Wein werden.

Die Finca Elez ist dagegen lockerer gewoben, elegant und weich.

Weitere Weine

Manuel Manzaneque Tinto
  Reserva
Manuel Manzaneque Blanco
  Chardonnay Fermentado en
  Barrica
Manuel Manzaneque Tinto
  Syrah

Theater um den Wein

Manuel Manzaneque zieht gerne Parallelen zwischen Wein und Theater. So sei das eigentliche Theater in seiner ursprünglichsten Form um die rituellen Kulthandlungen zu Ehren des Weingottes Bacchus entstanden.

Lange war er auf der Suche nach einem Anwesen, auf dem er beides zusammenführen konnte, und entschied sich für die Finca Elez. Er pflanzte im menschenleeren Hochland der Provinz Albacete 36 Hektar Rebland. Es gab keinen Beleg dafür, daß in dieser gottverlassenen Gegend jemals zuvor Weinberge bewirtschaftet wurden.

Strenge Ertragsreduzierung

Alle Reben sind auf Drahtrahmen gezogen und über die besten Parzellen des 1 000 Hektar großen Besitzes verteilt. Die Stöcke stehen auf extrem armen Verwitterungsböden, die schon in 30 Zentimetern Tiefe harte Kalkschollen aufweisen.

Die an sich schon recht niedrigen Erträge – die fruchtbarste Parzelle bringt 4 500 Liter Ertrag – werden unter Anleitung des akribischen Chefönologen Michel Poudou durch strengen Rebschnitt und Ausdünnung der grünen Frucht noch weiter gesenkt.

Weinbereitung und Ausbau

Die Kellerarbeit ist nach französischem Konzept durchgeführt, mit sorgfältigen Mazerationen und neuer oder zweijähriger Eiche. Die Weine sollen Eleganz, Feinheit und Extraktreichtum aufweisen.

Nach dem zu Anfang noch ein normaler Chardonnay gekeltert wurde, vergärt man mit zunehmendem Alter der Reben das gesamte Chardonnay-Lesegut im Barrique.

1996 hat Michel Poudou erstmals einen kleinen Anteil Viognier mitvergoren, der dem Chardonnay eine blumige Komponente gegeben hat. Im selben Jahr baute man den ersten reinsortigen Syrah aus, der mit einer kurzen Maischestandzeit, um eine weiche Tanninstruktur zu erhalten, und einer 15wöchigen Reife in französischer Eiche sehr fruchtig ausgefallen ist.

In der Regel bleiben die Roten länger auf der Maische. Die als Crianza vermarktete Coupage aus Cabernet, Merlot und Tempranillo reift 14 Monate im Barrique, die Reserva zwei Jahre.

Bodegas Lezcano

Ctra. de Valoria, s/n. 47282 Trigueros del Valle (Valladolid)
Tel.: 983 58 69 40 Fax: 983 58 66 97
Besitzer: Familie Lezcano
Eigene Weinberge: 12 Hektar
Rebsorten: Tinta del País 80%, Merlot, Cabernet Sauvignon 10%,
Albillo, Verdejo 10%
Produktion: 100 000 Flaschen
Weine gemäßigter bis mittlerer Preisklasse

Das Weingut liegt an der Straße nach Valoria, einige hundert Meter vor dem Dorf Trigueros del Valle auf der rechten Seite.

Die Spitzenweine

Docetañidos Rosado

Lezcano Tinto Reserva

Ohne Zweifel schöpft der wunderbare Rosado Docetañidos (Zwölfschläge) alle Möglichkeiten aus, den ein Rosado hat, um als seriöser Wein zu gelten. Wunderbar nerviges Bukett, das sich schnell in weiche Frucht verwandelt, straffer Körper, energiegeladen durch einen prägnanten, aber unaggressiven Säurefaden, volle Frucht im Mund, physische Präsenz eines feinen Rotweines, aber leichtfüßiger und quirliger, saftiger Abgang mit Frucht, Säure. Besser kann man in einem südlichen Land einen Rosé nicht machen.

Der Tinto Reserva ist dagegen das genaue Gegenteil. Toast und Leder, Kirsche und Waldbeeren in der Nase. Massiv, zugedeckt mit noch unreifem Tannin, voll, am Gaumen adstringierend, tanninlastig, aber Potential.

Weitere Weine

Tinto del Carcavo
Lezcano Tinto Crianza

Félix Lezcano steht für die junge Generation von Weinmachern in Kastilien, die als Neueinsteiger mit Ehrgeiz und Leidenschaft in einem Beruf Karriere macht, der noch vor nicht allzu langer Zeit als altmodisch und bäuerlich galt.

Sein Vater brachte ihn wohl eher unabsichtlich zum Wein, als er zum ersten Präsidenten der neuen kastilischen D.O. Cigales gewählt wurde.

Jahrzehntelang hatte Vater Lezcano als leitender Beamter Projekte der Lebensmittelindustrie in der Autonomen Region koordiniert, was ihn für den schwierigen Job des Geburtshelfers der D.O. Cigales geradezu prädestinierte.

Vom Weinbau fasziniert, gab der Sohn sein Landwirtschaftsstudium auf und absolvierte die nötigen Kurse an der Weinbauschule in Madrid, um den Traum einer eigenen Kellerei zu verwirklichen.

Das Weingut

Er wurde schließlich in der Nähe eines nicht gerade wohlhabenden Dorfes ansässig, dessen geschichtliche Bedeutung in traurigem Einklang mit dem langsamen Zerfall seines einst imposanten Schlosses vor langer Zeit dahingegangen war.

Trigueros del Valle zeichnet sich wie so viele andere Dörfer auf der weiten Hochebene Kastilien–Leóns neben mehreren Kirchen durch einen Bodega-Hügel aus, den die Anwohner im Laufe der Jahrhunderte perforiert haben, um im kühlen Inneren des Berges ihre Moste zu vergären.

Don Félix erwarb einen dieser Kellertunnel von einigen Metern Tiefe aus dem 17. Jahrhundert und trieb ihn weiter in den Berg. Hier reifen seine Crianza- und Reserva-Qualitäten in Fässern aus amerikanischer Eiche.

Das erste Kellergebäude aus dem Gründungsjahr 1991 beherbergt inzwischen nur noch Gärkeller und Büro, nachdem drei Jahre später durch eine Erweiterung mit einem schönen unterirdischen Keller mehr Raum geschaffen worden ist.

Geländekauf mit Hindernissen

Bis Don Félix die notwendigen Hektar auf der Sallana-Höhe zusammenbrachte, waren langwierige Verhandlungen mit einer Erbengemeinschaft notwendig. Ein Jahr verstrich. Schließlich konnte er dazu übergehen, auf der nur wenige Minuten entfernten Minihochebene mit steinigem Kalkboden seine eigenen Rebberge in der traditionellen Einzelstockerziehung zu pflanzen.

Von hier oben beträgt die Entfernung zur berühmten Ribera del Duero weniger als 25 Kilometer. Dank der besonderen Bodenverhältnisse und der exponierten Lage, die zwar nicht viel Menge, dafür aber sehr reifes und vor allem gesundes Lesegut liefert, weisen seine Weine eine beeindruckende Komplexität auf, die sich mit dem zunehmenden Alter der noch jungen Reben in Zukunft wesentlich steigern dürfte.

Weinbereitung und Ausbau

Seine Rosado Docetañidos keltert der junge Mann aus Valladolid inzwischen aus den vier Rebsorten Tinta del País, Cabernet Sauvignon, Verdejo und Albillo.

Die roten Trauben werden zehn bis zwölf Stunden gemaischt und jeweils nach Eigenart des Jahrgangs mit unterschiedlichen Mengen weißen Mostes verschnitten.

Die Rotweine basieren alle mindestens zu 85% auf der Tinta del País; er baut auf deren Robustheit, wenn es um den Eichenausbau geht. Die ersten roten Crianzas waren sehr von Holz überdeckt, da die Fässer neu waren. Inzwischen stimmt die Relation Holz- und Flaschenlager schon viel besser.

Bei der Crianza betragen die Reifezeiten jeweils ein Jahr, bei der Reserva jeweils ungefähr zwei Jahre. Erstaunlich ist die Kompaktheit, welche die Moste mit nur maximal 15 Tagen Maischestandzeit bei der Reserva entwickeln.

Seine knackigen Tintos geben sich lange ungeschliffen, reifen sehr langsam, aber besitzen das gewisse Etwas. Die Weine sind ungestüm, sicher, aber sie besitzen unverkennbar Kraft und Klasse.

Bodegas Fariña

Camino del Palo, s/n. 49800 Toro (Zamora)
Tel.: 980 57 76 73 Fax: 980 57 77 20
Besitzer: Familie Fariña
Eigene Weinberge: 400 Hektar
Rebsorten: Tinta de Toro 92%, Malvasía 5%, Garnacha 3%,
Produktion: 950 000 Flaschen
Weine gemäßigter bis mittlerer Preisklasse

Das Weingut liegt an der Nationalstraße N-122 in Richtung Zamora zwischen Morales de Toro und Toro auf der rechten Seite.

Die Spitzenweine

Gran Colegiata Tinto Crianza

Gran Colegiata Tinto Reserva

Gran Colegiata Tinto Gran Reserva

Alle drei Colegiatas mit Holzlager zeichnen sich durch eine warme füllige Art aus, getragen durch das süße Fruchttannin der Tinta de Toro.

Bei der Crianza ist die Frucht nicht ganz so intensiv, hier kommt das Holz mehr zur Geltung. Reserva und Gran Reserva verströmen ein intensives Bukett von Waldbeeren, Kakao und feinem Zimt.

Im Mund würzig, rund, mit schon abgeschliffenem Tannin und einem ausdrucksvollen Abgang, der noch einmal die ungewöhnliche Fülle dieser Weine betont. Es sind kraftvolle, ja fast bullige Weine, die jedoch eine außerordentliche Vitalität im Mund erzeugen.

Weitere Weine

Colegiata Blanco
Colegiata Rosado
Colegiata Tinto
Vino Primero Tinto

Weine aus der
Tinta de Toro

Im späten Mittelalter, als dünne und säuerliche Weine die Gaumen der Weintrinker nicht eben verwöhnten, erlebten die Weine aus Toro ihre erste Blütezeit.

Welche Gegend konnte schon so einen tiefschwarzen Tinto vorweisen, der so gut wie immer immense Fülle und – noch viel wichtiger – viel natürlichen Alkohol aufwies und trotzdem nicht allzu derb schmeckte? Der Adel und natürlich der Klerus beanspruchten die besten Qualitäten für sich, und der Tinto de Toro ging in die Annalen der spanischen Geschichte ein.

Das extreme Kontinentalklima mit sehr heißen Sommern und wenig Niederschlag würde immer noch die kantigen Weine, die urwüchsigen Rotweine hervorbringen, die nicht selten 17% Alkohol aufwiesen, hätte nicht Manuel Fariña mit seinen Colegiata-Weinen einen sanfteren Stil erfunden und den Toro-Wein gezähmt.

Er war der erste, der die Ernte vorverlegte und eine Harmonie zwischen Frucht und Alkohol erreichte. Alle seriösen Erzeuger der D.O. Toro haben sich diesem Beispiel angeschlossen, so daß der alte Toro-Wein zumin- dest unter dem Gütesiegel der D.O. nicht mehr produziert wird.

Wer sich trotzdem dem Risiko eines Versuches mit altmodisch gemachten Weinen aussetzen will, muß in den Bodega-Kneipen um Zamora sein Glück versuchen. Hier werden noch recht hochprozentige Rote ausgeschenkt.

Reinsortige Rotweine

Manuel Fariña, der Vater der modernen Toro-Weine, hat in kurzer Zeit mehr für das Gebiet getan, als viele Generationen von Winzern vor ihm. Er war von Anfang an überzeugt, daß die einheimische Tinta de Toro, die eine sehr nahe Verwandte der Tempranillo ist, große Weine produzieren könnte – in einer Zeit, da die Sorte allgemein als bessere Deckweintraube abgetan wurde.

Seine Rotweine, die reinsortig aus der einheimischen Beere gekeltert sind, haben einige Jahre als Botschafter für das heutige Qualitätsweingebiet fungiert. Viele Neider bemängeln zuweilen, daß der Betrieb zu groß sei, die Weine sich zu maßgeschneidert gäben. Sicherlich hat sich bei den Basisqualitäten viel Routine eingeschlichen, doch sind seine Gran Colegiatas nach wie vor ein Paradebeispiel für Rasse und Wucht.

Weinbereitung

Mit einem gelassenen Lächeln quittiert Don Manuel das Erstaunen der Besucher, wenn er erklärt, daß seine Bodega keine Presse besitzt.

Regel Nummer eins lautet bei der Verarbeitung der tiefdunklen Tinta-de-Toro-Traube: um jeden Preis die harten Tannine dieser Sorte vermeiden. Also werden die Rotweine von Fariña nur aus dem natürlichen Ablauf, der beim ersten Abstich anfällt, gewonnen. Die gekühlte Maische wird dann in die nahe gelegene Stamm-Bodega gefahren, die nur Landweine erzeugt.

Der Preßwein, der dort entsteht, gibt den einfacheren, aber sauberen Vinos de la Tierra Saft und Charakter. Um Dichte und Struktur bei seinen D.O.-Qualitäten zu gewährleisten, zieht sich die Maischestandzeit bei den Gran Reservas bis zu 15 Tagen hin, bei den Crianzas hingegen nur fünf bis acht Tage.

Ohne Preßwein machen sich die Roten Fariñas weich und vollmundig aus. Nach der malolaktischen Gärung kommen die Weine in amerikanisches Holz und erhalten eine angemessene Reife. Niemals wird ein noch ungeschliffener Rotwein auf den Markt gebracht. Die rauhe Kraft der Tinta de Toro, die selbst bei vorsichtigster Weinbereitung durchkommt, erlaubt dies nach Meinung von Don Manuel nicht.

Bodegas Vega Sauco

Las Bodegas, s/n. 49810 Morales de Toro (Zamora)
Tel.: 980 69 82 94 Fax: 980 52 28 13
Besitzer: Familie Gil
Eigene Weinberge: 33 Hektar
Rebsorten: Tinta de Toro 90%, Garnacha 10%
Produktion: 165 000 Flaschen
Weine gemäßigter Preisklasse

Das Weingut liegt im Dorf Morales de Toro auf der rechten Seite der N-122.

Die Spitzenweine

Vega Sauco Tinto Crianza

Vega Sauco Tinto Reserva

Alle Weine dieses Erzeugers haben eines gemeinsam; Sie strotzen geradezu vor Farb- und Geschmacksintensität. Schwarzrote Farbe, intensiver Beerenduft (Brombeere) und Kirsche, in der Jugend begleitet von trockenem Holz, kräftige Röstnoten, im Mund würzig, beerig, fettes Fruchttannin mit Schmelz, jeder Charakterzug massig, am Gaumen adstringierendes, rauchiges Holz, das Zeit braucht, bis es gut eingebunden ist.

Weiterer Wein

Vega Sauco Tinto

Selbstvermarkter mit Verspätung

Wenceslao Gil, der das kleine Gut mit Hilfe seiner Familie bewirtschaftet, war zunächst als Önologe in fast allen späteren D.O.-Gebieten Kastiliens tätig, bevor er im Zuge einer weiteren Anstellung in einem großen Abfüllbetrieb in die Gegend von

231

Toro gelangte. Er kaufte schließlich eine Finca von 25 Hektar, die teilweise mit 80jährigen Reben bestockt war.

Viele Jahre machte er als Nebenbeschäftigung Wein für sich selbst, den er in einem Minikeller in Morales de Toro in Eiche lagerte, ohne je eine bedeutende Menge zu verkaufen.

Als er sich endlich zur Selbstvermarktung durchrang, brachte er 1992, vom Platzmangel in seiner Bodega geplagt, eine Crianza auf den Markt, die aus dem Jahre 86 stammte. Die Leute rissen ihm die Abfüllung aus den Händen, und Toro hatte einen neuen Star.

Bereitung des Jungweines

Eine der Stärken von Don Wenceslao liegt darin, alle Weine mit großer Hingabe und Sorgfalt auszubauen und so auch seinem einfachen Tinto eine besondere Behandlung angedeihen zu lassen. Keine Frage, daß Crianza und Reserva von komplexerer Natur sind, doch verdient der Jungwein in dieser Bodega ein paar Extrazeilen.

Die für einen Joven ungewöhnliche Struktur kommt dadurch zustande, daß er einen Teil des Jungweinmostes in den Fässern vergärt, die neu angeschafft worden sind. Im November werden sie geräumt für den Wein, der normal in Tanks vergoren wurde.

Der rote *fermentado en barrica*, der bis März im Tank ruht, wird schließlich im Verhältnis von 30 zu 70 mit einer Anzahl von Barriques des von November an im Holz gereiften Weines verschnitten und als Vega Sauco Tinto abgefüllt und gleich vermarktet. Die jugendliche Frische, kombiniert mit der feinen Holznote, macht diesen Wein zu einem unkomplizierten und dazu noch preisgünstigen Genuß.

Weinbereitung und Ausbau der Crianzas

Die Weine werden bei kurzer Maischestandzeit in Betontanks vergoren, ohne die Gärtemperaturen besonders zu beeinflussen. Der Weinmacher benutzt für jede Qualitätsstufe eine gesonderte Hefe.

Ungewöhnlich ist, daß Crianzas und Reservas kaum Flaschenlager bekommen, zumal die Reserva beispielsweise erst im Frühjahr ins Holz kommt, nachdem die Jungweinbereitung abgeschlossen ist. Nach der achtzehnmonatigen Barriquereife bleibt kaum noch Zeit für die Flasche.

Die frisch freigegebenen Vega Saucos wirken sehr massiv und tanninbetont und benötigen noch etwas Reife auf der Flasche.

Wenn die ungeheure Fruchtsüße des wunderbaren Tinta-de-Toro-Lesegutes nicht so ausgeprägt wäre, daß sie einen Teil der Tannine einfach neutralisiert, müßte man die Weine von Wenceslao Gil einige Zeit lagern, bevor sie Trinkreife zeigen würden.

232

Abadía Retuerta

Abadía Santa María de Retuerta. 47340 Sardón de Duero (Valladolid)
Tel.: 983 68 03 14 Fax: 983 68 02 86
Besitzer: Novartis
Eigene Weinberge: 210 Hektar
Rebsorten: Tempranillo 66%, Cabernet Sauvignon 20%, Merlot 10%,
Petit Verdot 2%, Syrah 2%
Produktion: 800 000 Flaschen
Weine mittlerer bis gehobener Preisklasse

Das Weingut liegt an der N 122 Valladolid – Soria kurz nach dem Dörfchen Sardón auf der linken Seite.

Die Spitzenweine

Abadía Retuerta Tinto

Abadía Retuerta Tinto Cuvée El Campanario

Abadía Retuerta Tinto Pago La Negralada

Abadía verströmt sehr duftige Aromen von feinem Holz, neben Toast und Kaffee süße Vanille, dann Pfeffer. Sehr schöne Frucht von reifer Pflaume, Brombeer und Heidelbeer. Straffes Tanningerüst am Gaumen, welches den Eindruck von konzentrierter Schlankheit hinterläßt. Sehr feinaromatisches, würziges Finale.

El Campanario wartet neben einer dichten granatroten Farbe mit einem Aromagerüst aus Brombeer, Trockenfrüchten, Melisse, Gewürzkräutern auf, ein extravaganter, erdiger Ton gibt dem komplexen Bukett zusätzlich Charakter. Üppiges, kräftiges Tannin am Gaumen, viel Körper, trotzdem gleitet er elegant am Gaumen entlang. Persistentes Finale, in dem feines Holz mit der Frucht um die Vorherrschaft ringt.

Ein Tempranillo Ereignis ist auch der Top-Cru Negralada mit intensiver Heidelbeer-Kirsch-Nase, dann Eindrücke von Teer. Die Konzentration in der Nase geht in einen enorm dichten Körper über, Preiselbeeren, Sauerkirsche und Wellen von saftigem, reifen Tannin halten diesen Wein außerordentlich lange auf der Zunge.

Bei den Weinbeschreibungen wurden die Tempranillo-Coupage Abadía Retuerta sowie die reinsortigen Tempranillos vorgezogen. Als Spitzenweine gelten jedoch im selben Maße der wunderbare Cabernet Pago de Valdebellón und die Cabernet-Tempranillo-Cuvée El Palomar.

Weitere Weine

Abadía Retuerta Tinto Primicia
Abadía Retuerta Tinto Rívola
Abadía Retuerta Tinto Cuvée
  El Palomar
Abadía Retuerta Tinto Pago
  Valdebellón

Symbiose aus Terroir und Technik

Den gesamten Weinsektor Spaniens treibt die Frage um, wie es möglich war, auf diesem Traumweingut am Duero in so kurzer Zeit solch hochklassige Weine zu machen. Ganz einfach. Man hat sich modernster weinbau- und kellertechnischer Erkenntnisse bedient und sie mit der notwendigen Konsequenz den idealen Bedingungen am Westrand der D.O. Ribera del Duero angepaßt. 54 Parzellen wurden Anfang der Neunziger gesetzt, darunter Einzellagen wie der Cabernet-Pago Valdebellón, der nur etwa 2000 l pro Hektar erbringt. In den Reben sind Windanlagen installiert, um bei Frostgefahr die Kaltluft durchzuwirbeln. Im Sommer wird den Blättern jeden Morgen eine Feuchtigkeitsprobe entnommen, damit wenn nötig gezielt bewässert werden kann.

Weinbereitung und Ausbau

Im Keller geht es selbstverständlich hochmodern zu. Fast alles läuft per Schwerkraft ab. Maische und Moste werden in kleinen Stahltanks per Kran bewegt. Selbst die freihängenden Barriques, die mit zwei Spunten versehen sind, füllt man ohne den Einsatz von Pumpen. Ab 2000 soll übrigens nach jahrelanger Selektion nur noch mit eigenen Hefen vergoren werden. Insgesamt verfügt das Weingut über 4000 Barriques mit einem größeren Anteil französischer Eiche.

Primicia und Rívola weilen zwischen drei und sechs Monaten im Holz. Der mengenmäßig wichtigste Wein Abadía Retuerta, eine Coupage aus Tempranillo, Cabernet und Merlot, bekommt dagegen 16 Monate Holzlager. Der auf über 800 m Höhe wachsende Valdebellón reift zwei Jahre in Allier ebenso wie Pago Negralada. Für El Campanario verwendet man Limousin.

Bodegas Alta Pavina

Camino Santibañez, s/n. 47328 La Parilla (Valladolid)
Tel.: 983 68 15 21 Fax: 983 33 98 90
Besitzer: Familie Diéz
Eigene Weinberge: 11 Hektar
Rebsorten: Pinot Noir 70%, Cabernet Sauvignon 30%
Produktion: 45 000 Flaschen
Weine mittlerer Preisklasse

Das Weingut liegt an der Landstraße von Tudela nach Montemayor de Pinillo. Am Kilometerstein 7 muß man links in einen Schotterweg einbiegen.

Der Spitzenwein

Alta Pavina Cabernet Sauvignon Tinto

Einer der beeindruckendsten Cabernet Sauvignon Spaniens mit einer seltenen Mischung von klarer Sortentypizität und individuellem Terroir-Charakter.

In der Nase mischen sich feine Kirschnoten, grüne Paprika und edle Holzaromen von amerikanischer Eiche mit Toast und elegantem, parfümiertem Tabak.

Im Mund stabile Struktur mit weichem, fast samtigen Takt auf der Zunge und festen Frucht- und Holztanninen, Noten von Holunder, am Gaumen trocken und lang.

Im Aroma wie im Mund wird der Eindruck hervorgerufen, man würde versteckt im Hintergrund die umliegenden Pinienwäldchen und Kräuter des Ödlandes Kastiliens wahrnehmen.

Weitere Weine

Alta Pavina Pinot Noir Tinto
Alta Pavina Tinto Fino

Das Weingut

Erst seit 1998 hat Pedro Diéz die Rinderzucht ganz aufgegeben, so daß das Gut einzig und allein dem Weinbau dient. Aus der Ferne gleicht Alta Pavina eher einem Bauernhof. Man muß genau hinsehen, um die Weinberge auszumachen, die hier auf dem Hochplateau zwischen Pinien und Getreidefeldern etwas verloren wirken.

Aufgrund der geringen Produktion der Familienbodega widmet Pedro Diéz sich weiterhin dem Verkauf von veterinärmedizinischen Produkten.

Tochter Patricia ist ausschließlich für die Weinbereitung zuständig. Sie gehört zu den wenigen Weinmachern Kastiliens, die nicht nur in Bordeaux Önologie studiert, sondern danach noch zwei Jahre in Burgund gearbeitet haben.

Ein Wagnis war es sicherlich, 1985 auf der rauhen Hochebene mit ihren späten Frösten erst Cabernet Sauvignon und anschließend eine beeindruckende Parzelle von fast 7 Hektar mit der empfindlichen Pinot Noir zu bepflanzen.

Heute, nach den drei guten Ernten 94, 95, 96, hat die junge Önologin so viel Selbstbewußtsein gesammelt, um sich auch nach fremdem Traubengut umzuschauen und die Produktion ihrer eigenen Reben zu ergänzen. Ihr Tinto Fino wird ausschließlich aus Tempranillo-, Merlot- und Cabernet-Sauvignon-Trauben des nahe gelegenen Gutes Finca Retuerta gekel-

tert, das ebenso außerhalb der D.O.-Grenzen der Ribera del Duero liegt wie Alta Pavina.

Dieser Wein entspricht wohl am ehesten einem typischen Ribera-del-Duero-Wein mit einer saftigen Frucht, ohne jedoch an den sehr eigenen Charakter der beiden anderen Weine des Hauses heranzukommen.

Weinbereitung und Ausbau

Trotz des ohnehin gering ausfallenden Ertrages auf den rauhen Höhen des Ödlandes wird durch Grünschnitt und Auslese bei der Ernte streng selektioniert. Vergoren wird bei hohen Temperaturen bis zu 32 Grad – Einwirkung der Burgunder Schule – sowie mit Maischestandzeiten von 18 bis 24 Tagen.

In guten Jahren wie 95 entstehen auf diese Weise erstaunliche Pinots von tiefschwarzer Farbe und komplexem Aroma.

Persönlich bevorzugt die Weinmacherin amerikanische Eiche. Trotzdem differenziert sie bei den verschiedenen Rebsorten. So existieren für sie beim Faßausbau drei Maximen: Cabernet Sauvignon immer in amerikanisches Holz, Pinot Noir in französische Allier-Eiche und die Faßreife exakt nach den Eigenheiten eines jeden Jahrgangs bemessen. Man unterliegt hier keinerlei D.O.-Zwängen, was beim schwierigen Jahrgang 93 willkommen war. Der Pinot Noir dieses Jahrgangs verbrachte nur vier Monate im Barrique, der 95er 18!

Bodegas Mauro

Cervantes, 12. 47320 Tudela de Duero (Valladolid)
Tel.: 983 52 14 39 Fax: 983 52 19 73
Besitzer: Aktiengesellschaft
Eigene Weinberge: 35 Hektar
Rebsorten: Tempranillo 84%, Garnacha 11%, Cabernet Sauvignon,
Syrah 4%, Albillo 1%
Produktion: 130 000 Flaschen
Weine mittlerer bis gehobener Preisklasse

Das Weingut befindet sich am östlichen Ende des Ortskernes von Tudela de Duero.

Die Spitzenweine

Mauro Selección Especial Tinto

Terreus Tinto

Die Selección verströmt einen unerhörten Beerenduft, mit Kirsche und Anklängen von Feige. Im Mund entfaltet sie sofort eine intensive Wärme, leicht animalisch, edle Bitterschokolade, am Gaumen weiches, sehr süßes Tannin und ein prägnanter langer Nachhall. Der Wein kommt fast ohne Holznoten aus.

Terreus ist dagegen wesentlich ausgeprägter im Tannin, sehr tintig mit schwarzer Beerenfrucht. Besitzt das größere Potential.

Weiterer Wein

Mauro Tinto

Tafelwein mit Renommee

Nicht viele Bodegas können von sich behaupten, schon Anfang der 80er Jahre Tafelweine gemacht zu haben, die vom Ruf her den meisten D.O.-Weinen Spaniens ebenbürtig waren.

237

Die 1980 gegründete Kellerei bestand bereits, als das heute weltberühmte Gebiet Ribera del Duero seine Anerkennung als Denominación de Origen bekam.

Trotz seiner langen Weinbautradition beschloß man, das Dorf Tudela de Duero auszusparen. Möglicherweise war dafür entscheidend, daß in der Gemeinde kaum noch Bauern mit eigenen Reben arbeiteten. Die Westgrenze der Ribera del Duero wurde im zwölf Kilometer entfernten Dörfchen Quintanilla de Onésimo festgelegt.

Pionier in Sachen Stil

Sechs Mitglieder zählte die Gründergemeinschaft, die eines der schönsten kastilischen Gebäude Tudelas zu einer luxuriösen Kellerei umbauen ließ. Einige ältere Rebstücke brachten die Partner mit ein, weiteres Rebland war in den siebziger Jahren frisch gepflanzt worden.

Wenn man heute zurückblickt, gehörte Mauro zu den ersten Exponaten des deftigen Weinstiles, der so vielen neueren Ribera-Weinen eigen ist: satte Frucht, kompakter Körper, wenig dominantes Holz und süße Tannine; dieser Wein ist als echter Pionier anzusehen.

Der Wahrheit halber muß jedoch an dieser Stelle gesagt werden, daß die Mauros in den ersten Jahren mit ernsten Problemen in Sachen Haltbarkeit zu kämpfen hatten. So erstaunlich auch die Wärme der Weine mit ihrer explosiven Frucht in der Jugend war, mancher Jahrgang neigte dazu, schnell auseinanderzufallen. Die neueren Jahrgänge haben dieses Manko abgelegt.

Das Potential der neuen Weinschöpfung Terreus darf mit Spannung erwartet werden. Dieser Einzellagenwein aus dem knapp 3 Hektar großen Pago de Cueva Baja könnte ein sehr lagerfähiger Wein werden. Die massive Tanninstruktur, welche die 70 bis 90 Jahre alten Reben dem Terreus mitgegeben haben, garantiert Stabilität.

Weinbereitung und Ausbau

Alle Weine der Bodega erhalten lange Maischestandzeiten. Terreus, aber auch Partien der Vendimia Seleccionada, die einer Reserva-Qualität entspricht, werden zur malolaktischen Gärung schon ins Barrique gefüllt.

Die Mauros durchlaufen erst einmal neue oder halbneue französische Barriques, bevor es zur Abrundung in amerikanisches Holz geht.

Der neue Lagenwein reift dagegen 14 bis 16 Monate ausschließlich in neuer Eiche, wobei hier das französische Holz mit über 90% klar dominiert. Da es sich um Tafelweine handelt, welche nicht dem Korsett der Crianza-Gesetzgebung unterworfen sind, haben die Önologen von Bodegas Mauro die Möglichkeit, über die Reifezeit im Holz frei zu entscheiden und sie genau dem jeweiligen Jahrgang anzupassen.

Bodegas Moure

A Cova. 27540 Escairón (Lugo)
Tel.: 982 45 20 31 Fax: 982 45 27 00
Besitzer: José Manuel Moure, Evaristo Rodriguez
Eigene Weinberge: 5 Hektar
Rebsorten: Albariño 60%, Mencía 40%
Produktion: 110 000 Flaschen
Weine gemäßigter bis mittlerer Preisklasse

Das Weingut gehört zum Dorf A Cova. Auf der Straße von Escairón nach Ferreira biegt man nach 1 800 Metern rechts in Richtung A Cova ein und erreicht nach etwa 4 Kilometern die Bodega.

Die Weine

Abadía da Cova Blanco Albariño

Abadía da Cova Tinto Mencía

Albariño (mit 5% zugekaufter Godello) von ungewohnt heller, grüngelber Farbe; er besticht durch ein intensives Bukett weißer Blüten und exotischer Frucht, das ebenso fein wie intensiv wirkt. Im Mund schlank, sehr weinig mit wenig aggressiver Fruchtsäure, im Abgang lang, aber zu filigran. Sehr delikater Albariño von großer Feinheit.

Der Tinto ist ein Paradebeispiel eines guten Mencías. Kräftige Frucht (Pflaumen, Kompott aus schwarzen Früchten), saftig im Mund, superklare Frucht, laktische Fülle mit weichem Fruchttannin am Gaumen, Anklänge von Leder im satten Abgang. Ein Jungwein, der an die Fruchtattacke eines guten Dornfelders erinnert, aber durch die stoffige Konsistenz persistenter und ausbalancierter ist.

Die Steillagen Galiciens

Allein der Blick ist eine Reise wert. Von der Kellerei überschaut man einen Abschnitt der Miño-Schlucht, der Fluß verläuft hier in einem weiten Mäander. Direkt vor den Gebäuden geht es steil hinab zum Miño, dem wichtigsten galicischen Wasserlauf und Weinfluß par excellence.

In früheren Zeiten waren die Steilhänge fast nur mit Reben bepflanzt. Das Gefälle dort ist derart stark, so daß man, wie die Einheimischen sagen, mit dem Boot erntete. Die schweren Erntebütten wurden auf einem wartenden Erntekahn entleert, der das Lesegut zu einer Anlegestelle brachte, von der es mit Maultieren in die Dörfer geschafft wurde.

Die Mönche, die an den Ufern des Sil und Miño Kirchen und Klöster bauten und damit der Gegend ihren Namen gaben, haben im Laufe der Jahrhunderte angeblich mehr als einen Papst von der Qualität ihrer Kreszenzen überzeugt.

Untypisches Gebiet für Albariño

Die Restrukturierung der Rebflächen ist mühsam. José Manuel Moure und Evaristo Rodriguez haben die alten, mit Granitbrocken aufgeschichteten Terrassen mühsam instand gesetzt und Mencía angepflanzt. Maschinen können nur eingesetzt werden, wenn die erforderlichen Rampen gebaut würden.

Das Weingut verfügt glücklicherweise über einen Bestand von fünfzehnjährigen Albariño-Reben, eine Sorte, die für die Ribeira Sacra im Grunde untypisch ist. Es begab sich jedoch, daß Vater Moure dem ersten provisorischen Consejo Regulador der heutigen Rías Baixas angehörte und eines Tages beschloß, auf dem vernachlässigten Hof der Familie mit dieser Traube sein Glück zu versuchen.

Auf den Granitböden der Südwesthänge entwickelt die Albariño sehr viel Blume und Frucht. Im Körper erscheint sie schlanker als die Qualitäten der Rías Baixas. Auch im Extrakt wirkt sie weniger voll.

Von ebenso intensiver Frucht ist der rote reinsortige Mencía, der fast nur aus zugekauften Trauben gekeltert wird.

Es ist als Glücksfall zu werten, daß man bislang der Versuchung widerstanden hat, mit Holz zu experimentieren. Die wunderbar saftigen Fruchttannine und das üppige Aroma dieser Rotweintraube würden mit Sicherheit Schaden nehmen.

Weinbereitung

Die beiden Rotationstanks, die in dem winzigen Keller sofort ins Auge fallen, benutzt man für die Bereitung beider Weintypen. Die entrappten Albariño-Trauben werden hier vor der Pressung einige Stunden kaltmazeriert, die Mencía hingegen drei Tage auf der Maische vergoren.

Emilio Rojo

32233 Arnoia-Ponte (Orense)
Tel.: 988 48 80 50
Besitzer: Familie Rojo
Eigene Weinberge: 2,5 Hektar
Rebsorten: Lado 65%, Treixadura 20%, Albariño, Torrontés, Loureira 15%
Produktion: 10 000 Flaschen
Wein mittlerer Preisklasse

Die Bodega befindet sich im Ortsteil Remoíño des Dorfes Arnoia, 6 km von Ribadavia entfernt.

Der Wein

Emilio Rojo Blanco

Ungewöhnlicher Ribeiro mit anhaltendem Kräuterbukett, begleitet von floralen und fruchtigen Noten, die den sehr eigenen Charakter dieses Weines enthüllen. Überraschende Säure im Mund mit seidiger Struktur und angenehmer süßer Frucht. In guten Jahren einer der ganz wenigen Ribeiros, die über das erste Jahr hinaus Leben besitzen.

Der Weinmacher

Mehr Individualist als Visionär, keltert Emilio Rojo seit elf Jahren einen Weißwein im grünen Hinterland der fruchtbaren Hügel, die den Miño, den wichtigsten Fluß Galiciens, rahmen.

Der Weinbau geht hier, wie in so vielen Regionen Spaniens, auf die Zisterzienser zurück, die in den versteckten Tälern dieser paradiesisch anmutenden Region schon im 12. Jahrhundert Reben zogen. Als Kellerei dient ein kleines Bruchsteinhaus mit kaum mehr als 50 qm Arbeitsfläche. Erst seit einem Jahr erreicht Emilio seine Reben, die sich in einer Hanglage in der Nachbarschaft des verlassenen Weilers Ibedo befinden, mit dem Auto. Er mußte sich einen befahrbaren Zugang schaffen, was in dieser hügeligen Landschaft mit seiner geradezu subtropisch anmutenden Vegetation nicht einfach war.

Der 1,5 Hektar große Weinberg, früher im Besitz der Familie seiner Frau, wurde stückweise neu bestockt und erbringt nach einer strengen Selektion durch Grünschnitt nur etwa 6 000 kg. Dies mag für Spanien üppig erscheinen, für das galicische Inland entspricht es der Hälfte des möglichen Ertrages.

Das restliche Lesegut für die Produktion stammt aus den 25 Kleinparzellen seines Vaters, die sich in einer anderen Gemeinde befinden und mit der Sorte Lado bepflanzt sind.

Emilio Rojo beschäftigt sich seit Jahren intensiv mit heimischen Sorten, die an fast keinem anderen Ort mehr zu finden sind, um sie in naher Zukunft in einer Versuchsanlage wieder aufleben zu lassen.

Seltene Coupage

Zweifellos gibt die Lado-Traube, die zu 35% in der Coupage des Emilio Rojo vertreten ist, dem Wein seinen Charakter. Neben sehr floralen Noten setzt sich ein zartbitterer Ton durch, der diesem Ribeiro Nerv und Eleganz verleiht.

Die Qualitätsträger anderer Gebiete wie Albariño oder Loureira treten hier nur unterstützend auf. Die Treixadura macht den Hauptanteil aus und sorgt für Körper.

Trotz geringer Produktion experimentiert der Weinmacher unermüdlich und vergärt seinen Wein nach sechsstündiger Kältemazeration in der Presse, im Holz oder in Stahl, in manchen Jahren mischt er Lado und Treixadura.

Sein Ribeiro weist dank der seltenen Lado einerseits gute Säurewerte auf, andererseits auch einen Alkoholgehalt von über 12%, der in diesem Gebiet selten erreicht wird, ohne daß die Weine schwammig und oxidiert schmecken.

Godeval

Avda. de Galicia, 20. 32300 Barco de Valdeorras
Tel.: 988 32 53 09 Fax: 988 32 01 48
Besitzer: S.A.T. (Sociedad de Transformación Agraria)
Eigene Weinberge: 17 Hektar
Rebsorten: Godello 100%
Produktion: 150 000 Flaschen
Weine gemäßigter Preisklasse

Das Weingut liegt in den Hügeln über dem Dorf Vega-molinos, das mit O Barco nahezu zusammengewachsen ist. Im Dorf folgt man den Hinweisschildern Monasteiro de Xagoaza. Bis zum Kloster sind es nicht ganz 3 Kilometer.

Die Weine

Viña Godeval Blanco

Viña Godeval Blanco Fermentado en Barrica

Der Godeval hat eine glänzende hellgelbe Farbe, feines, leicht süßlich anmutendes Fruchtaroma von Apfel und Zitrusfrüchten und vegetabilischen Noten. Ausgeprägte Struktur, sehr weinig, exzellente Säure am Gaumen, die jedoch harmonisiert mit einer feinen Fruchtsüße. Lang und anhaltend. Ein sehr harmonisch wirkender Wein mit femininem Charme.

Der Barrique-Godeval gehört zu den ganz wenigen im Holz vergorenen Weinen Galiciens, die Finesse besitzen. Hier tritt eine feine Hefesüße mit dezentem Holz hervor, welche die blumig-fruchtige (Pfirsich) Nase trägt. Facettenreich mit schönem Holz-Alkohol-Gleichgewicht im Mund.

Umstrukturierung in letzter Minute

Als zu Beginn der 70er Jahre die hochinteressante, in Valdeorras heimische Sorte Godello ganz zu verschwinden drohte, schloß sich eine Gruppe aus Beamten, Agronomen und Weinbauern zusammen und leitete ein Umstrukturierungsprogramm mit dem Ziel ein, die Pflanzungen der bedrohten Traube gezielt zu fördern. Sie galt bei den meisten Bauern als unrentabel, da sie wenig Menge brachte und recht empfindlich war.

13 Jahre, nachdem die ersten Godello-Weingärten angelegt worden waren, gründete einer der Initiatoren des Revival-Programms, der Agraringenieur Horacio Fernández, die Bodega Godeval.

Mit weiteren fünf Teilhabern wurde das völlig verfallene romanische Kloster Xagoaza Stück für Stück restauriert und ein neuer Gärkeller gebaut.

Unbekanntes Potential

Es gab so gut wie kein Vorbild für einen modern gemachten Godello, da die klassischen Weine des Gebietes so gut wie nie sortenrein gekeltert wurden, zumeist nicht ganz sauber waren oder schnell oxidierten.

Dabei wußte man um die Fruchtigkeit der Godello-Moste, die nicht so ausgeprägt ist wie die der berühmten Albariño, aber durchaus zu den ausdrucksvollsten weißen Sorten Spaniens zählt.

Es stellte sich jedoch vor allem die Frage nach der Haltbarkeit und dem Sinn, reinsortige Godellos zu machen, die beim Konsumenten möglicherweise nicht ankommen würden.

Das Gegenteil war der Fall, zumal die ersten Weine termingerecht zum beginnenden Weißweinboom der 80er Jahre zur Verfügung standen, der nach und nach das ganze Land erfaßte.

Weinbereitung

Die Ernte der frühreifenden Godello beginnt in den vor Fruchtbarkeit geradezu strotzenden Tälern der Flüsse Sil und Xares schon am 1. September und endet normalerweise pünktlich zum Weinfest am 14. desselben Monats. Die Hanglagen werden per Hand gelesen.

Vergoren wird nur mit eigenen Hefen bei niedrigen Temperaturen in Edelstahl. Man läßt den rohen Weinen sehr viel Zeit im Tank und füllt sie erst im April/Mai auf die Flasche.

Parxet

Mas Parxet, 08391 Tiana (Barcelona)
Tel.: 933 95 08 11 Fax: 933 95 55 00
Besitzer: Aktiengesellschaft
Eigene Weinberge: 40 Hektar
Rebsorten: Pansá Blanca 60%, Macabeo, Chardonnay, Parellada,
Chenin blanc, Pinot noir 40%
Produktion: 1 000 000 Flaschen
Weine mittlerer Preisklasse

Das Gut liegt unterhalb einer Straße, die in unmittelbarer Nähe der Guardia-Civil-Station von Mongat in Richtung des Dorfkerns von Tiana ansteigt.

Die Spitzenweine

Marqués de Alella Blanco Chardonnay

Marqués de Alella Blanco Clasico

Marqués de Alella Blanco Allier Fermentado en Barrica

Alle Stillweine des Hauses haben eine sehr weinige Art, sind aber am Gaumen immer fest und gehaltvoll. Der Chardonnay ist frisch mit feiner Frucht (Pfirsich, Melone, exotische Früchte), gut ausbalanciert mit fein eingewobener Säure und schlankem Bau. Der Clasico aus der Pansá Blanca hat eine feine blumige Nase, einen Anflug von Heu und reife Frucht von Apfel. Im Mund feine Restsüße, mittlere Statur, ein sanfter, harmonischer Weißwein, der eine angenehme Fruchtsüße im Abgang zeigt.

Beim Allier handelt es sich um einen ernstzunehmenden Chardonnay, der, auf Schlankheit ausgelegt, angenehm fruchtlastig wirkt, statt sich zu sehr auf Barriquenoten zu stützen. Überraschend frisch mit viel Fruchtspiel in der Nase (Birne, Pfirsich, Maracuja) und einem Hauch von Vanille. Am Gaumen herzhafte Frucht, weiches Barrique und eine elegante Hefesüße.

Weitere Weine und Cavas

Marqués de Alella Blanco Sec
Parxet Cava Brut Grapa
Parxet Cava Brut Nature
Parxet Cava Brut Nature
  Chardonnay
Parxet Cava Brut Nature 75
  Reserva Aniversario
Parxet Cava Brut Reserva
Parxet Cava Brut Rosé
Parxet Cava Cuvée Desert
  Dulce
Parxet Cava Seco Reserva
Parxet Cava Semi Seco Reserva

Komplizierte Gründungsgeschichte

Die heutige Kellerei Parxet setzt sich aus zwei Betrieben zusammen, dem gleichnamigen Cava-Haus und einer 1979 in Santa María de Martorelles errichteten neuen Kellerei, die für die Stillweinbereitung zuständig ist.

Der für beide Keller verantwortliche Önologe Josep María Pujol-Busquets hatte dem katalanischen Industriellen Ismael Manaut ein Konzept für eine moderne Bodega in der Mini-D.O. Alella vorgelegt, welches er als Diplomarbeit für sein Studium ausgearbeitet hatte.

Der Geschäftsmann nutzte seine guten Kontakte zu Juan Peláez i Fabra, Marqués de Alella, und gemeinsam gründeten sie die Stillwein-Bodega. Das etwa 360 Hektar umfassende Weingebiet brachte zu Beginn des Jahrhunderts schon Weine hervor, die sich unter der Bourgeoisie Barcelonas größter Beliebtheit erfreuten.

Der Großvater des Marqués war Initiator der ersten Genossenschaft und des lange Zeit einzigen Abfüllbetriebes im Gebiet, bis die Landflucht der fünfziger Jahre die Zahl der Winzer drastisch reduzierte und die Kooperative buchstäblich trockenlief. Die Adelsfamilie behielt ihre Rebberge, die Trauben wurden anderswo zu Wein verarbeitet.

Die neue Bodega produzierte schon 1981 einen ersten Marqués de Alella in Zusammenarbeit mit dem Cava-Produzenten Parxet. Zwei Jahre später gerieten die Besitzer von Parxet in finanzielle Schwierigkeiten; Manaut verwandelte sich in den Hauptaktionär, womit die heutige Betriebsstruktur gegeben war.

1995 ist eine neue Bodega in der Ribera del Duero dazugekommen, die unter der Marke Tionio eine erste Semi-Crianza vermarktet hat.

Diesseits und jenseits der Sierra de Marina

Beinahe der gesamte Weinbergbestand steht auf der Finca in Santa María in der D.O.-Unterzone El Vallés. Die Trauben erbringen hier im Inland, das heißt jenseits des maritimen Gebirgszuges, der die Alella in zwei Hälften teilt, wesentlich bessere Säurewerte hervor, die in allen Weinen deutlich präsent sind.

Auf den Flächen um die alte Cava-Kellerei im meerzugewandten Teil auf der anderen Seite, Maresme genannt, sind keine Reben übriggeblieben. Sie sind einem eleganten Villenviertel zum Opfer gefallen. Parxet liegt, wenn man es genau betrachtet, mitten in einem gediegenen Vorort von Barcelona. Um die Schwester-Bodega zu erreichen, benötigt man mit dem Wagen 20 Minuten.

Um ihren Traubenbedarf zu decken, versorgen sich die Bodegas bei 60 Weinbauern. In der Regel werden die Trauben in Kühlwagen abgeholt. Einige Winzer verfügen jedoch selbst über solche Fahrzeuge. Ihr zweites Standbein ist übrigens die Erdbeerzucht.

Weinbereitung und Ausbau

Für alle Moste nimmt der Önologe eine Ganztraubenpressung vor, mazeriert wird nicht. Der gebietstypische Wein ist, wie der Name schon sagt, der Clasico. Er wird zu 100% aus der einheimischen Pansá Blanca gekeltert, einem Klon der Xarel-Lo, der aber fettere Weine mit einem ausgeprägteren Zartbitterton hervorbringt als die originäre Rebe aus dem Penedès.

Aus diesem Grund wird dem Clasico etwas Restsüße gegeben. Die Gärung im Stahl kann sechs bis acht Wochen dauern.

Eine weitere Eigenart des Clasicos ist seine relative Langlebigkeit, die sich sehr ungewöhnlich für einen Weißwein der spanischen Ostküste ausnimmt, noch dazu ohne stützenden Holzausbau. Man kann ihn gut gelagert oft noch im dritten Jahr trinken.

Castell del Remei

Ctra. Bellpuig – Castellsera, s/n. 25333 Castell del Remei (Lleida)
Tel.: 973 58 02 00 Fax: 973 57 05 11
Besitzer: Familie Cusiné
Eigene Weinberge: 70 Hektar
Rebsorten: Cabernet Sauvignon 60%, Merlot 15%, Tempranillo 15%,
Garnacha, Chardonnay und Sauvignon Blanc 10%
Produktion: 300 000 Flaschen
Weine gemäßigter bis mittlerer Preisklasse

Das Weingut liegt auf der rechten Seite kurz hinter der Abzweigung nach Bellpuig von der Landstraße Tárrega – Balaguer.

Die Spitzenweine

Castell del Remei Tinto Reserva Cabernet Sauvignon

Castell del Remei Tinto 1780 Añada

Der Cabernet Sauvignon stellt einen Klassiker der Bodega dar, während der 1780 den Beginn der modernen Linie von Castell del Remei repräsentiert.

Der Cabernet weist nicht die üppige vollreife Nase vieler anderer Vertreter seiner Art in Spanien auf. Statt dessen sind die Aromen differenziert, mit Noten von Frucht, Leder und Zimt. Am Gaumen gerbstoffreich, mit schönem, sortentypischem Holundergeschmack und Eukalyptus im Abgang. Ein mittelgewichtiger, aber gut ausgewogener Wein.

Der 1780er wirkt dagegen mächtiger, mit viel rohem Gerbstoff, deutlichem Holz und fester Struktur.

Weitere Weine

Castell del Remei Blanco
Chardonnay
Castell del Remei Blanco Blanc
Planell
Castell del Remei Tinto Crianza Merlot
Castell del Remei Tinto Reserva
Gotim Bru

Neues Weingut

Als sich 1997 die Gelegenheit bot, am südlichen Rand der D.O.-Unterzone Les Garrigues nahe der Provinzgrenze zu Tarragona eine Kellerei zu erwerben, griffen die Gebrüder Cusiné sofort zu.

Bis 1920, als die Reblaus auch hier die Reben vernichtete, gehörte die Kellerei zu den berühmtesten Bodegas Kataloniens und zu den ersten Abfüllbetrieben überhaupt. Das endgültige Aus kam im Bürgerkrieg in den 30er Jahren. Das in ein Munitionsdepot verwandelte Anwesen erlitt durch eine Explosion gravierende Schäden.

Eher feine als mächtige Weine

Die Brüder pflanzten hauptsächlich französische Reben, und ihre Weine erlangten ihren guten Ruf eher durch ihre klare Struktur und gut herausgearbeitete Reintönigkeit als durch Konzentration und Dichte. Daß die Weine jedoch immer mehr an Persönlichkeit gewinnen, liegt nicht nur an der Erfahrung des Weinmachers, sondern ganz einfach auch an den älter werdenden Reben.

Zudem hat sich die Kellerei eine neue Finca zugelegt. Dort befinden sich alte Garnacha-Pflanzungen, die sehr gute Mostqualitäten à la Priorato bieten. Garnacha-Wein aus diesem Anwesen in der Nähe des Dorfes Pobla de Cervoles bildet den Grundstock der Coupage für den Spitzenwein 1780. Heute ist Castell del Remei zweifellos nach Raimat das wichtigste Weingut der D.O.

Weinbereitung und Ausbau

Geschäftsführer Tomás Cusiné und sein Önologe vergären die Moste im Stahl und lassen die Weine nach der malolaktischen Gärung bis zu einem Jahr im Tank stehen, um einen natürlichen Absatz des Trubes zu erreichen und so nur einmal sehr schwach filtern zu müssen.

Die Castell-del-Remei-Gewächse haben sich nie durch eine außergewöhnliche Konzentration hervorgetan. Vielmehr bildeten saubere Fruchtaromen und Harmonie die Seele dieser Weine. Die Holzaromen waren, von wenigen Ausnahmen abgesehen, immer recht dezent. Der Barriquepark aus 80% amerikanischer Eiche wird jedes Jahr etwa zu einem Fünftel erneuert.

Die Weine des Gutes sollen in Zukunft moderner, sprich kräftiger sowie komplexer werden und kürzere Lagerzeiten erhalten.

Raimat

Afueras, s/n. 25111 Raimat (Lleida)
Tel.: 973 72 40 00 Fax: 973 72 40 60
Besitzer: Gruppe Codorníu
Eigene Weinberge: 1.700 Hektar
Rebsorten: Monastrell 33%, Cabernet Sauvignon 26%, Ull de Llebre 14%,
Merlot, Pinot Noir, Chardonnay 15%, Macabeo 6%, Parellada 6%, Xarel-Lo
Produktion: 7 000 000 Flaschen
Weine gemäßigter bis mittlerer Preisklasse

Das Weingut liegt an der Nationalstraße von Lleida nach Huesca. Etwa 15 Kilometer hinter Lleida geht es einem Hinweisschild folgend links ab; nach einigen hundert Metern erreicht man den Gebäudekomplex der Kellerei.

Die Spitzenweine

Raimat Abadía Tinto Reserva

Raimat Vallcorba Tinto Reserva Cabernet Sauvignon

Der Abadía ist ein dichter, dunkelfarbiger, sehr duftiger Wein. Viel schwarze Frucht neben Leder und kräftigen Holznoten. Im Mund viel Saft, immer begleitet von Röstnoten. Am Gaumen trockenes Tannin und viel Gewürz im Abgang.

Der Vallcorba sollte wie übrigens alle Weine der Reserva-Linie gelüftet werden. Enorm facettenreiches Bukett, dunkle Frucht, Gewürzkräuter, Tabak, Waldaromen, Lakritze. Im Mund vollmundig, animalisch, aber nicht fett, recht massives Tannin am Gaumen, trotzdem geht er weich hinab mit langem aromatischen Nachhall.

Weitere Weine und Cavas

Raimat Blanco Clos Casal
Raimat Blanco Chardonnay
Raimat Blanco Chardonnay
  Fermentado en Barrica
  Selección Especial

250

Raimat Rosado
Raimat Rosado Cabernet
  Sauvignon
Raimat Abadía Tinto
Raimat Tinto Cabernet
  Sauvignon
Raimat Tinto Reserva Cabernet
  Sauvignon
Raimat Tinto Merlot
Raimat Tinto Pinot Noir
Raimat Tinto Tempranillo
Raimat Mas Castell Tinto
  Reserva Cabernet Sauvignon
Raimat El Molí Tinto Reserva
  Cabernet Sauvignon
Raimat Cava Blanc de Blancs
Raimat Cava Brut Nature
Raimat Cava Chardonnay
  Brut Nature
Raimat Cava Gran Brut

Die Geschichte

Als das Gut Raimat von Manuel
Raventós, dem damaligen Geschäftsführer und Mitinhaber
von Codorníu, 1914 erworben
wurde, bestand es hauptsächlich aus Wüste. Das sehr salzhal-
tige Ödland ließ keinerlei Be-
wirtschaftung zu.

Dennoch konnte der Besitz
neben seinem schloßartigen
Herrenhaus, das auf eine ara-
bische Gründung zurückgeht,
einen äußerst wichtigen Plus-
punkt verbuchen. Der eben
fertiggestellte Kanal zwischen
Katalonien und Aragonien
führte mitten durch die 3 000
Hektar große Finca.

Zur Urbarmachung des Lan-
des mußten ungeheure Flächen
mit fruchtbarer Erde aufge-
schüttet werden, gefolgt von
einer massiven Aufforstung, in
deren Rahmen im Laufe der Jahre über eine Million Bäume gesetzt wurden. Nach und nach
besserten sich die Bodenverhältnisse, und man ging dazu
über, Reben, Obst und Getreide
zu pflanzen.

Ein Dorf mit Schule und
Bahnhof entstand zur selben
Zeit wie eine Kellerei, der erste
Stahlbetonbau Kataloniens, er-
richtet von einem Schüler des
Architekten Antonio Gaudí. Die
D.O. Costers del Segre wurde in
den 80er Jahren de facto für Rai-
mat eingerichtet.

Das Weingut

Über viele Jahre lieferten die
Pflanzungen traditioneller Rebsorten wie Parellada und Xarel-
Lo nur Faßware für die Cava-
Produktion der Codorníu-Kelle-
rei in Sant Sadurní. Schon in
den 60er Jahren leitete man
die zukünftige Produktion von
Stillweinen ein, doch die ersten
Bestockungen mit französischen Sorten brachten nicht
den gewünschten Erfolg. Die
Pflanzen zeigten Anpassungs-
schwierigkeiten.

Mit dem Kauf der Bodega
Masía Bach im Penedès stand
das Projekt sogar kurzzeitig auf
der Kippe, aber der neue Gene-
raldirektor Manuel Raventós
Artés trieb die Versuche weiter
voran. In Zusammenarbeit mit
den kalifornischen Universi-
täten in Davis und Fresno un-
ternahm man großangelegte
Bodenuntersuchungen, denen
langwierige Klonselektionen
folgten, bis schließlich die er-

sten Cabernet-Sauvignon-Wingerte Qualitäten erzeugten, welche selbst die Wissenschaftler in Erstaunen versetzten.

Im Jahre 1988 setzte sich Raimat selbst ein Denkmal, indem es ein in jeder Hinsicht futuristisches, aber perfekt in das Gelände eingepaßtes Kellereigebäude errichten ließ.

Rebsortenweine

Zuerst setzte man auf die Produktion von reinsortigen Weinen, den *varietales*, die in Spanien zum Inbegriff modernen Weinmachens wurden.

Makellose Qualität, saubere Sortentypizität, seriöser Ausbau und erschwingliche Preise öffneten den Weinen die Türen der Gastronomie. Aber auch bei den Konsumenten fanden die Weine Gefallen, und die Erfolge im Export ließen nicht lange auf sich warten.

Rückblickend muß man sagen, daß Raimat zu einer der Schlüsselstellen avancierte, die den veralteten spanischen Weinbau grundlegend umwandelten.

Weinbereitung und Ausbau

So gut wie alle Raimat Tintos weisen einen deutlichen Faßausbau auf. Obwohl die Standardlinie mit den sortenreinen Weinen auf die übliche Crianza-Bezeichnung verzichtet, kann man außer beim Pinot Noir immer von einem mindestens einjährigen Faßlager ausgehen.

Früher kam in vielen Jahren das Holz etwas zu stark durch, aber inzwischen bestechen diese Weine durch eine saubere Kraft und schöne Harmonie. Man ist immer wieder erstaunt, mit welcher Selbstverständlichkeit Raimat bei diesen Mengen Jahr für Jahr hochklassige Qualitäten mit wunderbarer Fruchtreife und bemerkenswerter Festigkeit auf die Flasche bringt.

Noch komplexer geht es indes bei den Reservas zu, denen als Flaggschiffe die drei Cabernet Sauvignons aus Einzellagen voransegeln. Mas Castell, E Molí und der unerhört ausgeglichene Vallcorba stehen, wie man irrtümlicherweise annehmen könnte, jedoch nicht für Parzellen, sondern sind reine Markennamen.

Für diese drei Weine werden aus den besten 16 Lagen des Gutes Partien ausgesucht, die nach einem komplizierten Auswahlverfahren letztlich auf drei reduziert werden. Daß sich dabei in den verschiedenen Jahrgängen in der Regel Partien aus denselben Lagen durchsetzten, überrascht nicht.

Nur bei El Molí gab es nach Auskunft des Kellermeisters Miguel Gúrpide mitunter einen Wechsel. Die Weine reifen nur in amerikanischer Eiche. Die Produktion dieser *pagos*, wie sie intern genannt werden, ist auf die besten Jahre beschränkt.

Hervorragende Qualitäten mit viel Stoff und Tannin bieten auch die beiden anderen Reservas, Abadía und Cabernet Sauvignon.

Celler de Capçanes

Llabería, s/n. 43776 Capçanes (Tarragona)
Tel. und Fax: 977 17 81 53
Besitzer: Genossenschaft
Eigene Weinberge: 200 Hektar
Rebsorten: Garnacha 60%, Cariñena 20%, Tempranillo 7,5%, Cabernet
Sauvignon 4%, Merlot 2,5%, Syrah 1%, Garnacha Blanca, Chardonnay 5%
Produktion: 250 000 Flaschen
Weine gemäßigter bis mittlerer Preisklasse

Das Weingut liegt am Ortseingang des Dorfes Capçanes auf der linken Seite. Man nimmt die Straße von Falset über Marçà.

Die Spitzenweine

Cabrida Tinto Crianza

Wein von tiefdunkler, fast schwarzer Farbe. Der Debüt-Wein hatte Vanille, schwarzen Tabak, Tinte, Feigen, reife Frucht und eine Spur Veilchenduft in der Nase. Im Mund saftig, breitschultrige Art, aber nicht ausladend, viel weiches, saftiges Fruchttannin, das so stark ausgeprägt ist, daß die Holznoten auf der Zunge und am Gaumen fast neutralisiert werden. Schwarze und süße rote Frucht und etwas Lakritze.

Sehr tiefer Rotwein mit gutem Potential, der optimalen Genuß bereitet, wenn die warme dichte Garnacha-Frucht mit dem neuen Holz verschmolzen ist.

Costers del Gravet Tinto Crianza

Leichtere Nase mit schönen Pflaumen- und Johannisbeernoten, Eindrücken von Zedern, dezente Röstaromen mit zurückhaltender Vanille. Auf der Zunge zeigt er bisweilen Noten von flüssiger Schokolade. Satte

Frucht und weiches Tannin, das mit überreifen Fruchteindrücken den Wein angenehm in die Länge zieht. Weniger Potential als sein großer Bruder.

Weitere Weine

Mas Donis Tinto
Mas Collet Tinto
Flor de Maig Tinto
Flor de Maig Cabernet Sauvignon Tinto Crianza
Lasendal Tinto Crianza
Vall del Calas Tinto Crianza
Pansal del Calas Tinto
Flor de Primavera Blanco »Perej Ha'abib«
Flor de Primavera Tinto »Perej Ha'abib«
Flor de Primavera Tinto Crianza »Perej Ha'abib«

Genossenschaft mit großem Qualitätspotential

Die 1933 gegründete Genossenschaft liegt in der Nähe des Prioratos, gehört aber zur D.O. Tarragona. Die Weinberge der Mitglieder erstrecken sich über das gesamte Capçanestal, die Böden wechseln je nach Höhe des Wingerts vom sandigen, mit Kiesel durchsetzten Untergrund zu steinigen, kargen und unwegsamen Terrassenanlagen.

Bis vor kurzem belieferten die Weinbauern noch renommierte Großkellereien wie Torres mit ihrem Lesegut.

Anfang der Neunziger füllte man schließlich immer mehr Wein unter eigenen Marken ab. Dies führte zunächst zur Produktion des momentan einzigen koscheren Weines Spaniens – die Weinbereitung findet in Anwesenheit eines Rabbis statt – und gipfelte kurz darauf in einer neuen Weinlinie, deren erste Exponate, etwa der Mas Donis oder Costers del Gravet, 96 auf den Markt kamen. Den Süßwein Pansal de Calas aus Cabernet und Cariñena hob man ein Jahr später aus der Taufe.

Weinbereitung und Ausbau

Der Mas Donis ohne Faßausbau hat mit seiner Mischung aus 80% Garnacha und 20% Syrah eine weiche Fülle mit pfeffrigen Noten und Extraktsüße.

Mas Collet dagegen mit fünf Monaten Faß tritt durch eine süße, duftige Erdbeerfrucht hervor. Bei der Vinifizierung des Costers del Gravet greift man auf eine klassisch levantinische Weinbereitung zurück.

Während die eine Hälfte des aus alten Garnacha- und Cariñena-Weinbergen stammenden Lesegutes normal vergoren wird, weist die andere Hälfte der Maische aus Cabernet-Sauvignon-Trauben die doppelte Menge an Fruchtfleisch und Schalen auf, denn ein Teil der Maische hat schon Saft für die Produktion eines Rosados abgegeben. Diese doppelte Maische, in Spanien doble pasta genannt, gibt mehr Tannine und Farbstoffe an den Wein ab.

Aus einem sehr alten Garnacha-Weingarten keltert man den Cabrida. Er reift ein Jahr in französischer Eiche.

Julia Roch e Hijos

Finca Casa Castillo, Ctra. Jumilla – Hellín, Km. 9,5. 30520 Jumilla (Murcia)
Tel. und Fax: 968 78 16 91
Besitzer: Familie Sanchez Cerezo Roch
Eigene Weinberge: 190 Hektar
Rebsorten: Monastrell 38%, Tempranillo 32%, Cabernet Sauvignon 7%,
Syrah 7%, Macabeo 14,5%, Moscatel 4%
Produktion: 270 000 Flaschen
Weine gemäßigter Preisklasse

Das Weingut liegt an der Landstraße von Hellín nach Jumilla rund 9 Kilometer nach dem Abzweig auf der rechten Seite.

Die Spitzenweine

Casa Castillo Tinto Monastrell

Casa Castillo Tinto Pie Franco

Casa Castillo Tinto Las Gravas

Der Casa Castillo Monastrell gehört zu den charaktervollsten Weinen ganz Südostspaniens. Er besitzt nicht nur Aromentiefe, sondern auch Struktur. Strahlender Duft von Brombeeren und Wildkirsche. Viel saftiges Tannin. Pie Franco stammt von uralten Monastrell-Pflanzungen und zeigt sich nach 14 Monaten Barrique fleischig und profund.

Las Gravas kann mit Sicherheit zu den mächtigsten und sattesten Cabernets Spaniens gerechnet werden. Fast überreif mit enorm ausschweifendem Beerenaroma, dabei in der Nase beeindruckend sortentypisch. Feines, süßes Holz. Eine ganz eigene Interpretation von Cabernet Sauvignon, die in ihrer ausladenden Art ihresgleichen sucht.

Weitere Weine

Casa Castillo Blanco
Casa Castillo Rosado
Casa Castillo Tinto Vendimia
  Seleccionada
Casa Castillo Tinto Crianza

Das Weingut

Die Bodega befindet sich auf einem Anwesen von fast 500 Hektar, von denen die Hälfte mit Reben bestockt sind. Rund 14% entfallen auf alte Monastrell-Pflanzungen, die aus dem Jahre 1961 stammen. Die Finca Casa Castillo ist schon seit Generationen im Besitz der Familie.

Ein Großteil des heutigen Rebspiegels geht auf ein Umstrukturierungsprojekt zurück, das zunächst eine Neubestockung von rund 200 Hektar vorsah, das sich bis in die 90er Jahre hingezogen hat.

Nemesio Vicente, Besitzer und Geschäftsführer des Gutes, war sich dessen bewußt, daß allein mit der heimischen roten Monastrell-Traube auf die Dauer kein Staat zu machen war.

Klassisch rustikale Architektur

Die beispielhaft gepflegten Gebäude, in denen Faß- und Gärkeller untergebracht sind, stammen aus dem vergangenen Jahrhundert und sind ein schönes Beispiel für die ländliche Architektur der Mancha mit weißgetünchten, unregelmäßigen Außenwänden und flachen, ziegelgedeckten Giebeldächern.

Auch innen erscheint alles rustikal, ist aber gleichzeitig ganz modern. Es wird mit Stahltanks und alten Zementtanks, mit Förderbändern und der Vertikalpresse gearbeitet, die heutzutage von vielen Topönologen als das einzig wahre Preßwerkzeug bejubelt wird.

Weinbereitung und Ausbau

Sohn José María, der als Önologe fungiert, wendet für seine Vendimia Seleccionada eine Ganztraubenmaischung unter CO_2 an und gärt dann den Ablaufmost normal zu Ende. Erstaunlich ist, daß er für die der Beaujolais-Methode ähnelnden Weinbereitung Tempranillo und nicht die gebietstypische Monastrell verwendet.

Der Wein ist nur aus dem gesündesten und reifsten Lesegut gewonnen und strotzt geradezu vor Fruchtigkeit. Er sollte innerhalb des ersten Jahres ausgetrunken werden.

Die Crianza, bestehend aus einer Assemblage von Tempranillo, Monastrell und Cabernet Sauvignon, ruht vier Monate im Tank und reift anschließend ein Jahr in amerikanischer Eiche. Der Stolz der Bodega ist zweifellos der Monastrell, dem etwa 10% Cabernet beigegeben wird. Er wird lange gemaischt, gärt etwa zehn Tage und durchläuft einen Teil der zweiten Gärung in neuen Barriques aus amerikanischer und französischer Eiche mit anschließender Faßreife von vier Monaten.

256

Viñedos Agapito Rico

Casas de la Hoya, s/n. El Carche. 30520 Jumilla (Murcia)
Tel.: 968 43 51 37 Fax: 968 43 55 09
Besitzer: Agapito Rico
Eigene Weinberge: 120 Hektar
Rebsorten: Cabernet Sauvignon 25%, Merlot 25%, Monastrell 25%,
Tempranillo 15%, Syrah 10%
Produktion: 600 000 Flaschen
Weine mittlerer Preisklasse

Man verläßt Jumilla in Richtung Murcia und biegt dann links nach El Carche ab. Nach etwa 6 km ist die Bodega rechter Hand angezeigt.

Die Spitzenweine

Carchelo Tinto Merlot Crianza

Carchelo Tinto Reserva

Die Weine von Agapito Rico leben von ihrer Dichte ebenso wie von ihrer Frucht. Ungewöhnlich fester Merlot von fast schwarzer Farbe. Obwohl man denken könnte, daß er unter dem südlichen Klima Jumillas zu überreif und fett ausfallen könnte, wirkt er ausgesprochen klar konturiert in der Nase. Neben klaren balsamischen Anklängen und Andeutungen von Blüten kommt sofort eine differenzierte Frucht zum Tragen. Viel rote Frucht vermengt mit schwarzen Beeren, dann taucht sehr zurückhaltend Holz auf. Im Mund voluminös, kraftvoll, viel dichtgewobenes Tannin, das in jedem Moment harmonisch wirkt. Gute Länge.

Die Reserva entwickelt sofort schwere, reife Frucht in der Nase, es dominieren Kirsche und intensive Heidelbeeraromen, die ähnlich wie bei den anderen Weinen das Holz fast eliminieren. Etwas Kaffee tritt langsam hervor. Im Mund überraschend knackig und lebendig, warm und voll am Gaumen. Erst im kräftigen Nachzug machen sich Röstaromen der sehr gut eingebundenen Eiche bemerkbar.

Weitere Weine

Carchelo Tinto
Carchelo Tinto Merlot
Carchelo Tinto Monastrell
Carchelo Tinto Syrah
Carchelo Tinto Crianza

Unbequemer Visionär

Lange Jahre arbeitete Agapito Rico als Geschäftsführer aber auch als technischer Leiter in verschiedenen Kellereien der Region und hatte so Zeit genug, über die in der D.O. Jumilla herrschende Situation nachzudenken.

Sein Vater, dessen kleines Gut er schließlich übernahm, hatte zeitlebens seine gebietstypischen Monastrell-Weine als Faßware an eine Genossenschaft verkauft. Überzeugt von den weinbautechnischen Möglichkeiten seiner Heimat, erwirbt Don Agapito 1985 die nach dem gleichnamigen Weiler benannte Finca El Carche und beginnt neben der vorhandenen klassischen Monastrell zunächst Cabernet zu pflanzen. 1991 setzt er auf die Merlot, obwohl er mit den Vorschriften des regionalen Weinbauverbandes in Konflikt gerät. Ähnliches geschieht sechs Jahre später mit der Syrah.

Agapito Rico ist dem zuständigen Kontrollrat immer einen Schritt voraus und handelte sich so den Ruf eines önologischen Freidenkers in der rückständigen Apellation ein.

Weinbereitung und Ausbau

Trotz seines Rufes, ein Revolutionär zu sein, geht Agapito Rico bei Vinifizierung und Ausbau eher klassische Wege. Sein Jungwein Carchelo, der 75% der Gesamtproduktion ausmacht, entsteht aus Partien mit Kohlensäuremaischung sowie Weinen mit normaler Gärung.

Die Coupage besteht aus Monastrell, Tempranillo und Merlot. Er maischt seine Weine in offenen Gärtanks aus Zement, wobei er selbst seine Reserva nie mehr als 12 Tage auf der Maische stehen läßt. Als Fruchtfanatiker fürchtet er, daß ihm die opulenten Fruchtaromen seiner Weine wegoxidieren könnten. Kurioserweise benutzt er den ersten Abstich nicht für seine Kreszenzen, sondern gibt sie ab, da der Vorlauf seinem Anspruch an Dichte nicht gerecht wird.

In der Regel wird für den Faßausbau amerikanische und französische Eiche benutzt. Die Crianza durchläuft die malolaktische Gärung teilweise im Barrique und bekommt rund 13 Monate Faßlager, die aus Cabernet, Tempranillo und Merlot bestehende Reserva nur zwei Monate mehr.

Bodegas Castaño

Ctra. de Fuentealamo, 3. 30510 Yecla (Murcia)
Tel.: 968 79 11 15 Fax: 968 79 19 00
Besitzer: Familie Castaño
Eigene Weinberge: 300 Hektar
Rebsorten: Monastrell 76%, Tempranillo 7%, Cabernet Sauvignon 3%,
Merlot 3%, Syrah 2%; Macabeo 7%, Chardonnay 2%
Produktion: 850 000 Flaschen
Weine gemäßigter bis mittlerer Preisklasse

Das Weingut liegt an der Ortsausfahrt von Yecla in Richtung Montealegre auf der linken Seite in unmittelbarer Nähe der Stierkampfarena.

Die Spitzenweine

Hécula Tinto

Castaño Colección Tinto Crianza

Aromatischer und tiefdunkler Wein, der mehr durch massiges Tannin und ausdrucksvolle, frühreifende Frucht als durch differenzierte Tiefe beeindruckt.

In der Nase reich strukturierter Fruchtfächer, typisch für die Monastrell mit feiner Johannisbeer-Holunder-Note der Cabernet Sauvignon. Mittlere Statur, noch von neuem Holz überzogen, kraftvoll am Gaumen, eine gelungene Melange aus seriöser Komplexität und jugendlicher Frische. Im Abgang herbes Tannin, durch die stabile Frucht fast neutralisiert.

Die Colección zeigt sich mit mehr Struktur, aber auch mehr Holz, warme, feurige Frucht, Trockenfrüchte, dicht gewoben, aber nicht fett, langgestreckter Körper, am Gaumen viel bittersüßer Gerbstoff. Nicht ganz ausbalanciert, dominant in der Attacke und schlanker im Abgang. Sollte unbedingt gelüftet werden.

Weitere Weine

Castaño Blanco
Castaño Blanco Fermentado
  en Barrica
Castaño Rosado
Castaño Tinto Cabernet
  Sauvignon
Castaño Tinto Merlot
Castaño Tinto Monastrell
Castaño Tinto Tempranillo
Castillo del Barón Blanco
Castillo del Barón Blanco
  Crianza
Castillo del Barón Rosado
Castillo del Barón Tinto
Castillo del Barón Tinto
  Selección
Pozuelo Tinto Crianza
Pozuelo Tinto Reserva

Der Motor der D.O.

Ohne die Familie Castaño wäre
die D.O. Yecla lange nicht so bekannt wie heute.

Yecla ist das einzige Qualitätsweingebiet Spaniens, das
nur aus einer einzigen Gemeinde besteht. Die Rebflächen erstrecken sich auf leicht welli-
gem, von Bergen eingeschlosse-
nem Gelände. Aus einem Meer
von Faß- und Deckweinen
tauchte zu Beginn der achtziger
Jahre der erste Flaschenwein der
Castaños auf. Fast unbemerkt
von der spanischen Weinwelt
weiteten sie ihre Produktlinie,
immer auf die fruchtige Kraft
der einheimischen Monastrell-
Traube bauend, langsam aus.

Während auf der Hochebene
um Yecla mehr und mehr Klein-
winzer ihre Weinberge aufgaben, pflanzte die Familie unermüdlich neue Reben. Die sehr
kalkhaltigen Böden sind für den
Weinbau hervorragend geeignet.

Aufgrund der spärlichen Niederschläge müssen einige besonders trockene Wingerte zuweilen bewässert werden.

Drei Großlagen

Inzwischen verfügt die Bodega
über drei Großlagen. Las Grue-
sas, El Espinal und Pozuelo vereinigen in sich eine Vielzahl von
kleinen Parzellen, die der spru-
delnden Kreativität der drei Brüder genügend Spielraum läßt.

Die ersten Assemblagen für
ihren Erfolgswein Pozuelo, der
vor allem im Ausland schnell bekannt wurde, bestanden neben
der Basis Monastrell zu einem
Teil aus Garnacha, die dem Wein
einen rundlicheren Ton gab.

Heute, da die Bodega über
ein ganzes Spektrum internationaler Sorten verfügt, sind
Tempranillo, Cabernet Sauvignon und Merlot zu je 10% enthalten. Der Wein ist fester und
tiefer geworden.

Ähnliches gilt auch für die
Reserva der Marke, die einen
noch höheren Monastrell-An-
teil aufweist. Es bleibt abzuwarten, ob die neue Colección dieser sehr ausgewogenen Reserva
auf Dauer den Rang ablaufen
wird.

Weinbereitung
und Ausbau

Früher arbeitete das Weingut
nur mit amerikanischer Eiche,

die weiterhin, jedoch mit Bedacht, eingesetzt wird. Wesentlichen Anteil an der Popularität des Pozuelos hat neben der sauberen Frucht der elegante, nie dominante Vanille-Hauch. Dabei reift die Reserva insgesamt über 20 Monate in Eiche.

Die Weine der neueren Generation werden nun auch zu einem bestimmten Prozentsatz in französischem Holz gereift. Die Holznoten sind süßer und, wenn man so will, internationaler geworden.

Eine hochinteressante Schöpfung ist in der Form des Hécula entstanden. Man versucht, einen Schwenk von weicher Eleganz zu saftigeren Qualitäten zu unternehmen. Mit einem knapp viermonatigen Ausbau

in amerikanischer Eiche verblüfft dieser Wein durch Konsistenz und explosive Frucht.

Bei der Colección hat man sich trotz der Monastrell-Basis an eine lange Maischestandzeit herangewagt. Bisher galt es als so gut wie hoffnungslos, aus dieser Traube einen Wein mit Tiefe zu bereiten, doch hier scheint man sich in die richtige Richtung zu bewegen. Gestützt auf etwas Syrah und Cabernet, haben sich aus den Monastrell-Trauben, die aus einer alten Anlage stammen, unverhoffte Aromen von Rosinen und anderen Trockenfrüchten entwickelt.

Dies sind untrügliche Zeichen für echte Größe, die es in den zukünftigen Jahren noch stärker zu entwickeln gilt.

Bodegas Enrique Mendoza

Madrid, 2. 03580 Alfaz del Pí (Alicante)
Tel.: 965 88 86 39 Fax: 965 87 30 10
Besitzer: Familie Mendoza
Eigene Weinberge: 70 Hektar
Rebsorten: Cabernet Sauvignon 47%, Merlot 8%, Pinot Noir 8%, Tempranillo 8%, Syrah 7%, Chardonnay 8%, Parellada 7%, Moscatel 7%
Produktion: 300 000 Flaschen
Weine gemäßigter bis mittlerer Preisklasse

Das Weingut mit Verwaltung liegt in Alfaz del Pí. Von der N-332 biegt man nach Alfaz ein. Am Kreisverkehr fährt man in Richtung El Romeral und erreicht nach etwa einem Kilometer die Bodega, die sich linker Hand befindet.

Die Spitzenweine

Enrique Mendoza Tinto Reserva Santa Rosa

Enrique Mendoza Peñon de Ifach Tinto Reserva

Die neue Spitzencoupage Santa Rosa zeigt sich wunderbar beerig in der Nase, in jedem Moment wird die Konzentration dieses wohl mächtigsten Reserva der Levante deutlich. Kompott, Gewürzkräuter und Kaffee. Stämmig am Gaumen, dabei erstaunlich rundes Tannin, das den mächtigen Körper umfaßt.

Im Falle des Peñon de Ifach ist schwer zu entscheiden, was sein größerer Vorzug ist – die intensive Frucht oder die samtene Dichte. Feines, ausgeglichenes Bukett von schwarzer Frucht (Kirsche, Holunder), Weihnachtsgewürzen, Lakritze und sahnigen Noten.

Im Mund weich, samtig, satte Frucht, am Gaumen feine Fruchtsäure, glatte Tannine im Abgang. Rundherum gelungene und fast schmeichlerische Reserva.

Weitere Weine

Enrique Mendoza Blanco
  Chardonnay
Enrique Mendoza Blanco
  Chardonnay Crianza
Enrique Mendoza Blanco
  Chardonnay Fermentado
  en Barrica
Enrique Mendoza Rosado
  Cabernet Sauvignon
Enrique Mendoza Tinto
  Crianza Cabernet Sauvignon
Enrique Mendoza Tinto
  Crianza Merlot
Enrique Mendoza Tinto
  Pinot Noir
Enrique Mendoza Tinto
  Crianza Selección
Enrique Mendoza Tinto
  Reserva Cabernet Sauvignon
Moscatel de la Marina Blanco
Moscatel de Mendoza Blanco
Savia Nova Blanco
Savia Nova Rosado
Savia Nova Tinto

Lange Suche

Alles begann mit der Liebe zum Wein, die so viele fachfremde Persönlichkeiten verlockt hat, in das mühsame Metier des Weinmachens einzusteigen. Der Gründer des Weingutes, Enrique Mendoza, sah zudem die Möglichkeit, seine zukünftigen Weine in den familieneigenen Supermärkten, die ihn zu einem wohlhabenden Mann gemacht hatten, absetzen zu können.

Als erstes begann er mit der Suche nach geeignetem Rebland, um den Grundstock zu einer Kellerei legen zu können.

Seine Exkursionen, die über vier Jahre seine Freizeit in Beschlag nahmen, führten ihn in alle Weingebiete der Levante bis hin nach Yecla und Jumilla.

Nachdem er auch in Valencia und Utiel-Requena nicht fündig geworden war, stieß er auf einen Besitz im Hochland von Alicante nahe des Städtchens Villena. Ausschlaggebend für den Erwerb waren die großen Höhenunterschiede innerhalb der Finca und ein vorhandener Brunnen, der mitten im Gelände genug Wasser brachte, um neue Rebanlagen bewässern zu können.

Zwei Bodegas

Auf der Finca El Chaconera war alter Rebbestand vorhanden. Auf einen Teil der 40jährigen Untersetzer bzw. Wurzelstöcke wurden aus Frankreich eingeführte Cabernet-Sauvignon-Pflanzen gepfropft, die heute der Stolz der Kellerei sind und das Lesegut für die Selektionsweine stellen.

Der Junior der Mendozas, José, von allen Pepe genannt, bereut diese Entscheidung heute. Da er als Önologe für die sehr weitgefächerte Produktlinie der Bodega verantwortlich ist, hätte er gerne einen größeren Stock an alten Reben, um seinen Weinen mehr rustikale Wucht zu geben.

Die Finca liegt in fast 650 Metern Höhe, von November bis Februar gibt es regelmäßig Bodenfrost, der den Stöcken im höher gelegenen Wingert El

Pinar noch bis Ende März zu schaffen macht.

Hier stehen auf sehr steinigen Böden Chardonnay und Pinot Noir. Tempranillo und Cabernet Sauvignon befinden sich dagegen etwas geschützter auf mittlerer Höhe, und in der Senke, die die Bezeichnung El Hondón trägt, wächst der Syrah, der immer zuerst eingeholt wird. Die für die Provinz Alicante wahrlich extremen Temperaturschwankungen bringen viel Extrakt und Frucht in die Trauben.

In der zweiten Bodega im Urlaubsort Alfaz del Pí hat man indes als Zugeständnis an die traditionelle Weinkultur der Mittelmeerküste einige Hektar Moscatel angelegt. Zudem reifen hier im modernen Faßkeller alle Barriqueweine des Hauses.

Weinbereitung und Ausbau

Die Kellerarbeit im Herbst beginnt mit der Moscatel-Lese in den ersten Septembertagen. Die entrappten Trauben werden 24 Stunden kaltmazeriert. Der Abstichwein ruht danach zum Zwecke der Trubabsetzung weitere zwölf Stunden und gelangt in neue französische Eiche, in der sich nur ein Teil des Zuckers in Alkohol umwandelt. Im Anschluß wird er mit Weinalkohol versetzt und mit 15% Alkohol auf die Flasche gefüllt.

Dieser Moscatel de Mendoza stellt sozusagen die Auslese dar. Er glänzt durch massive Frucht, intensive Fruchtsüße gepaart mit einem sehr gelungenen cremigen Röstton, der durch die kurze Faßgärung zustande kommt.

Der normale Moscatel de la Marina gärt dagegen nur kurz im Tank an und wird dann mit Weinalkohol angehoben. Seine Rotweine baut Pepe vorwiegend in amerikanischer Eiche aus.

Der Top Cru Peñon de Ifach wird schon als fertige Assemblage von 60% Cabernet Sauvignon sowie Merlot und Pinot Noir eineinhalb Jahre in Holz gereift. Die Maischestandzeit beträgt hier fast vier Wochen.

Neuzugang Santa Rosa, der in nur sehr begrenzten Mengen hergestellt wird, besteht dagegen aus 70% Cabernet Sauvignon, und zu je 15% aus Merlot und Syrah. Zunächst werden ihm sechs Monate amerikanische Eiche verschrieben, dann glättet er sich 12 Monate in französischer Eiche in Zweitbelegung.

Weitere empfehlenswerte Erzeuger

ANDALUCIA

Weine ohne D.O.
Barranco Oscuro
Barranco Oscuro
Bodegas Las Monjas
Príncipe Alfonso Tinto
José Paez Morilla y Hnos.
Tierra Blanca

ARAGÓN

D.O. Cariñena
Bodegas San Valero
Marqués de Tosos Tinto
Bodegas Solar de Urbezo
Viña Urbezo Tinto
D.O. Calatayud
Coop. del Campo San Isidro
Castillo de Maluenda Tinto
D.O. Campo de Borja
Bodegas Borsao Borja
Borsao Tinto
Coop. Santo Cristo
Viña Ainzón Tinto
D.O. Somontano
Bodegas Pirineos
Alquezar

BALEARES

D.O. Binissalem
Herederos de Hnos. Ribas
Hereus de Ribas
José L. Ferrer
José L. Ferrer

CANARIAS

D.O. La Palma
Bodegas El Hoyo
Teneguía

D.O. Lanzarote
El Grifo
El Grifo
D.O. Tacoronte-Acentejo
Bodegas Insulares Tenerife
Viña Norte
Bodegas Monje
Monje
D.O. Valle de la Orotava
S.A.T. Unión de Viticultores
de la Valle de Orotava
Valleoro
D.O. Ycoden-Daute-Isora
Antonio Fernando Gonzáles
Cueva del Rey
Bodegas Viñatigo
Viñatigo

CATALUÑA

D.O. Alella
Roura
Roura
D.O. Costers del Segre
Bodegas Vall del Baldomar
Castell del Montsonís
D.O. Empordá-Costa Brava
Cavas del Castillo de
Perelada
*Castillo Perelada Gran
Claustro*
Celler Oliver Conti
Oliver Conti
Vinos Oliveda
Rigau Ros
D.O. Penedès
Cavas Hill
Gran Toc
Cellers Grimau-Gol
Duart de Sio Negre Grana
Cellers Mas Comtal
Mas Comtal

Covides
 Duc de Foix
Gramona
 Gessami
Jané Ventura
 Jané Ventura
Joan Raventós Rosell
 Heretat Vall-Ventós
Josep Masachs
 Josep Masachs
Juvé Camps
 Casa Vella D'Espiells
Manuel Sancho e Hijas
 Mont Marçal
Marqués de Monistrol
 Marqués de Monistrol
Mas Comtal
 Mas Comtal
Masía Bach
 Viña Extrísima
Masía Vallformosa
 Vallformosa
Naveran
 Naveran
René Barbier
 Chardonnay
Rimarts
 Rimarts
Sabaté i Coca
 Castellroig
D.O. Pla de Bages
S.A.T. Masies d'Avinyó
 Masies d'Avinyó
D.O. Priorato
Cellers Capafons Ossó
 Mas de Masos Reserva
Cellers de Scala Dei
 Scala Dei Negre
Mas Igneus
 Igneus
Masía Barril
 Masía Barril
Pasanau Germans
 Pasanau
Rotllan Torra
 Amadís
Vinícola de Priorat
 Onix

D.O. Tarragona
De Muller
 Aureo
D.O. Terra Alta
Bàrbara Forés
 Coma d'en Pou
Vinos Piñol
 L'Avi Arrufi

CASTILLA – LA MANCHA

D.O. Almansa
Bodegas Piqueras
 Castillo de Almansa
D.O. La Mancha
Bodegas Ayuso
 Estola
Bodegas J. Santos
 Don Fadrique
Más que Vinos
 Ercavio
Coop. Jesús del Perdón
 Yuntero
Coop. Manjavacas
 Zagarrón
Coop. N.S. de la Cabeza
 Casa Gualda
Vinícola de Castilla
 Castillo de Alhambra
D.O. Méntrida
Viñedos y Bodegas el Barro
 Grand Volture
D.O. Valdepeñas
Felix Solís
 Viña Albali
Miguel Calatayud
 Vegaval Plata
Weine ohne D.O.
Dehesa del Carrizal
 Dehesa del Carrizal
Uribes Madero
 Calzadilla

CASTILLA Y LEON

D.O. Bierzo
Prada a Tope
 Palacio de Canedo

266

D.O. Cigales
Coop. de Cigales
 Torondos
D.O. Ribera del Duero
Bodegas Briego
 Briego
Bodegas del Campo
 Pagos de Quintana
Bodegas Emina
 Emina
Bodegas Federico Fernández
 Federico
Bodegas Felix Callejo
 Callejo
Bodegas Lambuena
 Lambuena
Bodegas Montevannos
 Monte-Vannos
Bodega San Jorge
 Tinto Arroyo
Bodegas Santa Eulalia
 Conde de Siruela
Bodegas y Viñedos
 Valderiz
Coop. Virgen de la Asunción
 Viña Valera
Grandes Bodegas
 Marqués de Velilla
Hijos de Antonio Barceló
 Viña Mayor
Parxet
 Tionio
S.A.T. Los Curros
 Boada
Winner Wines
 Ibernoble
Viñedos y Bodegas Rodero-Villa
 Pago de Capellanes
Vizcarra Ramos
 Vizcarra
D.O. Rueda
Agrícola Castellana
 Azumbre
Bodegas Angel Lorenzo Cachazo
 Martivilli
Bodegas Cerrosol
 Doña Beatriz
Bodegas Con Class

 Con Class
Bodegas Felix Lorenzo Cachazo
 Carrasviñas
Bodegas S.A.T. Los Curros
 Viña Cantosan
Bodegas Vega de la Reina
 Vega de la Rueda
Hijos de Alberto Gutíerrez
 Cascarela
Vinos Sanz
 Sanz
D.O. Toro
Bodegas Estancia Piedra
 Estancia Piedra
Bodegas Frutos Villar
 Muruve
Las Dos Victorias
 Elías Moro
Weine ohne D.O.
Bodegas Garcigrande
 Pagos de la Cabaña
Bodegas S.A.T. Los Curros
 Yllera
Bodegas Garcíaarévalo
 Latorrevieja
Coop. San Esteban
 Tiriñuelo
Grandes Vinos
 Envero
Monte Amán
 Monte Amán
Vile
 Don Suero

EXTREMADURA

D.O. Ribera del Guadiana
Bodegas Castelar
 Castelar
Bodegas Inviosa
 Lar de Barros
Bodegas S.A.T. Santiago
 Apostel
 De Payva
Coop. San Marcos
 Campobarro
C.A.V.E.
 Viña Canchal

Weine ohne D.O.
Viña Extremeña
 Monasterio de Tentudia
Catalina Arroyo
 Catalina Arroyo

GALICIA

D.O. Monterrei
Ladairo
 Ladairo
D.O. Rías Baixas
Adegas Morgadio
 Morgadio
Bodegas del Palacio de
 Fefiñanes
 Albariño de Fefiñanes
Bouza do Rei
 Bouza do Rei
Gerardo Méndez
 Lázaro
D.O. Ferreiro
Lagar de Fornelos
 Lagar de Cervera
Lusco do Miño
 Lusco
Marqués de Vizhoja
 Torre La Moreira
Pazo de Barrantes
 Pazo de Barrantes
Pazo San Mauro
 Condado Pazo San Mauro
Salnesur
 Condes de Albarei
Santiago Ruiz
 Santiago Ruiz
Señorío de Sobral
 Señorío de Sobral
D.O. Ribeira Sacra
Eladio Martínez Fernández
 Anzio
D.O. Ribeiro
Bodegas Alanis
 San Trocado
Bodegas Campante
 Gran Reboreda
Bodegas Cunqueiro
 Cunqueiro

Bodegas Vilerma
 Vilerma
Bodegas Viña Mein
 Viña Mein
Coop. Vitivinícola del Ribeiro
 Amadeus
D.O. Valdeorras
Bodegas La Tapada
 Guitián Godello
Joaquín Rebolledo
 Joaquín Rebolledo

LA RIOJA

D.O.Ca. Rioja
Barón de Ley
 Barón de Ley
Bodegas Amezola de la
 Mora
 Viña Amezola
Bodegas Berberana
 Berberana
Bodegas Berceo
 Viña Berceo
Bodegas Beronia
 Beronia
Bodegas Campo Viejo
 Viña Alcorta
Bodegas de la Real Divisa
 Marqués de Legarda
Bodegas Domecq
 Marqués de Arienzo
Bodegas Don Balbino
 Don Balbino
Bodegas Lan
 Lan
Bodegas Larchago
 Larchago
Bodegas Luis Cañas
 Luis Cañas
Bodegas Marqués del Puerto
 Marqués del Puerto
Finca Allende
 Allende
Luberri
 Altun
Sierra Cantabria
 Sierra Cantabria

Viña Ijalba
Ijalba
Unión Cosecheros de Labastida
Solagüen
Unión Viti-Vinícola
Marqués de Cáceres

MADRID

D.O. Vinos de Madrid
Bodegas Castejón
Viñardul
Bodegas Ricardo Benito
Tapón de Oro
Jesús Díaz e Hijos
Valdealcalá
Vinos Jeromín
Puerta de Alcalá

MURCIA

D.O. Jumilla
Bodegas Olivares
Olivares
Bodegas San Isidro B.S.I.
Sabatacha
Finca Luzón
Castillo de Luzón

NAVARRA

D.O. Navarra
A. Marino
Palacio de Muruzabal
Bodegas de Sarría
Señorío de Sarría
Bodegas Irache
Castillo Irache
Bodegas Marco Real
Homenaje
Bodegas Orvalaiz
Orvalaiz
Bodegas Piedemonte
Olígitum
Bodegas Principe de Viana
Principe de Viana
Bodegas Telmo Rodriguez
Alma

Bodegas Vicente Malumbres
Malumbres
Bodegas Virgen Blanca
Cabernet Sauvignon
Palacio de la Vega
Palacio de la Vega
Vinícola de Navarra
Las Campanas

VALENCIA

D.O. Alicante
Bocopa Coop.V.
Marqués de Alicante
Bodegas Gutiérrez de la Vega
Casta Diva
Primitivo Quiles
El Abuelo Gran Fondillón
D.O. Utiel-Requena
Bodegas Torre Oria
Marqués de Requena
Cavas Murviedro
Cavas Murviedro
Vicente Gandía Pla
Hoya de Cadenas
D.O. Valencia
Bodegas J. Belda
Eusebio La Casta
Vicente Gandía Pla
Castillo de Liria

PAIS VASCO (BASKENLAND)

D.O. Chacolí de Guetaria-Geratiako Txakolina
Agerre
Agerre
Txomin Etxaniz
Txomin Etxaniz
Zudugarai
Zudugarai
D.O. Chacolí de Vizcaya-Bizkaiako Txakolina
Itsasmendi
Chacolí Itsasmendi
Maite Durana Agirre
Gure Ahagelinak

	80	81	82	83	84	85	86	87	88
Alella	G	SG	A	A	G	SG	G	G	G
Alicante	G	M	G	G	B	G	B	SG	G
Almansa	A	SG	A	G	G	G	G	G	G
Ampurdán-Costa Brava	B	B	SG	SG	G	SG	SG	G	SG
Bierzo								A	SG
Benissalem									
Bulfas									
Calatayud									
Campo de Borrja	G	SG	G	B	B	SG	G	G	G
Cariñena	G	SG	SG	G	G	G	B	SG	A
Cava	SG	G	SG	A	SG	G	G	SG	SG
Chacolí de Bizkaia									
Chacolí de Getaria									
Cigales	G	SG	B	SG	M	SG	G	G	SG
Conca de Barberá	B	G	G	G	G	SG	G		
Conadao de Huelva		G	G	G	G	SG	G	G	G
Costers del Segre							B	G	SG
Jumilia	A	A	B	G	G	G	B	G	G
La Mancha	SG	G	SG	G	SG	G	G	SG	G
La Palma									
Lanzarote									
Madrid								SG	B
Málaga									
Méntrida	SG	G	A	G	A	G	G	G	A
Monterrei									
Montilla Montes	SG	A	A	G	A	SG	SG	G	A
Navarra	B	A	A	SG	SG	G	G	G	SG
Penedès	G	SG	G	G	SG	G	B	SG	SG
Priorato	G	SG	SG	G	G	G	G	G	G
Rías Baixas									G
Ribeira Sacra									
Ribeiro				B	SG	B	M	G	SG
Ribera del Duero	A	A	SG	SG	B	A	A	SG	G
Rioja	G	SG	A	G	B	G	G	SG	G
Rueda	B	SG	G	G	G	B	B	G	SG
Somontano	B	G	SG	G	G	G	G	G	G
Tacoronte Acentejo									
Tarragona	G	G	B	G	G	G	G	G	SG
Terra Alta	G	G	SG	G	SG	G	G	G	A
Toro									G
Utiel-Requena	G	SG	SG	SG	G	G	B	SG	G
Valdeorras		SG	SG	G	G	B	G	G	G
Valdepeñas	SG	A	G	SG	A	B	G	SG	
Valencia	G	SG	G	SG	G	G	G	G	G
Valle de Orotava									
Ycoden-Daute-Isora									
Yecla	B	B	G	G	SG	G	G	G	SG

Quelle: INDO

A: Ausgezeichnet   SG: Sehr gut   G: Gut   B: Befriedigend   M: Mangelhaft

270

89	90	91	92	93	94	95	96	97	98	99
SG	SG	A	G	A	SG	SG	SG	G	A	SG
G	SG	SG	G	G	G	G	G	G	SG	SG
G	G	G	SG	SG	SG	SG	SG	G	G	
SG	G	SG	G	SG	SG	SG	G	G	A	
G	SG	SG	A	M	SG	G	SG	G	G	G
	SG	G	G	G	A	SG	G	G	A	SG
						SG	SG	G	A	
G	SG	G	G	SG	G	G	G	G	G	
SG	G	SG	SG	G	G	G	G	G	G	
SG	SG	SG	SG	SG	G	G	SG	B	A	G
G	G	SG	G	SG	G	G	SG	G	SG	SG
					SG	A	SG	G	G	
	G	G				G	G	G	G	
SG	G	G	G	G	G	G	G	G	SG	SG
G	SG	G	SG	SG	G	SG	SG	G	SG	
G	G	G	G	G	B	G	G	G	G	
SG	G	SG	G	A	SG	A	SG	SG	SG	SG
G	SG	SG	G	SG	SG	G	SG	G	A	
G	SG	G	SG	A	SG	G	SG	SG	A	SG
								SG		
								SG		
G	G	G	G	SG	SG	SG	G	G		
G	G	G	G	G	G	G	G	G		
G	G	G	G	G	G	G	G	G	G	G
								A	SG	
A	A	A	A	G	A	G	SG	G		A
SG	G	G	G	SG	SG	A	SG	G	SG	
G	G	SG	G	SG	G	G	SG	G	A	
G	G	G	SG	A	SG	A	SG	SG	A	SG
SG	SG	G	G	G	G	SG	SG	SG	G	
								SG	SG	SG
G	SG	G	G	G	SG	SG	SG	G		
A	G	SG	G	B	SG	A	A	G	SG	A
G	G	SG	G	G	A	A	SG	G	SG	A
G	G	G	G	G	SG	G	SG	SG	SG	SG
SG	G	SG	SG	A	SG	A	SG	G	A	SG
	G	SG	G	G	SG	G	SG			
G	G	G	G	G	G	G	SG	G	SG	
G	A	SG	G	G	G	SG	A	SG	A	SG
A	A	A	A	SG	A	SG	SG	G	SG	
B	G	G	SG	A	SG	G	SG	G	SG	SG
G	G	G	G	G	SG	G	G	A	G	
A	SG	SG	G	A	G	SG	SG	G	SG	
B	G	SG	G	SG	SG	G	SG	G	SG	SG
								SG		
					G	G		SG		
G	G	G	G	G	G	SG	SG	G	SG	

271

Bezugsquellen

Deutschland

Wein & Glas Compagnie
Prinzregentenstr. 2
D-10717 Berlin

Der Rioja-Weinspezialist
Nicolas Papadopoulos
Akazienstr. 13
D-10823 Berlin

Wein & Vinos
Jörg Horn & Partner GBR
Mittenwalderstr. 16
D-10961 Berlin-Kreuzberg

Weinkeller
Türk & Hertz OHG
Reiner Türk
Gneisenaustr. 15
D-10961 Berlin

Hanseatisches Wein- und
Sektkontor
Hawesko GmbH
Kay Lange
Hamburger Str. 14–20
D-25436 Tornesch

Weinhaus Stratmann GmbH
Gerhard Stratmann
Bremer Str. 70–72
D-27404 Zeven

Wein Domaine
Gerd Vespermann
Alt-Yodshorn 105
D-30855 Langenhagen

Freund Weinkontor GmbH
(Vinsecco)
Freund
Brüggenkamp 10
D-33775 Versmold

Carl Kessler Weine u. Spirituosen
Werner Stuhlmann
Marktgasse 17
D-35037 Marburg-Lahn

Jacques' Weindepot Zentrale
Robert Hervé
Bilker Allee
D-40219 Düsseldorf

Viñedo Wein und Mehr
Reiner Stern
Merkurstr. 38
D-40223 Düsseldorf

Spanischer Garten Import GmbH
Angel Borreguero
Neumannstr. 2 / Halle 27
D-40235 Düsseldorf

Departamento de Vinos
– Abteilung Wein
Jägerhofstr. 30
D-40479 Düsseldorf

Vinespa Vinos Españoles GmbH
Peter Abegg / Siddika Michiels
Hauptstr. 161–163
D-41236 Mönchengladbach

Weine & Feinkost
Christian Fenske
Friedrich-Engels-Allee 58
D-42285 Wuppertal

Keiler Weinland
Import-Fachhandel
Brennaborstr. 5
D-44149 Dortmund

Bodegas Rioja
Andreas Kraemer
Lennershofstr. 156
D-44801 Bochum

Weinzeche
Handelsgesellschaft
mbH & Co. KG
Karl Richter
Rotthauser Str. 44
D-45309 Essen

Ars Gustandi Detlef Rick
GmbH & Co.
Hornenheidchenstr. 23
D-47475 Kamp-Lintfort

Weinhaus Süd
Mathias Wolfram
Alteburger Str. 13
D-50678 Köln

LFE GmbH
Matthias-Brüggen-Str. 138
D-50829 Köln

Casa Viña Weinhandels GmbH
Helmut Woywod
Gleuelerstr. 273
D-50935 Köln-Lindenthal

Anduronda Import GmbH
Kirschbaumweg 32
D-50996 Köln

Dellbruecker Weinhaus Lorenz
Uwe-Wilhelm Lorenz
Dellbruecker Hauptstr. 143
D-51069 Köln-Dellbrueck

Spanisches Weinkontor
Jürgen Schüttler
Lungstr. 8
D-51399 Burscheid

Moreno KG
Ottostr. 20–22 / Gewerbepark
D-53332 Bronheim-Sechtem

Schlumberger KP
Philippe Schneider
Buschstr. 20
D-53340 Meckenheim

Ardau Weinimport GmbH
Andreas Fuerbach
Langbaurghstr. 6
D-53842 Troisdorf (Spich)

La Vinería
Peter Hilgard
Isabel del Olmo
Vilbeler Landstr. 7 (Geb. 08)
D-60386 Frankfurt/M.

Vin Arte
Uwe Loof
Thais Kleinschrot-Loof
Frankfurter Str. 20
D-61279 Grävenwiesbach

Behrens Weine
Wolfgang Behrens
Teutonenstr. 32
D-65187 Wiesbaden

La Cava (Spengler)
Bolongarostr. 182
D-65929 Frankfurt/M.

Lutz W. Zeter – Agentur für
Weinmarketing
Im Döppelter 11
D-67434 Neustadt

Vinum Wein & Mehr
E. + H. Holzäpfel GmbH
Wolf D. Holzäpfel
Ulmer Str. 269
D-70327 Stuttgart

Frank Mühltaler Weinagentur
Frank Mühltaler
Sillenbucher Str. 23
D-70329 Stuttgart

Max Weine GmbH
Wein- und Getränke-
großhandel
Andreas Hartmann
Kientenstr. 14
D-72458 Albstadt-Ebingen

273

La Barrica
  Bernhard Beck
  Eichwaldstr. 32
  D-73401 Aalen

Weinhaus A. Schmid KG
  Beim Hecht 4–6
  D-73430 Aalen

Weinmarkt an der Laube
  Bernhard Ellegast
  Untere Laube 17
  D-78462 Konstanz

World of Wine –
  Giesinger Weinhandel
  Hans-Mielich-Platz 1
  D-81543 München

Linke Weinhandelsgesellschaft
  Cramer-Klett-Str. 24 a
  D-85579 Neubiberg

Wein & Design M. Markart
  Martin Markart
  Pfladergasse 3
  D-86150 Augsburg

Deuna Handelsgesellschaft mbH
  Christoph Schönegge
  R. Kastner
  Graupenerstr. 3
  D-86167 Augsburg

Vinos Barrón
  Catalonia Select
  Weinimport GmbH
  Elmar Barrón
  Gewerbering 1
  D-86922 Eresing

Weinwelt Joachim Buchta
  Joachim Buchta
  Geiersberg 7
  D-90403 Nürnberg

Vino Tinto
  D. Hollatz
  Hans-Sachs-Str. 52
  D-91301 Forchheim

Staufenberger Weindepot e.K.
  Parkstr. 3
  D-34355 Staufenberg

Österreich

Wein & Co.
  Elisabeth Kamper
  Maculangasse 6
  A-1220 Wien

Schulz & Partner
  Thomas Schulz / Werner Schulz
  Parkstr. 4
  A-2371 Hinterbrühl

Alois v. Stangl
  Alois Stangl
  Bayerhammerstr. 18
  A-5020 Salzburg

Meraner Weinhandelsges.m.b.H.
  Rennweg 16
  A-6020 Innsbruck

Alois Morandell & Sohn
  Ges.m.b.H.
  Wörgeler Boden 13–15
  A-6300 Wörgl

Schäffer & Ettl Ges.m.b.H.
  Keplerstr. 114
  A-8020 Graz

Wolfgang Ernst
  Weinkultur
  A-8274 Ebersdorf 160

Andrä Vergeiner
  Am Markt 1
  A-9900 Lienz

Schweiz

Vilaclara Jr & Cie
  Grange-Collonelo 6
  CH-1212 Grand-Lancy

Escher SA
  Rue Sablières, 5 / C.P. 144
  CH-1214 Vernier

Fischer Rihs AG
  Güterstr. 17
  CH-2502 Biehl

O. Frey & Cie SA
  Güterstr. 22
  CH-3000 Bern 5

Haecky Drink AG
  Duggingerstr. 15 / PF
  CH-4153 Reinach 1 BL

Grossenbacher & Cie AG
  Eisenbahnstr. 11
  CH-4900 Langenthal

Gebr. Fischer zum Weinhof AG
  Bahnhofplatz 7
  CH-6210 Sursee

Schuler & Co AG
  Franzosenstr. 14
  Postadresse
  Postfach 544
  CH-6430 Schwyz

Tony's Vino SA
  Obere Zäune 19
  CH-8001 Zürich

Dovinasol
  Dolores Oberholzer
  Hallwylstr. 40
  CH-8004 Zürich

Varela & Orvina AG
  Mattengasse 13
  CH-8005 Zürich

COOP Zürich LVZ
  Getränkeabteilung
  Turbinenstr. 30
  CH-8021 Zürich

Covin AG
  Hardturmstr. 82
  CH-8037 Zürich

J. Carreras AG
  Leimbachstr. 5
  CH-8041 Zürich

Denner AG
  Grubenstr. 10 / PF 263
  CH-8045 Zürich

Magazine zum Globus
  Eichstr. 27
  CH-8045 Zürich

Caves Mövenpick SA
  Zürich Str. 77
  CH-8134 Adliswil

Weinhandlung zum Felsenkeller
  Vins Budowski S.A.
  Stadthausgasse 17
  CH-8200 Schaffhausen

Marmot Kellerei AG
  CH-8832 Wollerau

Roig Trading
  Rütistr. 20/8
  CH-8952 Schlieren

Register

F

G

W

Y

Z

Weinbücher mit Kompetenz

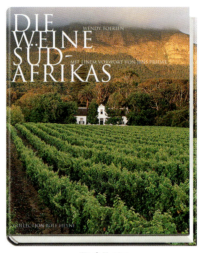

Wendy Toerien
Die Weine Südafrikas
Mit einem Vorwort von Jens Priewe
176 Seiten
ISBN 3-89910-150-2

Jens Priewe
Die Weine des Piemont
264 Seiten
ISBN 3-89910-021-2

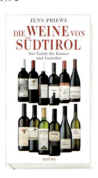

Jens Priewe
Die Weine von Südtirol
240 Seiten
ISBN 3-89910-072-7

COLLECTION
ROLF HEYNE